Perfection and Application of the Sports L
Sales Compositive Index System in China

社会福利视角下中国体育彩票
销售综合指数体系的
完善与应用

李 刚 著

经济管理出版社
ECONOMY & MANAGEMENT PUBLISHING HOUSE

图书在版编目（CIP）数据

社会福利视角下中国体育彩票销售综合指数体系的完善与应用／李刚著．—北京：经济管理出版社，2018.12

ISBN 978-7-5096-6233-5

Ⅰ．①社…　Ⅱ．①李…　Ⅲ．①博彩业—市场分析—研究报告—中国　Ⅳ．①F726.952

中国版本图书馆 CIP 数据核字（2018）第 285329 号

组稿编辑：宋　娜
责任编辑：张　昕　王虹茜
责任印制：张莉琼
责任校对：陈晓霞

出版发行：经济管理出版社
　　　　　（北京市海淀区北蜂窝 8 号中雅大厦 A 座 11 层　100038）
网　　址：www. E-mp. com. cn
电　　话：（010）51915602
印　　刷：唐山玺诚印务有限公司
经　　销：新华书店
开　　本：720mm×1000mm/16
印　　张：16.25
字　　数：292 千字
版　　次：2021 年 3 月第 1 版　　2021 年 3 月第 1 次印刷
书　　号：ISBN 978-7-5096-6233-5
定　　价：98.00 元

前　言

本书从社会福利视角出发，结合中国经济和彩票业自身特点，借鉴国内外相关综合指数构建方法和思路，参考彩票产业相关理论，并受经济学、天文学和社会学等学科启发，基于世界彩票业基本规律，立足于中国经济和彩票业实际情况，对已有研究加以进一步完善，构建了一套科学、全面、准确和完善的中国彩票销售综合指数体系。这套指数体系通过多个方面严格和细致的稳健性检验，为真实、充分和可靠地反映出中国体育彩票乃至公立彩票业的发展状态，提供了一套及时而准确的"晴雨表"。

本书包括4类指数：一是基础指数，它是构建其他各项指数的基础，也反映特定省份经济或彩票的当地基础实力。二是个体指数，反映特定省份彩票某个方面的销售情况，细分为：①开发指数，反映当地彩票的市场开发程度；②地位指数，反映当地彩票的全国地位等级；③运营指数，反映当地彩票的机构运营方式；④盈利指数，反映当地彩票的资金盈利能力。三是总体指数，反映全国总体彩票在某个方面的销售情况，细分为：①适量指数，反映全国彩票的销售适量水平；②公平指数，反映全国彩票的销售公平状况；③效率指数，反映全国彩票的资金筹集效率。四是整体指数，反映各省份或全国彩票的整体销售情况，细分为：①稳健指数，反映各省份彩票销售的整体稳健态势；②合意指数，反映全国彩票销售的整体合意状态。

在构建思路上，本书基于度量单位无关、个体结果独立、极端数值免扰、信息最大保全、同类方法一致、样本组合便捷、区间范围稳定以及正负程度相同8项原则，构建的结果具有横纵皆可比较、各维均得体现、计算简单迅速以及结果取值统一4个特点，从而实现了纳入多方诉求、结果客观准确以及应用价值很强3项构建目标。在构建方法上，本书基于世界彩票业各项指标状况，并结合中国实际情况适当调整，设置"基准省份"，完满解决此前研究导致的值域锁定和指数失真等缺陷，还消除了公平指数计算方法不当和各项指数阈值区间不统一等问题，并且指数称谓更加恰当，基准数值更加合理，结果也更便于业界解读。

本书各项结果可以精确地描述中国各类型体育彩票销售的发展趋势，并可以有效评估体育彩票业的多个方面的社会福利效果。基于科学分析提出的建议，可以为增强体育彩票竞争力而确定可行性的着力点，为提升中国彩票销售社会福利效果提供思路，也能为业界理性投资中国彩票业提供参考。同时，本书构建的指数体系在世界彩票研究领域处于"领跑地位"，相关框架和方法可复制应用到国际领域，指导其他国家或地区尤其是发展中国家的彩票业发展。

基于社会福利视角，我们得出如下结论：①当前中国体育彩票社会福利效果不均衡，虽然在整体上中国体育彩票各方面社会福利效果都较好，但在各类型以及各省份间差异巨大。即开型与数字型销售水平欠缺，快速型和扩展类过量，并且在经济相对落后的省份表现得尤其突出。②在绝大多数情况下，各类型体育彩票与对应类型福利彩票的各项指数都显著地正相关，它们的社会福利效果也基本一致，两者是同进同退的"互补关系"，而不是此消彼长的"竞争关系"。③2015年"互联网彩票禁售"和2019年"新兴类彩票调整"两项重大政策，在一定程度上改善了体育彩票销售的社会福利效果，但它们推出时间滞后，导致市场动荡，政策力度不足且缺失配套措施。

以中国国家体育总局体育彩票管理中心及各省份体育彩票管理中心为能动主体，为实现中国体育彩票更加健康和平稳地发展，我们提出如下建议：①在保持之前来之不易的成绩的同时，发行目标要从"规模或公益金最大化"转向"社会福利效果最优化"，更充分地体现出中国体育彩票的公益性。②全国层面，要稳定乐透型彩票，促进即开型和数字型彩票，限制快速型和扩展类彩票；各省份层面，根据自身经济发展水平以及各类型彩票比例结构，因地而异、因彩而异。③基于本书指数体系，在事前建立防范机制，在事中建立调节机制，避免彩票相关问题积累到严重程度而集中爆发，以及因事后补救所导致的巨幅市场动荡。④体育彩票与福利彩票携手打击非法博彩市场，共同做大、做强进而做优中国公立彩票产业，相互之间学习汲取对方相对优秀之处。⑤联合其他彩票监督和管理部门，会同政府其他部门，及时进行信息和人员的沟通与交流，共同打击非法博彩活动，制订出台《彩票法》。⑥积极主动借鉴和学习其他国家或地区彩票机构的先进经验，推广本书构建的指标体系，对我国彩票理论研究做出贡献，在国际彩票市场获得与自身销售规模相匹配的话语权。

目　录

叁　应用篇　/151

壹

基 础 篇

　　本篇作为"基础篇",包括第一章至第三章。本篇介绍本书研究的一些基础性内容。

　　在理论上,基于国内外彩票销售和综合指数相关文献,确立构建中国体育彩票销售综合指数纳入的各项维度,找出解决极端数值预处理、原始数据标准化和各维度权重设置等关键问题的思路。

　　在现实中,基于中外彩票市场在各维度的发展概况,以及彩票与经济在各维度的关系,为构建中国体育彩票销售综合指数体系各类指标的可靠性与科学性,提供坚实的保证。

第一章 绪论

本章作为绪论，介绍本书的研究背景和目的以及内容结构，对一些重要概念加以明确界定，并初步说明各类指数的基本含义。

第一节 研究背景

一、中国彩票业的重要地位

经过 30 多年的发展，彩票业已在中国经济和社会当中占据重要的地位，并为中国体育和福利等公益事业做出了巨大贡献。

首先，总量角度，彩票业已经达到相当大的规模。2019 年中国体育彩票销售规模 2308.15 亿元，福利彩票销售规模 1912.38 亿元，合计 4220.53 亿元；同年中国游戏行业销售收入（2308.80 亿元）、图书零售额（1022.70 亿元）和电影市场票房（642.66 亿元）合计 3974.16 亿元，前者是后者的 1.0620 倍，这个指标在 2018 年为 1.4022 倍。

其次，增速角度，中国彩票业增速远远快于同期经济增速。2000 年至 2019 年，同期中国名义生产总值年平均增长 12.91%，累计增长 9.04 倍；福利彩票年平均增长 17.46%，累计增长 20.27 倍；中国体育彩票销售规模年平均增长 18.02%，累计增长 24.31 倍；是同期经济增长倍数的 2.69 倍。

再次，人均角度，购买彩票已成为广大民众消费不可或缺的内容。2019 年，全国居民人均购买彩票 301.46 元，是电影消费的 6.57 倍，是图书购买的 4.13 倍。特别是在 2018 年，全国居民人均购买彩票 366.26 元，相当于每人每天购买 1 元彩票。

最后，筹资角度，彩票公益金已成为一些公益事业的重要资金来源。2019 年彩票公益金 1158.81 亿元，大于当年中石油和中石化这 2 家石化企业净利润之和。

2000 年至 2019 年，彩票公益金共计 10699.45 亿元，其中 3474.42 亿元即 32.74% 用于补充社保基金；同期，这项基金的财政性拨入资金合计 9432.51 亿元，其中 36.83% 来自彩票公益金。

二、中国彩票业的突出问题

与此同时，彩票这个"特殊"行业，在中国也引发了诸多严重问题，并且呈现加剧的趋势。

首先，彩票销售不均衡，经济相对落后省份，彩票销售规模相对于自身经济水平过大。2009 年，人均地区生产总值排名前 5 位的省份，体育彩票销售规模比上地区生产总值（即本书的"销售深度"）为 16.72‰，排名后 5 位的省份，这个指标为 23.73，后者比前者多 7.01‰；2019 年，前 5 位和后 5 位省份的对应指标分别为 21.47 和 29.43，后者比前者多 7.96‰。2019 年，西藏自治区（以下简称"西藏"）公立彩票销售深度最大，为 169‰，其人均可支配收入为 19139 元，全国最小；上海公立彩票销售深度最小，为 24.80‰，其人均可支配收入为 69442 元，全国最大。

其次，彩票结构不合理，"刺激性很强"的彩票销售比例过大。从全球角度来看，即开型、乐透型和数字型等"娱乐性稍强"的固有类彩票的销售比例长期稳定在 70%；而快速型、竞猜型和视频型等"刺激性很强"的新兴类彩票的销售比例长期稳定在 30%。中国体育彩票从 2009 年起，福利彩票从 2012 年起，固有类彩票比例开始小于 70%，最小年份都在 2018 年，分别为 20.09% 和 37.28%，2019 年都略有增加，分别增至 29.56% 和 46.47%。当年各省份体育彩票新兴类的销售比例都大于 30%，最小的海南也有 46.84%，最大的江西为 81.50%。

再次，筹资能力减小，虽然公益金总量不断增加，但它占彩票销售规模的比重（即本书的"公益金率"）却逐年减少。2002 年 1 月起，各类型彩票公益金率不小于 35%；2005 年 9 月起，竞猜型彩票公益金率减少至 22%，即开型减少至 20%，其余类型彩票维持不变；2016 年 1 月起，各类型彩票公益金率统一不得小于 20%。从总体来看，体育彩票公益金率从 2009 年开始小于 30%，当年为 28.96%，2018 年减少至最小值 23.35%，2019 年稍有增加，为 25.27%。福利彩票减少程度稍弱，但从 2010 年起亦都小于 30%，最小年份 2015 年为 27.99%，2019 年为 29.14%。

最后，部分彩票购买者非理性行为，给自身、家庭和社会都带来了严重损害。2007 年河北省邯郸市农业银行工作人员窃取金库近 5000 万元购买彩票的案件，只是序曲。根据陕西省西安市中级人民法院刑事判决书（〔2017〕陕 01 刑初 219号），当地某公司经理王某某，2014 年至 2016 年，以合同诈骗手段骗取 2405.6 万元，其中至少 1300 万元在同一家彩票投注站购买彩票；根据《浙江省杭州市中级人民法院刑事判决书（〔2014〕浙杭刑初字第 211 号）》，当地某银行个私客户经理葛某某，从 2013 年 2 月至 11 月，以非法集资等诈骗所得钱款频繁、大额投入购买彩票，共计人民币 8900 余万元，且相关资金亏损殆尽。

三、中国彩票研究严重落后

中国基础学科研究需要大幅增强，社会各界甚至是学术界都本能地对彩票研究有诸多误解，同时彩票业又因涉及诸多敏感问题而"不能够"或者"不允许"深入研究。在这些背景下，虽然国内已有学者开始涉及彩票，并也已取得一些成果，但目前中国彩票领域相关研究仍严重落后。

一方面，彩票研究成果在数量上不多，根据中国知网搜索，2000 年至 2019 年发表在 CSSCI 期刊上的论文，主题词包括"彩票"的仅有 616 篇，其中 2000 年有 25 篇，2009 年有 75 篇，随后逐渐减少，2018 年 23 篇，2019 年仅 20 篇。以此作为对比，同期主题词包括"电影"的有 22316 篇；包括"游戏"的有 5420 篇。

另一方面，这些成果对于中国彩票业也没有起到应有的作用。例如，基本每隔 4 年，监管者就会对中国彩票业采取一个幅度巨大的调整政策：如 2004 年大奖组式即开型彩票停售，2008 年初视频型彩票整顿，2015 年八部委联合发文禁售互联网彩票，2019 年快速型和竞猜型彩票规则调整等。本书在第九章证实，后两项政策在一定程度上改善了中国体育彩票各方面尤其是销售适量水平的社会福利效果。因此它们在"战略"上确实是必要的和有意义的。但同时本书还指出，两项政策并不是事中调整，更谈不上事前预防，而是当彩票相关问题累积到相当严重程度而集中爆发时，监管者采取的事后补救，作用也是有限的。因此，它们在"战术"上是非常简单和粗暴的。但在制订和实施这些政策的过程中，很少出现理论研究指引的身影。

再如，国家体育总局体育彩票管理中心（以下简称"中国体育彩票中心"），从 2018 年起，取代民政部中国福利彩票发行管理中心（以下简称"中国福利彩票中心"），成为世界第一大彩票发行机构，它所发行的"超级大乐透"，自 2008年起一直是全球前五大彩票品种，2019 年销售规模达 411.51 亿元，排名第 3，仅次于中国福利彩票"双色球"和欧洲多国联合发行的"欧洲百万"，是排名第 4美国跨州彩票"强力球"的 1.59 倍，是排名第 5 美国跨州彩票"超级百万"的

1.99 倍。2018 年 12 月和 2019 年 7 月，中国体育彩票和中国福利彩票先后获得世界彩票协会"责任彩票"的三级认证，并已着手向最高级的第四级论证所努力。但是，中国学界尚未在国际彩票理论研究领域做出有影响力的贡献。

第二节　研究目的

一、中国体育彩票销售综合指数的意义

与中国经济一样，中国彩票业同样也已进入"新常态"，未来"不应当"也"不能够"再像此前那样野蛮式生长。彩票发行目标要从"销售规模或公益金最大化"转向"社会福利效果最优化"，这要求体育彩票乃至公立彩票的监管者、管理者和经营者以此为出发点，实现中国彩票业更加健康和平稳地发展，同时在全球彩票业当中获得与自身销售规模相匹配的话语权威。

销售是彩票业最为关键的指标，是决定彩票在国民经济中地位和社会福利效果的最核心因素，同时也是解决彩票业其他问题的切入点。从社会福利视角出发，结合中国经济和彩票业自身特点，借鉴国内外相关综合指数构建方法和思路，参考彩票产业相关理论，并受经济学、天文学和社会学等学科启发，基于世界彩票业基本规律，立足于中国经济和彩票业实际情况，我们利用 4 年时间，对已有研究加以进一步完善，构建了科学、全面、准确和完善的中国彩票销售综合指数体系，并对这一体系多个方面加以科学和细致的稳健性检验，从而比较完满地完成研究既定目标构建的指数体系，可以真实、充分和可靠地反映出中国体育彩票乃至公立彩票业多个方面的发展状态。

在此基础上，我们以"社会福利效果最优化"为视角，尊重彩票多方相关利益主体的正常合理利益，综合各类因素对构建结果加以解读，深入探讨中国体育彩票销售在各省份和全国层面的各方面问题，提出增强其竞争力和社会福利效果的建议，为其管理者制订相关政策提供可靠的抓手和着力点，且有助于中国体育彩票在"十四五"期间及更远的未来，实现更加健康和平稳地发展，为中国体育以及其他公益事业的发展做出更大贡献。

二、中国体育彩票销售综合指数的功能

综合而言，中国体育彩票销售综合指数具有如下四项功能。

（1）"晴雨表"功能。基于社会福利视角，本书构建中国体育彩票销售综合指数体系，为及时而准确地反映中国体育彩票各方面状况，提供一套"晴雨表"。

（2）表征评估功能。本书研究所得出的结果，可以精确描述各地区各类型体育彩票销售的发展趋势，有效评估体育彩票业各个方面的社会福利效果。

（3）决策助推功能。本书所提出的相关建议，可为增强体育彩票竞争力而确定可行性的着力点，为提升中国彩票销售社会福利效果提供思路，也能为业界理性投资中国彩票业提供参考。

（4）软实力功能。本书构建的彩票销售综合指数，在世界彩票研究领域处于"领跑地位"，相关框架和方法可复制应用到其他国家彩票业，尤其是可用于指导发展中国家彩票业的发展。

第三节　内容结构

本书分 3 篇共 10 章内容。

一、基础篇

第壹篇作为"基础篇"，包括第一章至第三章，介绍本书研究的一些基础性内容。

第一章是绪论。介绍本书的研究背景和目的以及内容结构，对一些重要概念加以明确界定，并初步说明各类指数的基本含义。

第二章是文献回顾与评论部分。首先，从人际、市际、省际和国际 4 个层面，回顾彩票销售影响因素的代表性文献。其次，回顾体育以及其他领域关于综合指数的代表性文献。最后，以此为基础确立构建中国体育彩票销售综合指数纳入的各项维度，并找出解决极端数值预处理、原始数据标准化和各维度权重设置等关键问题的思路。

第三章是彩票与经济相关数据的描述。首先介绍本书使用的中外彩票与经济和人口等数据的出处；其次详细介绍各维度指标的具体计算方法，以及中外彩票

市场在各维度的发展概况；最后展示彩票与经济在各维度之间的关系，从而为构建各类指数的可靠性与科学性提供坚实的保证。

二、完善篇

第贰篇"完善篇"，包括第四章至第六章，介绍中国体育彩票销售综合指数的框架体系，各种稳健性检验的方法和结果，以及相对此前成果的完善之处。

第四章描述中国体育彩票销售综合指数的框架体系。首先明确本书的 3 项构建目标、4 项构建结果以及 8 项构建原则；其次依次介绍了各类指数的构建方法，最后展示了各类指数的设置意义和各项个体指数的关系。

第五章是稳健性检验，从基准数值确定、各项指数构建方法和阈值区间设定等诸多方面，对第四章框架体系加以严格和细致的检验，以体现本书的严谨性、准确性和系统性。

第六章体现了本书相对于此前成果的完善之处。首先指出此前研究所存在的各种问题，然后通过对比显示本书对它们的完满解决，以及其他方面的优势。同时，以 2018 年竞猜型体育彩票为例，详细描述各项指数的计算过程和结果。

三、应用篇

第叁篇"应用篇"包括第七章至第十章，是对于本书构建的指数体系在中国彩票市场中的应用。

第七章评价中国体育彩票福利效果。首先介绍本书的社会福利效果评价方法。其次从全国总体和各省份两个角度，评价中国体育彩票的社会福利效果。最后总结得出当前中国体育彩票整体上各方面的社会福利效果较好，但在各类型以及各省份间差异很大的结论。

第八章考察体育彩票与福利彩票的竞合关系。依次从纵向同一个省份、横向同一个年份以及总体全国范围，考察两者在对应类型彩票上的关系，对比两者各方面的社会福利效果。最后总结，得出整体上它们是同进同退的互补关系的结论。

第九章考察 2015 年"互联网彩票禁售"和 2019 年"新兴类彩票调整"两项重大政策对中国体育彩票社会福利效果的影响。首先介绍社会福利效果变化的分类。其次从三个方面考察体育彩票社会福利效果的变化。最后总结得出两项政策作用兼具有效性和有限性的结论。

第十章是结论与建议。首先，总结本书的基本结论。其次，基于社会福利视角，为实现中国体育彩票健康和平稳地发展，以各级体育彩票中心为能动主体，提出若干政策性建议。最后，从深入探讨、空间扩展、时频细化和框架复制等方面，介绍未来后续性研究的若干初步设想。

第四节　概念界定

为表述清晰，一些在其他文献中含义相似甚至混用的词语，在本书中有严格区别。

一、彩票分类

在彩票分类方面，本书所使用的品种（Variety，V）、种别（Family，F）、类型（Style，S）、类别（Category，C）和种类（Kind，K）等词语的具体含义如下。

1. 品种

某个"品种"彩票指具有独立开奖结果的单只彩票。如目前中国体育彩票有超级大乐透、七星彩、排列五和排列三共 4 只在全国范围统一发行的彩票。

2. 种别

某个"种别"彩票，是相同发行机构且与游戏规则无关的各品种彩票集合。如顶呱刮和排列三，它们在游戏玩法上差别很大，但发行机构都是中国体育彩票中心，因此都属于体育彩票这个"种别"彩票。目前，中国共有体育彩票（Sports Lottery，S）和福利彩票（Welfare Lottery，W）两大种别，后者的发行机构是中国福利彩票中心。

体育彩票与福利彩票共同构成"公立彩票"（Public Lottery，P），即"国家为筹集社会公益资金，促进社会公益事业发展而特许发行、依法销售，自然人自愿购买，并按照特定规则获得中奖机会的凭证（《彩票管理条例》第二条）"。

3. 类型

某个"类型"彩票，是游戏规则相近且与发行机构无关的各品种彩票集合。如"排列三"和"3D"，虽然它们分别由中国体育彩票中心和中国福利彩票中心发行，但游戏规则基本相同，因此都属于数字型这个"类型"的彩票。目前，中国境内共有即开型（Instant，I）、乐透型（Lotto，L）、数字型（Number，N）、快速型（Fast，F）、竞猜型（Toto，T）和视频型（Video，V）6 种类型的彩票。

关于"类型"这个概念,强调 2 个问题。

首先,高频类体育彩票和快开类福利彩票的各品种,与乐透型和数字型彩票一起,目前被监管部门统一归为"乐透数字型",本书将两者与各品种基诺型彩票统一归为"快速型"。理由在于:①这些彩票尽管在游戏规则上有所差别,但共同之处在于一天开奖多次。②这些彩票虽然在一些国家或地区也有发行,但销售比例有限,而近年在中国尤其是部分省份比例极大,需要将其单列,否则它们某些突出的负面问题就会被掩盖。

其次,根据 2012 年 3 月 1 日起施行,并于 2018 年 10 月 1 日修改的《彩票管理条例实施细则》第二章"彩票发行和销售管理"中的第十一条规定,除上述 6 种类型以外,还有"传统型"(Draw,D)彩票。这种类型彩票在中国只在 20 世纪末曾经发行,目前已停售多年。但目前在部分国家或地区仍有发行。为统一口径,在考察其他国家或地区彩票销售情况时,本书将其归至"即开型"。

4. 类别

根据不同标准,本书又将不同类型彩票归为 4 个类别。①固有类(Conventional,C),包括即开型、乐透型和数字型 3 种,它们都是在世界彩票业当中发行时间较长且"娱乐性稍强"的彩票。②新兴类(Emerging,E),包括快速型、竞猜型和视频型 3 种,它们都是在世界彩票业近些年来出现且"刺激性很强"的类型。③概率类(Probability,P),包括乐透型、数字型和快速型 3 种,它们的中奖号码都是通过开奖设备随机抽取所得。这个类别彩票,在中国体育彩票中心也有专门的"概率游戏管理处"来负责。④扩展类(Alien,A),包括竞猜型和视频型 2 种,在投注对象以及游戏玩法上,它们与其余类型彩票差别很大,且与传统意义上的博彩品更加类似。

需要强调的是,各类别彩票范围会有交叉,如乐透型同属"固有类"和"概率类",快速型同属"新兴类"和"概率类"。

5. 种类

某个"种类"彩票,是相同发行机构并且游戏规则相近的各品种彩票集合。如排列三与排列五,在玩法上,它们都属于"数字型彩票"这个类型;在发行机构上,它们都属于"体育彩票"这个种别,也即它们都属于"数字型体育彩票"这个种类。

各彩票分类之间的关系如图 1-1 所示。

中国体育彩票这一种别的各类别、类型和代表性品种如图 1-2 所示。

中国福利彩票这一种别的各类别、类型和代表性品种如图 1-3 所示。

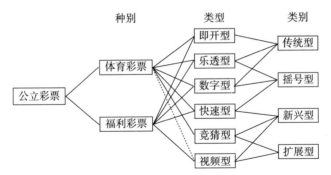

图 1-1 各种彩票分类的关系

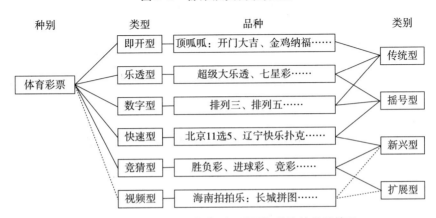

图 1-2 中国体育彩票各类别、类型与代表性品种情况

注：截至 2019 年底，视频型体育彩票仅限海南 1 个省份发行。

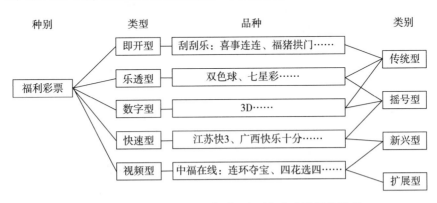

图 1-3 中国福利彩票各类别、类型与代表性品种情况

注：视频型福利彩票于 2020 年 8 月退市；福利彩票快开游戏和体育彩票高频游戏，即本书中的部分快速型彩票，于 2021 年 2 月退市。截至 2021 年 3 月，福利彩票尚不发行竞猜型彩票。

二、整体范围

在表述整体范围时，本书所使用的全部（Whole）、所有（All）和总体（Total）等词语的具体含义如下。

1. 全部

"全部"用于描述彩票整体范围，对应"类型"一词，即相同种别但不同类型的彩票集合。例如，2018年辽宁即开型体育彩票销售规模为4.4952亿元，乐透型为7.6367亿元，数字型为3.5298亿元，快速型为13.4802亿元，竞猜型为46.2014亿元，视频型为0元，当年辽宁"全部类型"体育彩票销售规模为辽宁体育彩票中心所销售的5个类型之和，即4.4952+7.6367+3.5298+13.4802+46.2014=75.3433亿元。

2. 所有

"所有"也用于描述彩票整体范围，对应"种别"一词，即相同类型但不同种别的彩票集合。在中国它特指"公立"彩票，即同时包括体育彩票和福利彩票相同类型的彩票。例如，2018年辽宁即开型体育彩票销售规模为4.4952亿元，即开型福利彩票为4.1013亿元，当年辽宁"所有"即开型彩票也就是"即开型公立彩票"的销售规模为上述两者之和，即4.4952+4.1013=8.5965亿元。

3. 总体

"总体"用于描述全国范围，即某个指标各省份的合计情况。例如，2018年竞猜型体育彩票全国"总体"销售规模为31个省份这个彩票的销售规模加总，即为1655.05亿元。

三、占比程度

在表述占比程度时，本书所使用的比例（Ratio）、份额（Quotient）和比重（Proportion）等词语的具体含义如下。

1. 比例

"比例"对应"全部"或"类型"，是指某个种类彩票销售规模相对于相同发行机构全部彩票销售规模的占比。例如，2018年辽宁竞猜型体育彩票"比例"为这个彩票销售规模比上当地"全部类型"体育彩票销售规模，即46.2014/75.3433=61.32%。

2. 份额

"份额"对应"所有"或"种别",是指某个种类彩票销售规模相对于相同类型所有彩票销售规模的占比。例如,2018 年辽宁即开型体育彩票"份额"为这个彩票销售规模比上"所有"即开型彩票(即开型公立彩票)销售规模,即 4.4952/8.5965=52.29%。

3. 比重

"比重"对应"总体",是指某个指标在某个省份相对全国的占比。例如,2018 年辽宁竞猜型体育彩票比重为这个彩票在该省份销售规模比上全国"总体"销售规模,即 46.2014/1655.05=2.79%。

四、变化情况

在表述变化情况时,本书所使用的增加与减少(Increase & Decrease)、增长与下降(Grow & Decline)以及提高和降低(Rise & Fall)组的具体含义如下。

1. 增加与减少

这组词对应彩票销售或各类经济和人口指标的"原值"的变化"数量"。如 2018 年辽宁乐透型体育彩票销售规模为 7.6367 亿元,2017 年为 7.0366 亿元,则当年"增加"值为 7.6367-7.0366=0.6001 亿元。

2. 增长与下降

这组词对应彩票销售或各类经济和人口指标的"原值"的变化"幅度"。同样以上述指标为例,当年"增长"值为(7.6367-7.0366)/7.0366=8.53%。

3. 提高和降低

这组词对应本书构建的各类"指数"的变化"数量"。例如,根据后文第四章第三节的计算方法,2018 年辽宁乐透型体育彩票综合开发指数为-0.4626,2017 年为-0.4935,当年"提高"值为-0.4626-(-0.4935)=0.0309>0。

另外要说明的是,本书的各项指数有正有负,按增长或下降的公式来计算它们的变化幅度,会出现与变化数量的符号不一致的情况。同样以上述情况为例,2018 年变化幅度为(-0.4626-(-0.4935))/(-0.4935)=-6.26%<0。因此本书不再考察各项指数的变化幅度情况。

五、维度含义

本书所纳入的彩票销售指标，共有规模、同比、密度、深度、筹资、比例和份额 7 项分维度（Sub-Dimension，SD），以及 1 项综合维度（Composite Dimension，CD）。

各分维度含义如下。要强调的是，这部分只是介绍各维度的基本含义，具体计算细节将在第三章第二节进行部分详细介绍。

1. 规模

规模（Scale，S）维度，彩票原值为某年某省份或全国的某个种类、类型、类别或种别彩票（以下简称"某个彩票"）的销售金额。经济原值为历年各省份或全国的生产总值。

2. 同比

同比（Yearly-growth，Y）维度，无论是彩票或经济，原值均为某年规模原值相对于上年的变化幅度，即增长或下降值。

3. 密度

密度（Density，D）维度，原值为"某年某省份或全国的某个彩票销售规模或生产总值的原值"比上"同年当地的人口数"，即人均销售规模或人均生产总值。

4. 深度

深度（Penetration，P）维度，原值为"某年某省份或全国的某个彩票规模原值"比上"同年当地生产总值"，即彩票规模原值比经济规模原值。鉴于其数值较小，本书以"万分之几"的形式展示其原值。

5. 筹资

筹资（Funds-Raising，F）维度，原值为某年某省份或全国的某个彩票所筹集的公益金数量。

6. 比例

比例（Ratio，R）维度，体育彩票原值为某年某省份或全国"某个彩票体育规模原值"比上"全部类型体育彩票规模原值"；公立彩票原值为"某个公立彩票规模原值"比上"全部类型公立彩票规模原值"。

7. 份额

份额（Quotient，Q）维度，原值为某年某省份或全国"某只彩票规模原值"比上"当年该省份相同类型公立彩票规模"。

第五节　指数列表

本书共包括基础指数（Basic Index，BI）、个体指数（Regional Index，RI）、总体指数（Total Index，TI）和整体指数（Comprehensive Index，CI）4 类指数。

一、基础指数

基础指数 BI 是构建其他各类指数的基础，也能够反映特定省份经济或彩票的当地基础实力，分为弱小、中等和强大 3 个等级。

二、个体指数

个体指数 RI 由基础指数 BI 计算得出，反映特定省份彩票的某个方面销售情况，细分为如下 4 项。

（1）开发指数（Developing Index，DI），反映当地彩票的市场开发程度，分为不足、适度和过度 3 个等级。

（2）地位指数（Position Index，PI），反映当地彩票的全国地位等级，分为次要、居中和重要 3 个等级。

（3）运营指数（Operating Index，OI），反映当地彩票的机构运营方式，分为保守、中性和激进 3 个等级。

（4）盈利指数（Gain Index，GI），反映当地彩票的资金盈利能力，分为低能、中能和高能 3 个等级。

三、总体指数

总体指数 TI 由个体指数 RI 计算得出，反映全国总体彩票的某个方面销售情况，细分为如下 3 项。

（1）适量指数（Appropriate Index，AI），反映全国彩票的销售适量水平，分为欠缺、适量和过量 3 个等级。

（2）公平指数（Fairness Index，FI），反映全国彩票的销售公平状况，分为累退、公平和累进 3 个等级。

（3）效率指数（Efficient Index，EI），反映全国彩票的资金筹集效率，分为低效、中效和高效 3 个等级。

四、整体指数

整体指数 CI，由各项个体指数或总体指数计算得出，反映特定省份或全国总体彩票的整体销售情况，细分为如下 2 项。

（1）稳健指数（Moderate Index，MI），反映各省份彩票销售的整体稳健态势，分为后进、稳健和冒进 3 个等级。

（2）合意指数（Satisfactory Index，SI），反映全国彩票销售的整体合意状态，分为低迷、合意和亢奋 3 个等级。

第二章 彩票与综合指数文献综述与评论

本章是文献回顾与评论部分。首先，从人际、市际、省际和国际 4 个层面，回顾彩票销售影响因素的代表性文献。接下来回顾体育以及其他领域关于综合指数的代表性文献。以此为基础，确立构建中国体育彩票销售综合指数纳入的各项维度，并找出解决极端数值预处理、原始数据标准化和各维度权重设置等关键问题的思路。

第一节 彩票销售相关文献回顾

关于彩票销售的影响因素相关文献，可分为 4 个研究层面：人际层面、市际层面、省际层面和国际层面。

一、人际层面

人际层面具体到每位消费者，分析他们彩票购买指标与经济和人口统计学指标的关系。

1. 国外研究

Coups 等 (1998) 研究的对象是 160 名英国"国家彩票" (National Lottery) 购买者。作者发现，人们将购买彩票视为一项社会活动。这样，朋友也购买彩票，参与其他博彩的频率高以及对于概率的误解，会导致人们过多购买彩票，教育水平与彩票购买量显著负相关。

Perez L 和 Humphreys (2011) 研究的对象是西班牙基于全国性调查的 2500 余位受访者。作者发现，收入水平是决定彩票销售的重要因素，彩票收入弹性高达 8.776。此外，男性彩票购买量会比女性多出 20.44%；受教育年限与彩票购买量显著负相关。作者进一步发现，该国彩票销售规模增加，主要来自已有购买者的更多投注，而不是吸引了新的购买者。

　　Beckert 和 Lutter（2013）研究的对象是 2006 年德国的 1508 位受访者。作者发现，彩票购买量与收入水平显著正相关，而与教育水平显著负相关。宗教信仰以及是否为少数族裔，与彩票购买量没有显著关系。进一步地，作者从社会学视角，解释穷人购买彩票的原因：同伴也购买彩票，因受教育程度不高而对中大奖概率的误解，以及自我认知社会失落感（Self-perceived Social Deprivation），对彩票购买量有显著的正向影响。

　　Papineau 等（2015）研究的对象是 2008 年加拿大魁北克国家公共卫生研究院（Institut National de Santé Publique du Québec，INSPQ）的一个彩票研究项目中的2001 位受访者。作者发现，受教育程度低的人购买彩票的频率和数量都相对较大，收入少的家庭当中购买彩票的比例相对更大。彩票广告对于彩票购买者有重要影响，因此作者提出要用立法形式来控制彩票相关营销活动。

　　Aflakpui 和 Oteng-Abayie（2016）研究的对象是加纳南部城市 Kumasi 的 400名体育彩票购买者。作者发现，这些人群中，96% 是男性，92% 年龄在 21 岁至 40岁，53.6% 是失业者。月收入越少，越会购买体育彩票，而教育水平和婚姻状况对体育彩票购买量没有显著的影响。过去曾经中过奖，会促使人们购买更多的体育彩票。

　　Brochado 等（2018）研究的对象是葡萄牙 748 位彩票购买者。作者发现，即开型彩票在年轻人、女性以及收入少等人群当中更为流行，民众购买时以自尊（Esteem）动机为主；葡萄牙"国家彩票"是一种乐透型彩票，它的购买群体年龄更大，民众购买时以安全（Safe）动机为主；"欧洲百万"是奖池规模更大的彩票，它的购买群体以男性为主，民众购买时以财务（Financial）动机为主。基于这些发现，作者提出，各种类型或玩法的彩票不应当被视为同质（Homogeneous）产品。

　　Becchetti 等（2018）研究的对象是意大利 2016 年 3 月至 6 月的视频型和即开型彩票购买者。作者发现，在控制性别、教育、收入、就业状况以及居住条件等因素以后，这些彩票的购买者缺乏金融知识。例如，相对其他人群，视频型彩票购买者能够准确回答 3 个标准金融常识的比例要少 8%；即开型彩票购买者能够准确回答基金投资组合问题的比例要少 10%。因此，这些彩票购买者可能无法准确评估购买彩票对于他们经济福利效果的影响。

　　2. 国内研究

　　张亚维和郑美琴（2006）研究的对象是海南省 548 位居民。作者发现，彩票人均购买量与其收入呈倒 U 型关系。例如，无正常收入组的每月人均彩票购买量为 279 元；月收入小于 600 元组，购买量 129 元；600 元至 1200 元组，购买量 98

元，为最小组。但 2500 元至 5000 元组购买量 260 元大于 5000 元即收入最大组，购买量 322 元，亦为最大组。作者还发现，性别、婚姻、年龄、教育、个体观念以及所处环境等变量与博彩参与和支出行为有明显关联；不同收入水平下的博彩参与和支出具有不同的性质与特征。

张亚维（2007）研究的对象是海南省海口市以及江苏省扬州市的 1000 余位居民。作者发现，扬州与海口两地居民所处社会环境、对博彩业发展的态度、受教育程度以及性别都对参与博彩有显著的同方向影响。差别在于海口人更受社会环境影响，而扬州人更受个体观念影响。

刘呈庆等（2017）研究的对象是山东省济南市的 416 位居民。文章采用 Logit 模型，考察居民对于生态彩票的购买意愿及其主要影响因素。作者发现，环保意识、环保行为、购彩经历和中奖动机对生态彩票购买意愿产生正向影响；风险偏好者比风险规避者更愿意购买生态彩票；收入水平对生态彩票购买意愿产生负向影响；男性比女性更愿意购买生态彩票。

李梅玲和王云青（2017）研究的对象是河北省 786 位彩票购买者。作者发现该省彩票购买者 70% 以上为男性；学历越高的人群，购买彩票的比例越大；购彩人群大都集中在高收入地区，说明经济发达地区的彩票销售规模大于经济落后地区。同时，作者还发现，该省有 60% 的彩票购买者，购买彩票时间大于 6 年。

二、市际层面

市际层面是分析某个国家或地区同一个二级行政单位（如中国的省份、美国的各州）内各个三级行政单位（如中国的各地市、美国的各县）的彩票销售与当地相关经济和人口统计学指标的关系。

1. 国外研究

Price 和 Shawn（2000）研究的对象是美国得克萨斯州 254 个县中的 195 个县年度数据，该州发行即开型、数字型和乐透型 3 个类型彩票。作者发现，这 3 个类型彩票都呈累退性（Regressive），随着各县的人均收入增加，当地彩票销售减少，其中即开型的累退性最强。白人（WASP）人口比例大以及大学学历人口比例大的各县，即开型彩票销售显著偏小，但其他 2 个类型彩票没有类似现象。文章进一步发现，各类型彩票间是互补关系。

Garrett 和 Marsh（2002）研究的对象是美国堪萨斯州 105 个县年度数据。作者发现，人均收入、教育水平和宗教信仰等因素与各县彩票人均销售规模无关；非白人人口比例以及人均彩票投注机数量与当地彩票人均销售规模显著正相关。进一步地，作者还发现该州与其他接壤州的各县彩票购买者，会到邻州购买彩票，反之亦然。作者估计，堪萨斯州居民到邻州共购买彩票 1598 万美元，而邻州居民到该州共购买彩票 554 万美元，这样该州净损失 1043 万美元。

Tosun 和 Skidmore（2004）研究的对象是 1987 年至 2000 年美国西弗吉尼亚州 55 个县年度数据。作者发现，各县人均彩票销售规模与当地人均收入显著正相关，但与失业率与老年人口比例没有显著关系。该州引入刺激性很强（Competing）的视频型彩票以后，对当地已有类型彩票带来显著的负面冲击。作者还发现，来自邻州彩票行业的竞争压力，也是决定该州发行彩票的重要因素。

Ghent 和 Grant（2010）研究的对象是 2002 年 1 月至 2003 年 3 月南卡罗来纳州各县年度数据。此时该州共发行即开型、数字型和乐透型 3 个类型彩票，公益金主要用于教育事业。作者发现，不同类型彩票的影响因素互有差别。例如，各县 65 岁及以上人口比例与当地即开型彩票销售显著正相关，但与数字型和乐透型没有显著关系。黑人人口比例与即开型彩票和数字型彩票销售显著正相关，但与乐透型彩票没有显著关系。中等收入家庭比例（人均收入 1.5 万美元至 3.5 万美元）对于 3 个类型彩票销售都显著负相关，高收入家庭比例（人均收入 3.5 万美元至 5 万美元）与这些彩票都显著正相关。受教育程度和宗教信仰等因素与这些彩票都没有显著关系。

Han 和 Suk（2011）研究的对象是 2001 年至 2010 年新泽西州各县年度数据。作者发现，女性，尤其是年轻女性，彩票参与率更大；收入少的家庭，购买更多的彩票；黑人人口比例与当地彩票销售正相关；教育水平与彩票销售显著负相关。相对而言，年龄在 20 岁至 30 岁的青年人或 70 岁以上的老人，会购买更多彩票。

2. 国内研究

刘圣文（2016）研究的对象是 2008 年至 2014 年山东省 17 个地市年度数据。作者发现，彩票销售终端数与各类型彩票的销售规模都显著正相关；市场营销费用增长显著地增加返奖率少的彩票的销售规模；人均 GDP 增长对于竞猜型彩票的影响最大，但对于该省销售比例最大的彩票品种"十一运夺金"没有显著的影响；人口增长对各类型彩票销售都没有显著性的影响；互联网彩票禁售政策对山东省体育彩票销售带来非常显著的负面影响。

张智和陈颀（2017）研究的对象是 2002 年至 2016 年重庆市 38 个区县年度数据。作者利用探索性空间数据分析（ESDA）方法，发现重庆市各区县体育彩票事业发展存在明显的空间集聚特征，即体育彩票事业发展好的区县彼此邻接，发展差的区县也相互邻接，区域间存在正的空间自相关关系。从长期来看，各区县体育彩票事业发展的空间依赖程度逐年减弱，当地受周边邻接区县的影响越来越小。

三、省际层面

省际层面是分析某个国家或地区各个二级行政单位（如中国的省份、美国的各州）的彩票销售与当地经济和人口统计学指标的关系。

1. 国外研究

Mikesell（1994）研究的对象是 1983 年底至 1991 年美国各州季度数据。作者发现，彩票的收入弹性约为 3.9，即随着各州人均收入增长，彩票人均销售规模会累进式增长。彩票销售对于失业率很敏感，例如，失业率从 4% 增加至 5%，彩票季度销售规模将增长 4.25%。这意味着相对于收入，失业率对彩票销售的影响更大。因此当经济处于衰退期时，彩票销售会增加。背后原因在于，彩票作为价格低廉且能获得巨奖的商品，在此时对人们的吸引力更大。综合各类影响因素后，作者提出，随着经济的持续增长，彩票人均销售规模将趋向一个平稳值。

Blaloc 等（2007）研究的对象是 1990 年至 2002 年美国 39 个州年度数据。作者发现，彩票人均销售规模与贫困人口比例或人均可支配收入显著正相关，而与失业率显著负相关。作为对比，人均电影票房与贫困率或失业率没有显著关系。作者认为，彩票是一个能够大幅提升生活水平的难得机会，穷人处于困难时期时往往很绝望，此时为避免贫困反而更会购买彩票。

Landry 和 Price（2007）研究的对象是 1990 年至 2000 年美国发行彩票的各州年度数据。作者发现，人均收入增长与彩票人均销售规模有显著正向影响，但程度很小。如果彩票返奖率增加 1%，彩票销售只会增长 0.04%。跨州彩票的引入，使得各州彩票销售规模增长 19%。

Kaiseler 等（2014）研究的对象是 2004 年至 2008 年葡萄牙 18 个行政区年度数据。作者发现，彩票人均销售规模与人均收入呈倒 U 型关系：人均收入小于 13208 欧元时，彩票人均销售规模会随着收入增加而增加，此后减少。总体上，在葡萄牙，收入较多的行政区，彩票人均销售规模相对更多。已婚天主教徒购买更多彩票，而教育水平与彩票销售显著负相关。

Wu 等（2017）研究的对象是 2003 年 1 月至 2011 年 12 月美国 42 个州季度数据。作者发现，失业率与彩票销售显著正相关。对于政府而言，更主要的目标是减少失业率而不是增加彩票销售规模，因此，作者提出，设计出新颖的彩票玩法是刺激彩票销售更为有效的方法。

2. 国内研究

贾晨和谢衷洁（2009）研究的对象是 2005 年至 2007 年中国福利彩票各省份

面板数据。作者首先运用层次分析法，筛选出对于各省份福利彩票销售规模解释力最强的 6 个变量，它们分别是地区生产总值、农村居民纯收入、城镇人口百分比、基本建设费、科学事业费和社会保障补助。文章将 2007 年中国各省份福利彩票销售规模的预测值与实际值进行对比，发现文章中的预测模型具有很强的解释度。

李文娟和袁永生（2009）研究的对象是 2007 年中国福利彩票各省份年度数据。作者通过分层变换筛选拟合法进行研究，发现人口总数、城镇人口百分比、地区生产总值及城镇居民可支配收入等因素在不同程度上影响福利彩票的销售。特别是，作者发现，在欠发达的地区，人民生活水平较低，可能因"一夜暴富"思想作祟，投机心理比较严重，导致彩票的销售反而增加。

张增帆（2013）研究的对象是 2002 年至 2010 年中国公立彩票各省份面板数据。作者运用固定效应模型分析我国各省彩票销售的影响因素，发现居民收入水平与人均彩票销售规模显著负相关，而经济发展水平、百万大奖个数、投注终端机的密度与人均彩票销售规模显著正相关。作者认为彩票"博弈获奖概率均等的客观性"调低"智力博弈的趣味性和成就感"，导致收入多的人群远离彩票市场，而收入少的人群却成为彩票的购买主力。

袁光辉等（2014）研究的对象是 2003 年 3 月至 2010 年 2 月中国福利彩票双色球前 1000 期的各省份单期面板数据。作者分析各省份奖池与销售规模的关系，提出奖池的大小对彩票的销售具有一定的影响。彩票在市场营销的过程中，各省份彩票购买者对奖池大小的敏感度不同，因此全国联销（相同奖池）的彩种在奖池发生波动时，各省份的销售规模波动情况也不相同。进一步地，作者提出，彩票销售对奖池金额有较大依赖的省份，在奖池较大的时候适当加强宣传会较好地增加销售规模。

孙晓东（2014）研究的对象是 2002 年至 2013 年中国竞猜型体育彩票各省份年度面板数据。作者通过纵向和横向两个角度对竞猜型体育彩票销售进行定量研究，分析影响我国竞猜型体育彩票销售的因素。其中在横向角度，作者采用随机效应模型下的广义最小二乘估计方法，构造不同人均收入组合，发现竞猜型体育彩票人均销售规模与人均收入、受教育程度、性别比例及地方足球水平显著正相关，与其他种类彩票存在显著竞争关系。

谢丹霞和吴际（2015）研究的对象是 1994 年至 2013 年中国体育彩票各省份年度面板数据。作者运用 Pearson 相关系数法，发现无论是纵向还是横向比较，体育彩票销售与地区生产总值正相关；人均收入和体育彩票销售呈倒 U 型关系；人口文化程度越高，长期流动人口数量越多，体育彩票销售越多。

崔百胜和朱麟（2015）研究的对象是 1999 年至 2013 年中国各种别彩票各省份年度面板数据。作者运用空间面板模型，发现城镇居民人均可支配收入、农村居民人均纯收入、失业率对体育彩票销售影响的直接效应和溢出效应为正；人均 GDP 的直接效应为负、溢出效应为正；股票人均月交易额的直接效应为正、溢出效应为负。作者提出如下建议，加强相邻省份彩票市场的合作与交流，促进彩票销售市场的共同发展，加强彩票购买者的专业知识教育，提倡彩票购买者理性购买彩票。

李刚和李杨芝（2018）研究的对象是 2002 年至 2017 年中国竞猜型体育彩票各省份年度面板数据。作者发现，相对于其他彩票，竞猜型体育彩票销售对于经济水平的正向反应更加敏感；教育水平和男性人口比重等因素对于其销售具有正向作用；其销售在世界杯年份会显著增长，但与各省份足球水平没有显著关系；其公益金率减少，体育彩票的销售和公益资金也会减少；网络销售彩票会增加竞猜型体育彩票销售，但作用相对较小。

方春妮和陈颀（2019）研究的对象是 2007 年至 2016 年中国体育彩票各省份年度面板数据。文章检验我国城镇化发展水平与居民体育彩票消费需求的相互关系。作者发现，中国城镇化发展水平对居民体育彩票消费需求具有正向影响，我国城镇化进程的快速发展与居民体育彩票消费需求增加保持着正向良性循环。中国城乡收入差距对居民体育彩票消费需求具有负向影响，减少城乡收入差距是增加居民体育彩票消费需求的有效方式。中国固定资产投资率和资本形成率对居民体育彩票消费需求具有正向影响，固定资产投资可以通过增加居民收入水平和升级消费需求空间，进而对居民体育彩票消费需求产生正向影响。

钟亚平和李强谊（2019）研究的对象是 2008 年至 2016 年中国体育彩票各省份年度面板数据。作者借助 Dagum 基尼系数和空间统计分析方法，研究中国体育彩票销售规模的地区差异及其影响因素。结果发现，中国体育彩票销售规模的总体差距表现为先升后降的演变态势。中国体育彩票销售规模在全国范围内存在正的空间相关性，体育彩票销售规模较大的省份与同样有较大体育彩票销售规模的省份在地理位置上相邻，经济发展水平、人口规模、城镇居民收入水平、农村居民收入水平是影响体育彩票销售的主要因素，且表现为显著的促进效应。

四、国际层面

国际层面是分析各个国家或地区的彩票销售与当地经济和人口统计学指标的关系，目前尚没有国内学者研究这个层面。

Garrett（2001）研究的对象是 1997 年全球 82 个国家或地区的年度数据。作者发现，彩票收入弹性大于 1，在 1.3 左右，这意味着彩票人均销售规模占当地人均收入的比重（类似于本书的深度）与当地人均收入显著正相关。作者按人均收入，将 82 个国家或地区分为 4 组，发现彩票人均销售规模占当地人均收入的比重"小于 1200 美元组"为 0.13%，4 组最少；"1201 美元至 3500 美元组"为 0.21%；"3501 美元至 16000 美元组"为 1.05%，4 组最多； "大于 16000 美元组"为 0.44%。

Kaiseler 和 Horacio（2012）研究的对象是 2005 年全球 80 个国家或地区的年度数据。作者发现，彩票人均销售规模与当地人均 GDP 呈倒 U 型关系。即当收入较少时，当地人均 GDP 增加，彩票人均销售规模会随之增加，但人均 GDP 达到 4.5 万至 5 万美元以后，彩票人均销售规模会减少。作者还发现，教育水平或者女性人口比例，与彩票销售显著负相关。

第二节　综合指数相关文献回顾

一、综合指数的构建

1. 综合指数的含义

本书采用苏为华（2000）的定义：客观实际中的许多现象常常是有多个侧面的性质特征的，单项指标虽然能对现象某个方面的优劣做出评价，却不能对其各个方面的性质特征进行综合性和总括性的评价，特别是当多个侧面优劣表现不太一致甚至相互矛盾的时候。而统计综合评价技术通过对特定对象（主要是社会经济现象）的多个方面数量表现进行高度抽象综合，进而以定量形式确定现象综合优劣水平与次序的统计分析方法，而由此构建出的综合统计指标，即为综合指数。

2. 综合指数国内研究总体情况

综合指数研究方法在国内外都有广泛的研究和应用，并且相关成果越来越多。仅在中国，利用中国知网（www.cnki.net）搜索，截至 2019 年底，以"综合指数"为主题词的有 27768 份中文文献，其中 24602 份发表在 2000 年及以后，比例为 88.60%。进一步地，如图 2-1 所示，这个主题文献的增长趋势明显，2000 年有 322 篇，2019 年有 1964 篇，增长 6.10 倍。

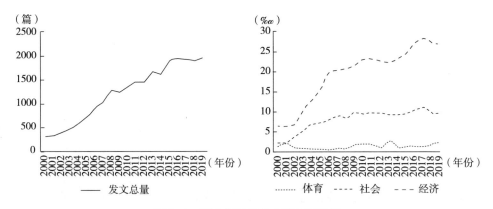

图 2-1 综合指数相关文献历年数量

注：右侧图"体育"含义为历年主题词同时包括"综合指数"和"体育"的文献数量与只包括"体育"的文献数量之比，其他指标以此类推。

具体到不同领域，也可以发现类似现象。例如，2000 年，主题词包括"社会"的文献，有 71489 篇，同时包括"综合指数"和"社会"的文献，有 16 篇，后者占前者的比例为 2.24‰；2019 年，3 项指标分别为 207862 篇、204 篇和 9.81‰。2000 年，主题词包括"经济"的文献，有 112358 篇，同时包括"综合指数"和"经济"的文献，有 72 篇，后者占前者的比例为 6.41‰；2019 年，3 项指标分别为 186263 篇、506 篇和 27.17‰。

不过，图 2-1 还显示，目前中国体育领域涉及"综合指数"的文献相对很少。例如，2000 年，主题词包括"体育"的文献，有 8149 篇，同时包括"综合指数"和"体育"的文献，只有 1 篇，后者占前者的比例为 1.23‰；2019 年，3 项指标分别为 30497 篇、8 篇和 2.62‰。从发文比例来看，相对于其他领域，这个主题的体育领域文献在 19 年间增长有限。

二、体育领域综合指数代表性文献

1. 总体情况

利用中国知网（www.cnki.net）搜索，截至 2019 年底，主题同时包括"体育"和"综合指数"的文献，共有 82 篇。如图 2-2 所示，这些文献基本发表在 2000 年及以后，共计 73 篇，其中 2013 年最多，有 11 篇，除这年以外，其余年份都是个位数。

需要说明的是，有些文献虽然也使用"综合指数"一词，但它与本书中的

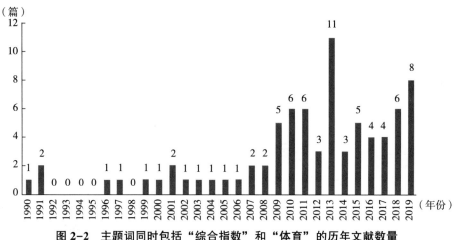

图 2-2 主题词同时包括"综合指数"和"体育"的历年文献数量

"综合指数"含义不同，如韩映雄（2018）的学业负担综合指数。另外还有部分文献，因年代久远无法下载。最终，我们汇总51篇文献，其中4篇为体育学科研究成果的学术指数，如付楠（2011）、袁小超等（2013）、刘文娟等（2013）、张凤彪和桑云鹏（2016）；25篇为体育人文社会领域，22篇为运动人体科学领域，我们重点总结后两个领域的文献。

2. 先驱性文献

我们能够找到并且采用了标准化处理和加权汇总等明确核心步骤方法的文献，是刘贤龙和邓宗琦于1990年在《体育科学》发表的"关于体育发展水平综合评价模式的探讨"。作者以1986年中国29个省份体育事业10个维度的数据，计算当年这些省份体育发展水平综合指数。标准化处理步骤，作者采用的方法分2个阶段：①某项指标各省份数值比上全国平均水平再乘上100，计算该省份对应指标的"折算指数"；②某项指标的折算指数乘以对应的"权值"再乘以对应的"相对比值"，得到该项指标的评价指数。加权汇总步骤，作者采用算术平均法，即10项指标都是1/10。正如作者所言，"这个指数的意义在于把人们对各省市体育发展水平的定性分析结果和模糊印象在一定程度上加以量化。而这种量化有利于进行分析对比。各省市不同时期的综合指数纵向前后对比，可以看出自己逐年发展变化的情况，各省市间相同时期综合指数的横向对比用以反映全国各省市体育发展水平的差别"。作者还发现：①体育发展水平较好的省市，其竞技体育水平也较强；②在我国社会主义初级阶段体育发展水平受经济制约程度较大；③适当增加对体育事业特别是竞技体育的投入，竞技体育是可以适度超前于经济基础而发展的。

此外，张遐芳于 1989 年在《西安体育学院学报》发表的"我国女子健美运动员形体因子选择与判别模型的确立"。作者选择 73 位女子健美运动员的 24 项指标，构建"女子健美运动员形体综合指数"，但作者并未在文章中详细说明加权汇总步骤的具体方法。

需要强调的是，在当时数据资料不完备以及计算软硬件不先进的条件下，上述 2 项研究的确可以称得上是"样本数量多，项目复杂，运算繁复"，作者能够构建出相应综合指数，是非常难能可贵的。

3. 体育人文社会领域文献

如表 2-1 所示，在体育人文社会领域，有 25 篇涉及"综合指数"的文献，其中有 5 篇是由刘伟及其合作者完成的"体育可持续发展水平指数"，因此本部分重点总结这些文献。

表 2-1 体育人文社会领域"综合指数"方面相关文献整理

序号	文献	构建指数	研究时段	标准化方法	权重设置方法
1	刘贤龙和邓宗琦（1990）	体育发展水平综合指数	1986 年	阈值法—均值法	主观赋权法—加权平均法
2	杜东旭（2007）	体育事业信息化综合指数	2006 年	原值法	主观赋权法—专家综合法
3	刘伟（2008）	中国体育可持续发展水平综合指数	1991 年至 2005 年	阈值法—归一法	主观赋权法—专家综合法
4	刘伟（2009a）	中国体育可持续发展水平指数	1991 年至 2005 年	阈值法—归一法	主观赋权法—专家综合法
5	刘伟（2009b）	中国体育可持续发展水平综合指数	1991 年至 2005 年	阈值法—归一法	主观赋权法—专家综合法
6	陈旸和马葛生（2009）	社区体育服务居民满意度指数	2008 年	标准分数法	客观赋权法—因子分析法
7	刘伟（2009c）	体育可持续发展综合指数	1991 年至 2005 年	阈值法—归一法	主观赋权法—专家综合法
8	张禾（2010）	市民公共文明行为综合满意度指数	2007 年至 2009 年	原值法	主观赋权法—专家综合法
9	李琼志等（2010）	体育人口系统发展水平指数	1991 年至 2005 年	阈值法—极值法	主观赋权法—专家综合法
10	朱洪军（2010）	职业体育俱乐部主场观众服务质量指数	不详	阈值法—均值法	主观赋权法—专家综合法

序号	文献	构建指数	研究时段	标准化方法	权重设置方法
11	朱兴宇（2011）	辽宁省高校网球运动发展综合指数	2010 年	阈值法—均值法	主观赋权法—专家综合法
12	黄海燕和杨丽丽（2011）	体育产业结构多样化指数	2006 年至 2007 年	阈值法—归一法	主观赋权法—加权平均法
13	王智慧（2012）	居民幸福指数	2008 年至 2010 年	其他—正弦法	主观赋权法—专家综合法
14	苏宁（2013）	中国各省体育产业发展指数	1998 年、2004 年、2008 年	不详	主观赋权法—加权平均法
15	司虎克等（2013）	体育科技进步跟踪观测总指数	2001 年至 2008 年	阈值法—前期法	几何平均法—各维度相乘
16	陈颇（2013）	基本公共服务供给综合指数	1995 年至 2008 年	标准分数法	客观赋权法—因子分析法
17	安俊英（2013）	中国城市化水平的综合指数	1995 年至 2010 年	标准分数法	客观赋权法—因子分析法
18	上海市体育局（2014）	上海市全民健身发展指数	2012 年至 2014 年	不详	不详
19	陈林华等（2014）	国际体育城市发展指数	不详	标准分数法	客观赋权法—因子分析法
20	李刚（2015）	中国体育彩票销售综合指数	2000 年至 2014 年	阈值法—归一法	主观赋权法—加权平均法
21	张凤彪（2015）	竞技体育公共支出绩效	2002 年至 2011 年	阈值法—归一法	客观赋权法—因子分析法
22	舒秋铃（2017）	竞技体育事业发展水平综合评价指数	2015 年	阈值法—占比法	主观赋权法—专家综合法
23	满江虹等（2018）	体育场地公共服务承载力综合指数	2013 年	不详	主观赋权法—专家综合法
24	吴金泽（2019）	体育赛事综合评估指数	2015 年	原值法	主观赋权法—专家综合法
25	陆乐等（2019）	全球城市体育产业发展	2017 年	标准分数法	主观赋权法—专家综合法

　　刘伟（2008）构建的"体育可持续发展水平指数"，包括体育人口、体育经济、体育文化和体育科学 4 个维度（作者文中的"子系统"）的 2 个层级共 35 个量化指标，数据从 1991 年至 2005 年。

　　首先，标准化处理步骤，作者选择阈值法。正向指标：$I_{i,j} = (V_{i,j} - V_{min})/$

（V_{max}−V_{min}）；负向指标：$I_{i,j}$＝（V_{max}−$V_{i,j}$）／（V_{max}−V_{min}）；中性指标：先确定最优值，大于最优值的按负向指标处理，小于最优值的按正向指标处理。其中 $I_{i,j}$ 和 $V_{i,j}$ 分别为第 i 年第 j 个指标的标准化值和原值，V_{max} 和 V_{min} 分别为第 j 项指标在 1991 年至 2005 年的最大值和最小值。

其次，加权汇总步骤，作者选择层次分析法。根据 23 位专家对于各项子系统以及指标的重要程度赋值，计算它们的各自权重。

刘伟（2009a，2009b，2009c）和李琼志等（2010）又利用这些数据和方法，对这个主题的相关内容加以进一步的深化和细化。

4. 运动人体科学领域文献

如表 2-2 所示，在运动人体科学领域，有 22 篇涉及"综合指数"的文献，其中有 11 篇也即 50% 的主题是"国民体质综合指数"，因此本部分重点总结这些文献。

表 2-2 运动人体科学领域"综合指数"方面相关文献整理

序号	文献	构建指数	研究时段	标准化方法	权重设置方法
1	张遐芳（1989）	女子健美运动员形体综合指数	1988 年	阈值法—均值法	不详
2	李永瑞（2001）	高水平动员性向注意综合指数	不详	阈值法—均值法	主观赋权法—专家综合法
3	蔡睿等（2005）	国民体质综合指数	2000 年	阈值法—占比法	主观赋权法—加权平均法
4	董凤翠（2008）	我国普通高校田径高水平运动队训练体制评价指数	2005 年	标准分数法	客观赋权法—因子分析法
5	卢存（2008）	国民体质综合指数	2005 年	阈值法—占比法	主观赋权法—加权平均法
6	余杨等（2008）	国民体质综合指数	2005 年	阈值法—占比法	主观赋权法—加权平均法
7	廖文科（2009）	中国汉族学生体质与健康综合评价指数	1985 年、1991 年、1995 年、2000 年、2005 年	阈值法—极值法	主观赋权法—专家综合法
8	张龙（2009）	体质综合指数	2005 年	阈值法—均值法	主观赋权法—加权平均法
9	李纪江等（2010）	国民体质综合指数	2005 年	阈值法—占比法	主观赋权法—加权平均法
10	韩茜茜（2012）	幼儿体质综合指数	2010 年	阈值法—均值法	主观赋权法—加权平均法
11	廖上桂（2013）	WTA 选手比赛指数	2011 年至 2012 年	阈值法—均值法	混合法—同类相乘异类相加

序号	文献	构建指数	研究时段	标准化方法	权重设置方法
12	李玲（2013）	健美操运动研究者综合指数	1992 年至 2011 年	阈值法—均值法	主观赋权法—加权平均法
13	张龙等（2013）	国民体质综合指数	不详	阈值法—占比法	主观赋权法—加权平均法
14	高徐（2013）	国民体质综合指数	不详	阈值法—占比法	主观赋权法—加权平均法
15	卢福玲（2014）	国民体质综合指数	2000 年、2010 年	阈值法—占比法	主观赋权法—加权平均法
16	张彦峰等（2015）	国民体质综合指数	2010 年	阈值法—占比法	主观赋权法—加权平均法
17	贾文娟（2016）	高校体育场馆室内空气综合指数	2015 年	阈值法—极值法	主观赋权法—算数平均法
18	杜东旭（2016）	男篮亚锦赛中国队攻防能力的综合指数	2009 年、2011 年、2013 年、2015 年	阈值法—均值法	混合法—同类相乘异类相加
19	汤国进和邹克宁（2017）	男子网球运动员竞技比赛综合指数	2011 年至 2016 年	阈值法—均值法	主观赋权法—算数平均法
20	魏斌（2017）	体质指标综合指数	2000 年、2005 年和 2010 年	标准分数法	客观赋权法—因子分析法
21	王莉和胡精超（2017）	国民体质综合指数	2015 年	阈值法—占比法	主观赋权法—加权平均法
22	钟可（2018）	四大满贯男子单打决赛各运动员综合指数	2017 年	阈值法—均值法	混合法—同类相乘异类相加

从 2000 年起，中国每 5 年进行一次全国国民体质状况调查。"国民体质综合指数"是描述群体体质水平的综合指数，蔡睿等（2005）介绍了相关指标的标准化处理和加权汇总方法，根据我们对相关文献的整理，这个指数构建方法如下。

首先，如表 2-3 所示，确定身体形态、身体机能和身体素质 3 个一级指标，不同年龄阶段人群，两组指标内容与数量有所差别。

其次，标准化处理方法，蔡睿等（2005）介绍，①正向指标，第 j 项指标在第 j 省份的标准化值 $I_{i,j} = V_{i,j}/\overline{V_i}$，其中 $V_{i,j}$ 为调查期第 j 省份各年龄组被调查人群第 i 项指标原值的均值，$\overline{V_i}$ 为基期（2000 年）相同年龄组第 i 项指标全国的均值。②负向指标，标准化值为 $I_{i,j} = \overline{V_i}/V_{i,j}$。③中性指标，先确定一个最佳值，两侧对称依次递减。

表 2-3　国民体质综合指数各年龄组人群的各项指标内容

一级指标	二级指标		
	年级组	数量	内容
身体形态	少儿组	7	身高，坐高，体重，胸围，上臂皮皱厚度，肩胛皮皱厚度，腹部皮皱厚度
	成年组	8	身高，体重，胸围，腰围，臀围，上臂皮皱厚度，肩胛皮皱厚度，腹部皮皱厚度
	老年组	8	身高，体重，胸围，腰围，臀围，上臂皮皱厚度，肩胛皮皱厚度，腹部皮皱厚度
身体机能	少儿组	1	安静脉搏
	成年组	5	安静脉搏，收缩压，舒张压，肺活量，台阶指数
	老年组	4	安静脉搏，收缩压，舒张压，肺活量
身体素质	少儿组	6	10米折返跑，双脚连续跳，网球掷远，立定跳远，坐位体前屈，走平衡木
	成年组	6	握力，背力，纵跳，俯卧撑/仰卧起坐，闭眼单脚站立，选择反应时
	老年组	3	握力，闭眼单脚站立，选择反应时

最后，在加权汇总时采用加权平均法，即国民素质综合指数 $CI_j = \sum P_j f_i \sum K_i I_{i,j}$，其中 P_j 为各年龄人口权重，f_i 为调节因子，K_i 为各指标权重。

国民体质综合指数在 2005 年正式发布以后，陆续产生不少质量较高的研究成果。例如，张龙（2007）于 2005 年至 2006 年，在国民体质综合指数较小的贵州省六盘水市钟山区和水城县抽取 840 位 20 岁至 59 岁的成年女性为样本，发现当地成年女性体质整体小于全国平均水平，主要原因是缺乏体育锻炼、饮食习惯和经济落后等。

卢存（2008）对比 2005 年广西壮族自治区（以下简称"广西"）幼儿、成年人和老年人 3 个年龄段居民的国民体质指标与当年全国对应指标情况，发现整体上当地国民体质综合指数大于全国的平均水平，表明广西国民体质总体达到良好的水平。

李纪江等（2010）基于 2005 年全国 93 个城市的国民体质综合指数以及分项指数等指标，探讨了我国成年人体质水平与自然环境之间的关系。作者发现，国民体质综合指数与经度呈正相关，与海拔高度负相关，即全国成年人体质水平总体上无南北差异，主要呈东高西低分布。

韩茜茜（2012）研究了 2010 年江西省南昌市 3 岁至 6 岁幼儿的国民体质综合指数情况，并将其与 2005 年当地以及 2010 年全国相应指标进行纵向和横向的对比。作者发现，当地男幼儿的力量素质、速度和灵敏素质、平衡协调素质要好于女幼儿，女幼儿的柔韧素质要好于男幼儿；相对于 2005 年，2010 年当地幼儿身体形态和机能水平有一定的改善；2010 年南昌市幼儿体质合格率无论是从总体还是按性别及城乡划分都小于全国幼儿相应群体的平均水平。

高徐等（2012）以贵州省六盘水市为例，研究国民素质综合指数落后地区各阶层成年人体质状况，作者比较当地男性和女性在各项指标上的差异，还比较成年人群当中不同职业的国民体质综合指数排位。

张龙等（2013）同样以贵州省六盘水市为例，研究国民素质综合指数落后地区各阶层的健康行为。作者发现不同社会阶层成年人在营养状况、交通方式、睡眠、锻炼方式上存在显著差异。

卢福铃（2014）从动态角度，比较 2000 年至 2010 年我国各省份国民体质综合指数的空间变化和影响因素。作者发现我国国民体质存在空间正相关，整体上国民体质的空间差异性在缩小。另外，影响我国国民体质的因素中，社会经济影响大于自然环境的影响，其中生活水平和医疗条件是主要影响因素。

张彦峰等（2015）比较北京、上海、天津和澳门 4 个城市的市民体质，找出了这 4 个城市在国民体质总体上的排位，以及在各个维度如性别、年龄和体质等级等方面的差别，并对于这些差别，根据各地经济和环境等因素，进行了解释。

王莉和胡精超（2017）描述了我国各省份国民体质与社会经济和自然环境的关系。作者发现我国各省国民体质综合指数存在着地理空间上的关系，特别还发现自然环境对国民体质的影响大于社会经济的影响，其中温度和日照时数是主要的环境影响因素。

三、其他领域综合指数代表性文献

如前所述，"综合指数"目前在中国体育领域的研究和应用相对较少，可借鉴成果有限，因此我们总结经济领域以此为主题的代表性文献。

1. 市场化进程相对指数

樊纲等（2003）构建了"中国各地区市场化进程相对指数"。为能够使得各地区的指数评分可以同此前年份相比，从而反映市场化的进步情况，作者采用的方法是各个年份各地区的指标得分，都根据固定的基年最大值和最小值计算（文献中作者选择的是 1999 年）。在数学上，地区 i 的某个指标在第 t 年的市场化进程相对指数 $I_{i,t} = \dfrac{V_{i,t} - V_{min,1999}}{V_{max,1999} - V_{min,1999}} \times 10$，其中 $V_{i,t}$ 为地区 i 该指标第 t 年的原值，$V_{max,1999}$ 为这个指标原值在 1999 年各地区的最大值，$V_{min,1999}$ 为最小值。由此，基年即 1999 年以后的年份，指标最大值可能大于 10，最小值可能小于 0。

进一步地,樊纲等(2011)还利用中国各省份市场化进程相对指数,定量考察市场化改革对全要素生产率和经济增长的贡献。这些系列成果动态反映了中国各省份市场化进程的全貌。例如,樊纲等(2011)指出,1997年北京市场化进程相对指数为5.15,全国均值为4.01;2007年北京市场化进程相对指数为9.55,全国均值为7.50。

但问题是,这项指数基于1999年中国各省份情况计算得出,因此只能限于在中国各省份间的横向或纵向比较,但无法在更广的全球范围进行比较,进而找出中国各省份乃至中国整体市场化进程在世界的位置。

2. 技术能力指数

Archibugi和Coco(2004)构建了"发达和发展中国家或地区技术能力指数"(Indicator of Technological Capabilities for Developed and Developing Countries)。作者使用的方法是,计算各个国家或地区指标得分,是根据所有年份和所有地区的面板数据当中的相同指标最大值和最小值进行计算的,即数学上,$I_{i,t}=\dfrac{V_{i,t}-V_{min}}{V_{max}-V_{min}}$。作者的目的并非比较相同国家或地区在不同时间点的差异,而是比较在特定时间点不同国家或地区的差异,因此上述方法可以满足这个目的。

但问题是,如果考察时间延长或地域扩展,相应指标的最大值或最小值就可能有变化,那么基于不同地域或时间而计算的结果,就不能直接比较,而需要在相同的最大值和最小值基础上来重新计算。因此,这种方法相对较为烦琐。

3. 经济国力综合指数

吴雪明(2009)构建了各个国家或地区的经济国力综合指数。在标准化处理方法上,根据指标的不同特性,作者采取不同方法。主观评价指标,如竞争自由度和市场潜力等指标,采用Z分数法,即$I_i=\dfrac{V_i-\bar{V}}{\sigma}$,其中$V_i$为某个指标原值,$\bar{V}$为这个指标在各国间的均值,$\sigma$为标准差。其他客观指标,如GDP等,采用阈值法,若是正向指标,$I_i=\dfrac{V_i-V_{min}}{V_{max}-V_{min}}$,若是反向指标,$I_i=\dfrac{X_{max}-V_i}{X_{max}-V_{min}}$。在加权方法上,采用层次分析法。

作者在构建这个综合指数时发现,一些指标,例如GDP同比数值,在各国间波动很大,这些非常大或非常小的异常值,会对构建出的指数带来很大的影响,因此必须对其加以处理。作者采取的方法是,首先找出合理的临界点(合理的极大值和极小值)。其次,对于正指标,在临界区域上限以外的数据点,都按"合理极大值"处理；在临界区域下限以外的数据点，都按"合理极小值"处理。这样，文献构建出的综合指数，可以扩展中间区域的边界范围，使标准化数据分布更加均衡，增加数据处理的稳定性。

作者通过严谨细致的处理，的确实现了上述目标，但代价却是这些极端值的"信息损失"。

4. 人类发展指数

从 1990 年起，联合国开发计划署每年在其年度《人类发展报告》（*Human Development Report*）中发布一次各个国家和地区的"人类发展指数"（Human Development Index，HDI），它包括 3 个维度：①以出生时预期寿命来衡量的过上健康长寿生活的能力；②以平均受教育年限和预期受教育年限来衡量的获取知识的能力；③以购买力平价汇率计算得出的人均国民收入 GNI 来衡量的过上体面生活的能力。

预期寿命和教育水平 2 个维度，在各国家或地区间的差异相对较小。例如，根据联合国开发计划署所公布的《人类发展指数与指标（2018 年统计更新）》报告，在 189 个国家或地区，出生时预期寿命指标，中国香港最大，为 84.1 岁，塞拉利昂最小，为 52.2 岁，前者为后者的 1.61 倍；预期受教育年限指标，澳大利亚最大，为 22.9 年，南苏丹最小，为 4.9 年，前者为后者的 4.67 倍；平均受教育年限指标，德国最大，为 14.1 年，布基纳法索最小，为 1.5 年，前者为后者的 9.40 倍。但生活水平这个维度，在各国家或地区间差别巨大。以 2011 年购买力平价美元汇率来衡量的人均国民收入指标，卡塔尔最大，为 116818 美元，中非最小，为 663 美元，前者为后者的 176.20 倍。

因此，预期寿命和教育水平这 2 个维度，人类开发指数的计算方法变化很小，标准化方法上，一直采用的是阈值法，只是最大基准值和最小基准值经过数次调整。

但是，生活水平这个维度，无论是标准化方法还是最大或最小基准值的设定，都经过了多次重大修改。如根据王志平（2007）的研究，最初规定若是人均 GDP 大于 4861 美元后，无论大小，都记为 100；随后又采用公式，将大于阈值部分加以折扣，然后再根据阈值法计算。1999 年起，又采用对数阈值法，即

$$I_i = \frac{\log(V_i) - \log(100)}{\log(40000) - \log(100)}。$$

根据联合国开发计划署《人类发展指数与指标（2018 年统计更新）》报告的注释，目前公式是 $I_i = \dfrac{\log(V_i) - \log(100)}{\log(75000) - \log(100)}$。按照这个公式，各个国家或地区

间的差距大幅减少，例如卡塔尔 $\dfrac{\log(116818) - \log(100)}{\log(75000) - \log(100)} = 1.0669$，中非

$\dfrac{\log(663) - \log(100)}{\log(75000) - \log(100)} = 0.2857$，前者为后者的 3.73 倍。

上述方法使得各个国家或地区间生活水平维度，与另外 2 个维度在尺度上保持一致，但代价是这个维度与另外 2 个维度的数据处理方法不一致。

四、其他启示性文献

在完善中国体育彩票销售综合指数过程中，如下文献给我们带来了重要启发。

1. 幂律分布

1932 年语言学家 Zipf 在研究英文单词出现频率时发现，如果把单词出现频率从大到小降序排列，每个单词出现的频率 P（R）与它的排位 R 的常数-α 次幂存在一个比例关系，即 P（R）= $R^{-\alpha}$，这个发现被称为 Zipf 定律。如胡海波和王林（2005）所总结，多项研究发现，在语言学、物理学、计算机科学、生物学、生态学、人口统计学、社会科学、经济和金融学等众多领域中，都存在类似现象。

Mandelbrot 对 Zipf 定律加以进一步完善，使其更符合现实。当某个指标的尺度在一个很宽的范围，也就是它在个体间差异巨大时，这一指标往往服从幂律分布，在数学上，它不小于特定值 X 的概率或频率 P 满足 P = $\beta X^{-\alpha}$，这个公式等价于 ln（P）= ln（β）-αln（X），其中 α 和 β 都为常数。

宝智红（2007）发现，中国 C2C 商家的顾客重复购买行为遵循幂律分布，服装类、数码产品类以及游戏点卡类的各个商家，α 值基本在 2 至 3 之间，ln（β）值基本在 3 至 4 之间。毛国敏等（2014）以 3 家代表性期刊历年所发表的论文为对象，发现论文的被引频次也服从幂律分布。如研究时段最长（1963 年至 2011 年共 48 年）的某 985 高校学报，α = 1.795，β = 28.18。吴光周和杨家文（2017）以 2009 年至 2013 年中国各地市的人口规模和建成区面积等数据，证实中国城市规模也服从幂律分布。例如在 2013 年，城市人口规模，α = 1.251，β = 102.4；城市建成区面积，α = 1.283，β = 104.8。

由幂律分布可以得出如下推论，将某个个体指标在总体间按从大到小排位，那么个体指标数值 y 与这个个体指标的排位 x 满足如下关系，ln（y）= -ax+b。如图 2-3 和图 2-4 所示，无论是在世界各国家或地区之间，还是在中国各省份之间，经济密度和彩票密度，也即人均生产总值和人均彩票购买量，这 2 个指标的关系非常符合上述推论。

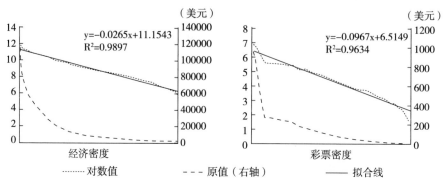

图 2-3　世界各国家或地区 2018 年经济或彩票排位

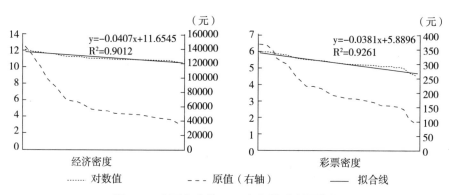

图 2-4　中国各省份 2018 年经济或彩票排位

2. 绝对星等

如刘伟民（2011）所总结的，古希腊天文学家喜帕恰期（Hipparchus）在2000 多年前设置了"视星等 m"的概念，它将天体按可视亮度分为 6 个等级。1850 年，普森（Pogson）发现，一等与六等的亮度之比约为 100。"视星等"取决于 2 个因素：①天体自身的发光能力；②天体与地球的距离。因此，视星等只体现在观察者眼中的相对亮度，并不能说明天体自身的发光能力。随后，天文学家又设置了"绝对星等 M"的概念，即假定天体处于 10 秒差（合 32.62 光年）的位置，由此计算的星等即为"绝对星等"。

在数学上，$M = m - 5\log(r/32.616)$，其中 r 为天体到地球以光年为计量单位的距离。例如，太阳的视星等 m 为 -26.8，但绝对星等 M 却只有 4.83；猎户座参宿七视星等 m 为 0.18，它距离地球 773 光年，因此它的绝对星等 $M = 0.18 - 5\log(773/32.62) = -6.7$。可见，绝对星等扣除天体与地球距离因素的影响，可以单独地反映天体自身的发光能力。

3. 三因子模型

Sharpe（1964）将单只股票收益率 R_i 分解成两部分：时间价值和风险价值。在数学上，$R_i = R_f + \beta_i (R_M - R_f) + e_i$，其中 R_f 为无风险利率，R_M 为市场整体收益率，β_i 为风险调整因素，e_i 为随机扰动项。这个公式又被称为资本资产定价模型（Capital Asset Pricing Model，CAPM）。

Fama 和 French（1993）发现还存在其他影响股票收益的因素，而这些因素并没有被反映在 CAPM 模型当中。因此，作者又增加了 2 个因素，即市值（Size）和账面市值比（Book to Market），由此得到三因子模型。在数学上，$R_i = R_f + \beta_i (R_M - R_f) + s_i SMB + h_i HML + e_i$，其中 SMB 为某个时间内，市值最小 50%企业股票组合收益率与市场最大 50%企业股票组合收益率之差，HML 为某个时间内，账面市场比最高 1/3 企业股票组合收益率与最低 1/3 企业股票组合收益率之差。作者以在美国各证券交易所上市的数千只股票从 1963 年 7 月至 1991 年 12 月共 342 个月的月度数据为对象，将这些股票按照市值和账面市场比划分为 5×5 = 25 个股票组合，对比 CAPM 模型与三因子模型解释股票收益率的效果。作者发现，一方面，三个因子的显著性都非常高；另一方面，增加市值和账面市场比 2 个因素以后，相对于只包括风险这个因子的 CAPM 模型，25 组股票组合收益率的计量结果拟合度都有不同程度的增加，并且对于账面市值比较高或市值较小的各组，增加程度尤其明显（见图 2-5）。

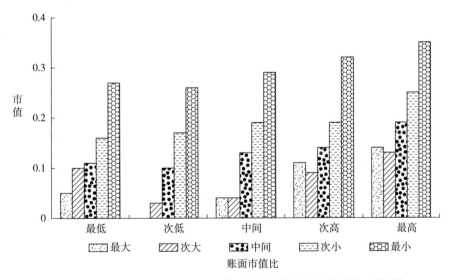

图 2-5 三因子模型相对于 CAPM 模型对股票收益率解释拟合度的增加

关于三因子模型，陈雨露和汪昌云（2008）有一个非常形象的比喻：单只股票收益率类似一棵树被风吹倒的风险，风险因子类似外部风力，外部风险越大，树越容易被吹倒；同样，风险越大的企业，其股票收益率越高，以补偿风险。市值即账面价值类似树的树冠大小，越小的树越容易被吹倒；同样，市值越小的企业风险越大，其股票收益率也越高。企业实际价值类似树的树根，账面市值比类似于树冠比上树根，树冠与树根之比越小的树越容易被吹倒；同样，账面市值比越大的企业风险越大，其股票收益率也越高。

第三节　文献评论

一、彩票销售的影响因素

1. 研究层面

在理想情况下，如果能够获得每位被调查者的完备而可靠的数据，人际层面得出的结果最为准确。但现实情况是：这个层面要详细地调查每个人，一方面调查者需要耗费的成本更高，另一方面被调查者也未必能如实回答问题。因此，如本章第一节中的部分内容所述，无论是国内还是国外，这个层面相关文献的被调查样本数量不多，最多的 Perez L 和 Humphreys（2011）发表的这一文献有 2500位，而国内 4 篇文献的样本数量都小于 1000。同时，这些文献只是针对特定时期和某个区域的人群调查，即使数据完全可靠，也只能反映这个时期和地区的彩票购买者情况，而缺乏跨时间和跨空间的代表性。

因此，更可行的方法是，比较经济和人口统计学指标不同的地域之间，彩票销售与这些指标的关系，从而"间接"得出各项指标对于彩票销售的影响。

本书研究的对象是中国彩票销售情况，因此我们选择省际层面，即研究中国各省份彩票销售情况，并以此得出全国总体情况。需要强调的是，本书只是彩票销售综合指数的一个阶段性成果，如后文第十章第三节所述，我们未来将以此为基础，从市际层面，下沉式构建中国各地级市的彩票销售综合指数；从国际层面，上浮式构建世界各个国家和地区的彩票销售综合指数。

2. 销售指标

如下 5 个指标可以衡量彩票销售情况：①某个区域彩票销售总量或某类人群

彩票购买总量，即本书中的"销售规模"。如市际层面的 Ghent 和 Grant（2010）、Han 和 Suk（2011）、刘圣文（2016）以及张智和陈颍（2017）等；省际层面的 Wu 等（2017）、贾晨和谢衷洁（2009）、李文娟和袁永生（2009）、袁光辉等（2014）、谢丹霞和吴际（2015）以及钟亚平和李强谊（2019）等。这些文献主要考察针对各区域或人群的彩票销售总体情况，或是各区域间彩票销售规模的关系。②某个区域彩票销售量或某类人群彩票购买量的变化情况，即本书中的"销售同比"。如市际层面的 Price 和 Shawn（2000）等，省际层面的 Mikesell（1994）等。这些文献主要考察彩票销售的变动趋势。③某个区域彩票人均销售量或某类人群彩票人均购买量，即本书中的"销售密度"。如人际层面的 Beckert 和 Lutter（2013）、Aflakpui 和 Oteng-Abayie（2016）以及张亚维和郑美琴（2006）等；市际层面的 Garrett 和 Marsh（2002）以及 Tosun 和 Skidmore（2004）等；省际层面 Blaloc 等（2007）、Landry 和 Price（2007）、Kaiseler 等（2014）、张增帆（2013）、孙晓东（2014）、崔百胜和朱麟（2015）、李刚和李杨芝（2018）以及方春妮和陈颍（2019）；国际层面的 Kaiseler 和 Horacio（2012）等。这些文献主要以人均彩票销售规模或购买量为因变量，研究各类经济和人口统计学指标与前者的关系。④某个区域或某类人群的彩票购买总量与这个区域或这类人群收入水平的比例，即本书中的"销售深度"。如人际层面的 Papineau 等（2015）；市际层面的 Han 和 Suk（2011）；国际层面的 Garrett（2001）。这些文献主要从社会福利视角，研究彩票销售的累进或累退程度。⑤某个区域或某类人群当中彩票购买者占全部人口的比例。相关文献主要集中在人际层面的研究，如 Coups 等（1998）、Brochado 等（2018）、刘呈庆等（2017）以及李梅玲和王云青（2017）等。这些文献重点从"定性"角度来研究人们是否愿意购买或者参与购买彩票的影响因素。

在决定纳入本书的指标过程中，我们重点考察如下 3 个问题：①研究目标。各文献不同研究目标决定了它们所采用的指标。本书研究目标是构建彩票销售"综合"指数，因此要纳入多个而不是单个指标。②研究内容。本书涉及的不是"买不买"而是"买多少"的问题。因此，我们要纳入前 4 个指标，即规模、同比、密度和深度。③中国特色。彩票分多个类型，在中国不同类型彩票的公益金率差别很大；中国各区域历年彩票类型结构变化巨大；中国并存着"均势"的两家彩票发行机构。因此，根据上述情况，我们又增设了另外 3 个指标，即筹资、比例和份额。这些指标的具体含义详见后文第三章第二节。

3. 关键因素

影响彩票销售的因素有很多，如收入、教育、性别、年龄、失业和族裔等。进一步归纳相关文献，如表 2-4 和表 2-5 所示，可以发现：①无论是国际文献还是国内文献，研究的因素几乎都包括收入因素，并且除同比指标以外，各层面、各地域或是各彩票的结果，都基本显示收入水平与彩票销售呈正相关。②其他指标的结果在各文献间互有差异，如教育水平与彩票销售，国外结果基本是负相关，但中国有 2 篇文献，孙晓东（2014）以及李刚和李杨芝（2018）显示正相关。③国外文献研究所纳入的因素相对较多，如失业率或族裔等，但在目前国内相关文献尚不多见。背后原因可能是：第一，如李刚和李杨芝（2018）所述，国家统计局公布的年龄段范围过宽，不足以体现各省份在各年龄段人口比例的差异；第二，目前中国公布的失业率为"城镇登记失业率"，不能真实反映失业情况；第三，少数族裔指标，涉及敏感话题，不能过多探讨。

表 2-4　国际文献的彩票销售影响因素

序号	层面	文献	地域	彩票	指标	收入	教育	男性	年龄	失业率	少数族裔
1	人际	Coups 等 (1998)	英国	乐透型彩票	比重		负				
2	人际	Perez L 和 Humphreys (2011)	西班牙	乐透型彩票	密度	正	负	正			
3	人际	Beckert 和 Lutter (2013)	德国	乐透型彩票	密度	正	负				无
4	人际	Papineau 等 (2015)	加拿大魁北克省	公立彩票	深度	负	负				
5	人际	Aflakpui 和 Oteng-Abayie (2016)	加纳	竞猜型彩票	密度	负	无	正	负	正	
6	人际	Brochado (2018)	葡萄牙	即开型彩票	比重	负		负	负		
7	人际	Becchetti (2018)	意大利	即开型与视频型彩票	比重	负	负	正		正	
8	市际	Price 和 Shawn (2000)	美国得克萨斯州	公立彩票	同比	负	负				正
9	市际	Garrett 和 Marsh (2002)	美国堪萨斯州	公立彩票	密度	无	无				正
10	市际	Tosun 和 Skidmore (2004)	美国西弗吉尼亚州	公立彩票	密度	正			无	无	
11	市际	Ghent 和 Grant (2010)	美国南卡罗来纳州	公立彩票	规模	正	无		正		正
12	市际	Han 和 Suk (2011)	美国新泽西州	公立彩票	规模	正	负	负	U 型		正

序号	层面	文献	地域	彩票	指标	收入	教育	男性	年龄	失业率	少数族裔
13	省际	Mikesell（1994）	美国	公立彩票	同比	正				正	
14	省际	Blaloc 等（2007）	美国	公立彩票	密度	正				正	
15	省际	Landry 和 Price（2007）	美国	公立彩票	密度	正					
16	省际	Kaiseler（2014）	葡萄牙	公立彩票	密度	倒 U 型	负				
17	省际	Wu 等（2017）	美国	公立彩票	规模					正	
18	国际	Garrett（2001）	全球	公立彩票	深度	正					
19	国际	Kaiseler 和 Horacio（2012）	全球	公立彩票	密度	倒 U 型	负	正			

表 2-5　中国文献的彩票销售影响因素

序号	层面	文献	地域	彩票	指标	收入	教育	男性	年龄	失业率	少数族裔
1	人际	张亚维和郑美琴（2006）	海南省	公立彩票	密度	倒 U 型	负	正	倒 U 型		
2	人际	张亚维（2007）	海口和扬州	公立彩票	比重	无	负	正	负		
3	人际	刘呈庆等（2017）	济南市	生态彩票	比重	负	负	正	无		
4	人际	李梅玲和王云青（2017）	河北省	竞猜型体育彩票	比重	正	正	正	倒 U 型		
5	市际	刘圣文（2016）	山东省	体育彩票	规模	正					
6	省际	贾晨和谢衷洁（2009）	全国	福利彩票	规模	正					
7	省际	李文娟和袁永生（2009）	全国	福利彩票	规模	正					
8	省际	张增帆（2013）	全国	公立彩票	密度	负					
9	省际	孙晓东（2014）	全国	竞猜型体育彩票	密度	正	正	正			
10	省际	谢丹霞和吴际（2015）	全国	体育彩票	规模	正					
11	省际	崔百胜和朱麟（2015）	全国	体育彩票	密度	正					
12	省际	李刚和李杨芝（2018）	全国	竞猜型体育彩票	密度	正	正	正	无		
13	省际	方春妮和陈颐（2019）	全国	体育彩票	密度	正					
14	省际	钟亚平和李强谊（2019）	全国	体育彩票	规模	正					

我们计算了中国历年各省份城镇率、成年人口比例和大学及以上学历人口比

例等人口指标分别与人均地区生产总值、居民人均收入和居民人均消费等收入指标的相关系数。如图 2-6 所示，这些人口统计学指标与各项收入指标在历年都呈很强正相关。这意味着，收入水平本身就可以涵盖这 3 项人口统计学指标。因此本书重点考察彩票销售与收入的关系。

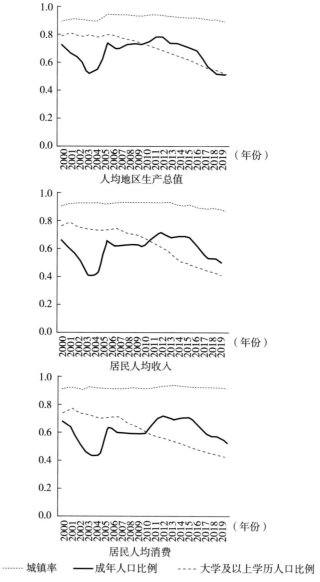

图 2-6　历年各省份各类人口指标与收入指标的相关系数

4. 收入指标

有如下指标可以衡量收入水平：人均地区生产总值、居民人均收入、居民人均消费、城镇居民人均收入、城镇居民人均消费、农村居民人均收入和农村居民人均消费。本书计算了上述 7 项指标全部类型体育彩票销售密度（即这个彩票的人均购买量）的相关系数，如图 2-7 所示，人均地区生产总值的相关系数在历年都是最大的。因此，本书选择以生产总值作为衡量收入的指标。

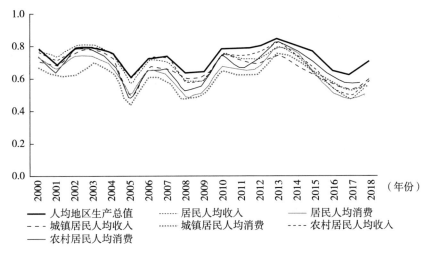

图 2-7　历年各省份各收入指标与体育彩票密度的相关系数

二、综合指数的构建

构建综合指数，最为关键的步骤是极端数值预处理、原始数据标准化和各维度权重设置。

1. 极端数值预处理

综合指数各维度的指标在尺度上差异程度不同。当某个维度的指标差异很大时，是否对于其原始数据加以一定的预处理，就会对结果带来很大的影响。

在体育领域，廖文科（2009）采用格鲁布（Grubbs）方法对极端值进行判断和处理；刘伟（2008，2008a，2008b，2009c）和李琼志等（2010）等将极值用采取"缺失值补集法"（相邻五点有效均值法）计算的结果来代替；韩茜茜（2012）是直接将"与均值的偏差大于 3 倍标准差"的指标剔除；陆乐等（2019）是平移坐标系对指标数据进行非负化处理。

在其他领域，吴雪明（2009）是将"大于合理最大值的指标"直接规定为"合理最大值"；联合国"人类发展指数"是将以"购买力平价美元汇率"来衡量的收入水平进行以 10 为底的对数化处理。

上述文献关于极端数据的处理方法，为我们提供了重要思路，但仍要考虑如下 4 个问题：①必须要处理极端数值。原因在于，本书的各维度原始数据差别巨大，若不对极端数值加以一定调整，构建的各类综合指数就极少数结果极大或极小，绝大多数结果则基本为 0，这就导致"指数失真"。②处理方法要得当。如果将极端数据舍弃或直接规定为固定值，并不能反映出"关键少数"结果的异常，同样导致"指数失真"。③避免无意义结果。本书所纳入的彩票销售 7 个维度，同比维度原值会出现小于零的情况，其他 6 个维度原值也会因当年某个省份不销售某个彩票而出现零值的情况，这时它的对数值没有数学意义。④处理尺度要合理。以 10 为底的对数，数据缩小尺度过大。以人类发展指数为例，在生活水平维度，经处理后，最大的卡塔尔 log（116818）＝ 5.07，最小的中非 log（663）＝ 2.82，前者是后者的 1.80 倍，信息损失较大。

受"幂律分布"启发，本书先确定各维度的临界值，只有当原值大于它时，才对其进行以"自然常数为底数的对数化"的预处理，否则就保持原值。这样做有 3 个好处：①保证各维度间的数据处理方法统一；②不会出现无数学意义的结果；③尽可能地避免"信息损失"。

2. 原始数据标准化

"原始数据标准化"主要有 3 种方法：

（1）原值法，即直接使用原始数据。一般情况下，这些原始数据是被调查者对调查项目的主观打分，各维度分值本身就是标准化的指标，不需要再处理。如杜东旭（2007）、张禾（2010）和吴金泽（2019）等。

（2）阈值法，即先设置若干个阈值，然后根据阈值来计算原始数值的标准化值。这个方法又有多个变形。①归一法，以正向指标为例，基本公式为 $I_i =（V_i - V_{min}）/（V_{max} - V_{min}）$，其中 I_i 为标准化值，V_i 为原始数值，V_{max} 为原始数值中的最大值，V_{min} 为最小值。代表性文献如刘伟（2008，2009a，2009b，2009c）、黄海燕和杨丽丽（2011）、李刚（2015）以及张凤彪（2015）等。②均值法，其本公式为 $I_i = V_i / \bar{V}$，其中 $\bar{V}$ 为原始数值中的均值。代表性文献如张遐芳（1989）、刘贤龙和邓宗琦（1990）、李永瑞（2001）、张龙（2009）、朱洪军（2010）、朱兴宇（2011）、韩茜茜（2012）、廖上桂（2013）、李玲（2013）、杜东旭（2016）、汤国进和邹克宁（2017）以及钟可（2018）等。③极值法，基本公式为 $I_i = V_i / V_{max}$。

代表性文献如廖文科（2009）、李琼志等（2010）以及贾文娟（2016）等。④占

比法，基本公式为 $I_i = V_i / \sum\limits_{j=1}^{n} V_j$，其中 $\sum\limits_{j=1}^{n} V_j$ 为各原始数值的加总。代表性文献如

蔡睿等（2005）、卢存（2008）、余杨等（2008）、李纪江等（2010）、张龙等

（2013）、高徐（2013）、卢福玲（2014）、张彦峰等（2015）、王莉和胡精超

（2017）以及舒秋铃（2017）等。⑤前期法，基本公式为 $I_{i,t} = V_{i,t} / V_{i,t-1}$，如司虎

克等（2013）。⑥基准法，基本公式为 $I_i = （V_i - V_{benmin}）/（V_{benmax} - V_{benmin}）$，其中

V_{benmax} 为最大基准值，V_{benmax} 为最小标准值，如人类发展指数。

（3）标准分数法，也称 Z 分数法，基本公式为 $I_i = （V_i - \bar{V}）/ \delta$，其中 δ 为各

原始数值的标准差。代表性文献如董凤翠（2008）、陈旸和马葛生（2009）、陈颀

（2013）、安俊英（2013）、陈林华等（2014）、魏斌（2017）以及陆乐等

（2019）等。

首先，本书各维度原始数值是中国体育彩票销售的客观数据，因此，原值法

不适于本书。

其次，标准分数法以及阈值法中的归一法、均值法、极值法或占比法等，标

准化后的结果同时取决于样本自身的原始数据和相同指标其他样本的数值，因此，

并不适于进行跨时期。例如，刘伟及其合作者完成的"体育可持续发展水平指

数"，根据本章第二节的计算方法，如果研究时段改变，那么某个指标的最大值和

最小值也会变化。以该指数体系的第 11 项指标恩格尔系数为例，它是负向指标，

在作者研究时段的 1991 年至 2005 年，最大值为 1991 年的 55.7%，最小值为 2005

年的 41.1%。但此后这个指标原值一直在减少。2018 年，中国城镇和农村恩格尔

系数分别为 27.70% 和 30.10%，两者均值为 28.9%，为 1995 年至 2018 年的历年

最小值。因此，如果要将研究时段扩展，数据更新，那么相关指标相同年份的标

准化值也会改变。如果时段为 1991 年至 2005 年，2005 年恩格尔系数标准化值为

$（V_{max} - 41.1\%）/（V_{max} - V_{min}）=（55.7\% - 41.1\%）/（55.7\% - 41.1\%）= 1$；但若延长至

2018 年，2005 年恩格尔系数标准化值为 $（V_{max} - 41.1\%）/（V_{max} - V_{min}）=（55.7\% -$

$41.1\%）/（55.7\% - 28.9\%）= 0.5448$。因此，如果将这个综合指数的研究时段扩

展，就需要重新计算历年各项指标的标准化值，同时，基于不同时间的成果之间

也不具有纵向可比性。这似乎也是 2011 年以后这项研究也没有后续进展的原因。

关于纵向可比性问题，蔡睿及其他研究者构建的"国民体质综合指数"，采取

阈值法中的均值法，并且将 $\bar{V}_i$ 固定为基期（2000 年）相同年龄组第 i 项指标全国

的均值。这样就可以跨时期比较中国国民体质综合指数的变化情况。但它亦存在 3

个小问题：①这个指数详细的构建方法并未公布，我们只是根据数篇文献，初步整理了它的基本构建方法，但尚不知道一些细节问题，例如调节因子以及各指标的权重等。②这个指数的区间跨度很小。例如，国家体育总局发布的 2005 年中国各省份的国民体质综合指数，西藏最小，为 91.12，上海最大，为 106.24，级差只有 15.12。③这个指数各指标的基准值为 2000 年中国均值，如蔡睿（2005）所述，它的确可以反映出中国国民的纵向时间变化和横向地区差异，但却不适于国际比较。同样的问题也存在于樊纲等（2003）及其后续系列研究的"市场化进程相对指数"，以及 Archibugi 和 Coco（2004）的"技术能力指数"中。

我们希望本书构建的彩票销售综合指数同时满足以下 2 个条件：①跨时期比较，反映中国以及各地区彩票市场的变化情况；②跨国别比较，找出相对于国际彩票市场，中国彩票市场的共性与特性。因此，最终我们吸取"绝对星等"构建思路，借鉴联合国"人类发展指数"的方法，采用阈值法中的基准法，即根据国际彩票市场各维度情况，设置合理的基准值，以同时满足上述 2 个条件。

3. 各维度权重设置

综合指数的主流计算方法是根据各维度标准化值按照加权平均法计算得出，数学上 $CI = \sum_{i=1}^{n} k_i I_i$，其中 CI 为综合指数，$k_i$ 为各维度的权重，又可分为如下 2 类。

（1）主观赋权法，根据研究者或专家主观判断来设置权重，特点是各维度权重之和固定为 1，即 $\sum_{i=1}^{n} k_i = 1$。又可细分为如下 3 种方法：①算术平均法，各维度权重完全相同，代表性文献如贾文娟（2016）以及汤国进和邹克宁（2017）等。②加权平均法，根据各维度的重要程度而设置不同的权重，代表性文献如刘贤龙和邓宗琦（1990）、蔡睿等（2005）、卢存（2008）、余杨等（2008）、张龙（2009）、李纪江等（2010）、黄海燕和杨丽丽（2011）、韩茜茜（2012）、苏宁（2013）、李玲（2013）、张龙等（2013）、高徐（2013）、卢福玲（2014）、李刚（2015）、张彦峰等（2015）以及王莉和胡精超（2017）等。③专家综合法，综合多位专家意见，采用德尔菲法、层次分析、熵权系数或聚类分析等手段，设置各维度权重，如李永瑞（2001）、杜东旭（2007）、刘伟（2008）、刘伟（2009a，2009b，2009c）、廖文科（2009）、张禾（2010）、李琼志等（2010）、朱洪军（2010）、朱兴宇（2011）、王智慧（2012）、舒秋铃（2017）、满江虹等（2018）、吴金泽（2019）以及陆乐等（2019）等。

（2）客观赋权法，根据主成分或因子分析等统计方法来确定权重，特点是各维度权重之和不确定为 1。代表性文献如董凤翠（2008）、陈旸和马葛生（2009）、陈颇（2013）、安俊英（2013）、陈林华等（2014）、张凤彪（2015）以及魏斌（2017）等。

此外，还有其他综合方法：①几何平均法，即综合指数为各维度的标准化值几何平均数，数学上 $CI = (\prod\limits_{i=1}^{n} I_i)^{1/n}$，代表性文献如司虎克等（2013）以及联合国人类发展指数。②混合法，即同类指标相乘法、异类指标相加，数学上 $CI = \sum\limits_{i=1}^{n} \prod\limits_{j=1}^{m} I_{i,j}$，代表性文献如廖上桂（2013）、杜东旭（2016）以及钟可（2018）等。它们都不是主流方法。

主观赋权法和客观赋权法各有特色。前者的优点是方法明确、计算简单，并且各维度权重保持固定，缺点是容易受到研究者主观因素的干扰；后者的优点是排除主观因素干扰，但缺点是计算过程相对复杂，并且各维度权重会因研究时间与空间的改变而改变。

综上所述，本书关于中国体育彩票销售综合指数权重设置的思路是采用"主观赋权法"，并优化各维度权重，满足由此计算的综合指数的数值，与采用客观赋权法的如因子分析法计算的公共因子得分，在结果上高度一致。

第三章 中国与世界彩票市场的发展概况

本章是彩票与经济相关数据的描述。首先介绍本书使用的中外彩票与经济和人口等数据的出处，其次详细介绍各维度指标的具体计算方法，以及中外彩票市场在各维度的发展概况，最后展示彩票与经济在各维度之间的关系，从而为构建各类指数的可靠性与科学性，提供坚实的保证。

第一节 数据来源

本书数据的时间频率为年度，其中：中国数据，2000 年至 2019 年，共 20 个年份；国际数据，2000 年至 2018 年，共 19 个年份。如无特殊说明，数据均截至 2019 年 12 月 31 日。下面介绍各种数据的来源出处。

一、彩票数据

1. 中国数据

中国彩票数据，2000 年至 2016 年这 17 个年份，来自中国财政经济出版社出版的历年《中国彩票年鉴》；2017 年至 2019 年这 3 个年份，由中国体育彩票中心和中国福利彩票中心提供。

2. 境外数据

境外彩票数据，2000 年至 2018 年这 19 个年份，主要来自历年《拉弗世界彩票年鉴》（*La Fleur's World Lottery Almanac*），部分缺失数据补充自世界彩票协会（World Lottery Association，WLA）出版的历年《全球彩票数据概要》（*Global Lottery Data Compendium*）。

二、经济和人口数据

1. 中国数据

2000 年至 2018 年这 19 个年份的相关数据，来自国家统计局发布的历年《中国统计年鉴》。2019 年经济数据，由国家统计局和各省份统计局公布的经济数据整理而成；2019 人口数据，根据此前数年人口数据按照插值法估算。

2. 境外数据

各国家或地区相关数据，从世界银行（World Bank）官方网站数据库下载并整理而成。

另外，世界银行数据库未发布中国台湾省的相应情况，这些数据从中国台湾省统计部门网站下载并整理而成。

第二节　中外彩票市场各维度发展概况

为更好地展示中外彩票市场状况，并为本书指数体系打下坚实的现实基础，本节从规模、同比、密度、深度、筹资、比例和份额 7 项维度来展示相关结果。

强调如下 3 个问题。

首先，也是最重要的，本节中规模和密度 2 个维度的货币单位不是美元，而是根据每年年终各种货币对人民币的汇率换算成的人民币；同比维度按各个国家或地区以当地货币计价的彩票销售规模来计算，以消除在使用统一货币单位时，因各国汇率变化而对彩票同比产生的影响。

其次，本书选择中国、美国、日本、德国、英国、法国、意大利和西班牙 8 个代表性国家，这些国家同时是经济和彩票销售规模大国。例如，2018 年，它们的国内生产总值合人民币 355.58 万亿元，全球占比 61.03%；彩票销售规模合人民币 16235.90 元人民币，全球占比 67.69%。

最后，彩票有多个类型，全部类型彩票的比例固定为 100%，因此在比例维度，本小节展示中国各类型体育彩票情况，以及世界国家或地区间各类型公立彩票情况。在其他维度，展示中国体育彩票、福利彩票以及公立彩票 3 个种别彩票全部类型情况，以及世界国家或地区间全部类型公立彩票情况。

一、规模维度

1. 规模维度定义

规模（Scale, S）维度，彩票原值为某年某省份或全国的某个种类、类型、类别或种别彩票（以下简称"某个彩票"）的销售数量，如 2018 年辽宁乐透型体育彩票规模原值即其销售数量为 7.6367 亿元。经济原值为历年各省份地区生产总值或全国国内生产总值，如 2018 年辽宁经济规模原值即为其地区生产总值25315.40 亿元。

需要说明的是，中国体育彩票与中国福利彩票公布的全国销售规模，为各省份相同种别彩票销售规模加总。但是，目前各省份地区生产总值的加总与国家统计局公布的中国国内生产总值并不一致。例如，同样在《中国统计年鉴 2019》当中，2018 年全国 31 个省份地区生产总值加总为 914707.46 亿元，当年全国国内生产总值为 919281.10 亿元，前者比后者少 4573.64 亿元，而在 2017 年，前者又比后者多 15104.20 亿元。为保持口径一致，本书中的全国经济规模原值，是各省份加总值，而不是国家统计局所公布的中国国内生产总值。下文深度维度亦采取同样口径。

2. 中国情况

如图 3-1 所示，中国全部类型体育彩票规模历年均值为 975.02 亿元，其中2000 年最小，为 91.18 亿元；2001 年次小，为 149.30 亿元；2019 年次大，为2307.91 亿元；2018 年最大，为 2869.16 亿元。各阶段呈变大趋势，即 4 个阶段依次增加。

中国全部类型福利彩票规模历年均值为 1085.55 亿元，其中 2000 年最小，为89.88 亿元；2001 年次小，为 139.57 亿元；2017 年次大，为 2169.77 亿元；2018年最大，为 2245.56 亿元。各阶段呈变大趋势，即 4 个阶段依次增加。

中国全部类型公立彩票规模历年均值为 2060.57 亿元，其中 2000 年最小，为181.06 亿元；2001 年次小，为 288.88 亿元；2017 年次大，为 4266.68 亿元；2018 年最大，为 5114.72 亿元。各阶段呈变大趋势，即 4 个阶段依次增加。

3. 世界情况

如图 3-2 所示，全球彩票规模历年均值为 17626.42 亿元，其中 2001 年最小，为 10078.85 亿元；2000 年次小，为 10210.77 亿元；2012 年次大，为 22026.26 亿元；2018 年最大，为 23984.32 亿元。各阶段呈变大趋势，即 4 个阶段依次增加。

美国彩票规模历年均值为 4096.65 亿元，其中 2000 年最小，为 3021.90 亿元；

2001 年次小，为 3106.46 亿元；2016 年次大，为 4985.00 亿元；2018 年最大，为 5340.21 亿元。各阶段呈 N 型趋势，即 4 个阶段先增加，再减少，最后又增加。

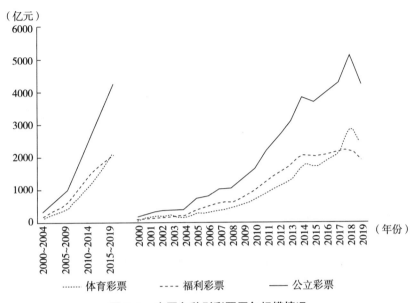

图 3-1　中国各种别彩票历年规模情况

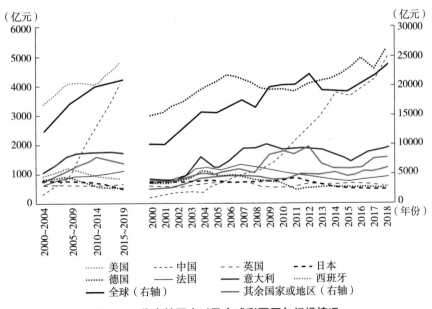

图 3-2　代表性国家以及全球彩票历年规模情况

中国彩票规模历年均值为 1946.90 亿元，其中 2000 年最小，为 181.06 亿元；2001 年次小，为 288.88 亿元；2017 年次大，为 4266.68 亿元；2018 年最大，为 5114.72 亿元。各阶段呈变大趋势，即 4 个阶段依次增加。

英国彩票规模历年均值为 650.82 亿元，其中 2009 年最小，为 550.59 亿元；2010 年次小，为 573.16 亿元；2006 年次大，为 736.46 亿元；2007 年最大，为 747.45 亿元。各阶段呈 N 型趋势，即 4 个阶段先增加，再减少，最后又增加。

日本彩票规模历年均值为 711.87 亿元，其中 2018 年最小，为 504.59 亿元；2017 年次小，为 516.65 亿元；2004 年次大，为 833.88 亿元；2011 年最大，为 879.77 亿元。各阶段呈变小趋势，即 4 个阶段依次减少。

德国彩票规模历年均值为 731.76 亿元，其中 2011 年最小，为 472.30 亿元；2015 年次小，为 548.68 亿元；2005 年次大，为 1001.90 亿元；2004 年最大，为 1104.94 亿元。各阶段呈倒 U 型趋势，即 4 个阶段先增加再减少。

法国彩票规模历年均值为 903.75 亿元，其中 2000 年最小，为 498.70 亿元；2001 年次小，为 519.84 亿元；2017 年次大，为 1113.47 亿元；2018 年最大，为 1243.85 亿元。各阶段呈变大趋势，即 4 个阶段依次增加。

意大利彩票规模历年均值为 1559.06 亿元，其中 2001 年最小，为 812.61 亿元；2002 年次小，为 829.46 亿元；2018 年次大，为 1940.28 亿元；2009 年最大，为 2069.84 亿元。各阶段呈倒 U 型趋势，即 4 个阶段先增加再减少。

西班牙彩票规模历年均值为 986.92 亿元，其中 2000 年最小，为 718.88 亿元；2015 年次小，为 733.84 亿元；2004 年次大，为 1284.70 亿元；2007 年最大，为 1377.12 亿元。各阶段呈倒 U 型趋势，即 4 个阶段先增加再减少。

其余国家或地区彩票规模历年均值为 6038.69 亿元，其中 2001 年最小，为 2502.45 亿元；2000 年次小，为 2851.59 亿元；2010 年次大，为 8974.33 亿元；2012 年最大，为 9500.52 亿元。各阶段呈倒 U 型趋势，即 4 个阶段先增加再减少。

去除中国后，全球彩票规模历年均值为 15679.52 亿元，其中 2001 年最小，为 9789.98 亿元；2000 年次小，为 10029.70 亿元；2018 年次大，为 18869.61 亿元；2012 年最大，为 19411.02 亿元。各阶段呈倒 U 型趋势，即 4 个阶段先增加再减少。

2018 年，全球彩票规模为 23984.32 亿元。其中 8 个代表性国家彩票依次为：美国 5340.21 亿元、中国 5114.72 亿元、意大利 1940.28 亿元、法国 1243.85 亿元、西班牙 892.20 亿元、英国 609.26 亿元、德国 601.76 亿元以及日本 504.59 亿元。其余国家或地区 7737.45 亿元；去除中国后，全球 18869.61 亿元。

二、同比维度

1. 同比维度定义

同比（Yearly-growth，Y）维度，无论是彩票或经济，原值均为某年规模原值相对于上年的变化幅度，即增长或减少值。如 2017 年辽宁乐透型体育彩票规模原值为 7.0366 亿元，2018 年同比原值为（7.6367−7.0366）/7.0366＝8.53%。

关于同比维度，有如下 4 点说明。

首先，历年彩票规模原值均未考虑通货膨胀因素，因此在计算经济同比时，本书也采用名义值。例如，2017 年辽宁地区生产总值为 23409.24 亿元，2018 年为 25315.40 亿元，本书中的 2018 年辽宁经济同比原值为（25315.40−23409.24）/23409.24＝8.14%，而不是统计部门按可比价格计算所公布的 5.70%。

其次，如果某年某省份的某个彩票的规模原值为 0，即使上年其规模原值也为 0，亦规定当年该省份这个彩票的同比原值为−100%。例如，北京一直不销售视频型福利彩票，本书中当地这个彩票的同比原值恒为−100%。

再次，如果当年彩票规模原值大于 0，且上年为 0，规定当年同比原值为 2000%。例如，2000 年辽宁竞猜型体育彩票规模原值为 0，2001 年为 1.2539 亿元，本书中的当年同比原值为 2000%。

最后，如果当年和上年的彩票规模原值都大于 0，并且当年实际增长值大于 2000%，规定同比原值为 2000%。例如，山东省即开型体育彩票规模原值在 2007 年为 0.2021 亿元，2008 年为 6.1307 亿元，实际增长 2933.52%，但因大于 2000%，在本书中这样指标的原值为 2000%。

2. 中国情况

如图 3−3 所示，中国全部类型体育彩票同比，历年均值为 26.68%，其中 2004 年最慢，为−24.60%；2019 年次慢，为−19.56%；2005 年次快，为 95.85%；2000 年最快，为 125.54%。各阶段呈倒 U 型趋势，即 4 个阶段先增长再下降。

中国全部类型福利彩票同比，历年均值为 17.53%，其中 2019 年最慢，为−14.84%；2000 年次慢，为−13.94%；2001 年次快，为 55.28%；2005 年最快，为 82.77%。各阶段呈倒 U 型趋势，即 4 个阶段先增长再下降。

中国全部类型公立彩票同比，历年均值为 20.28%，其中 2019 年最慢，为−17.49%；2004 年次慢，为−6.27%；2001 年次快，为 59.55%；2005 年最快，为 88.09%。各阶段呈倒 U 型趋势，即 4 个阶段先增长再下降。

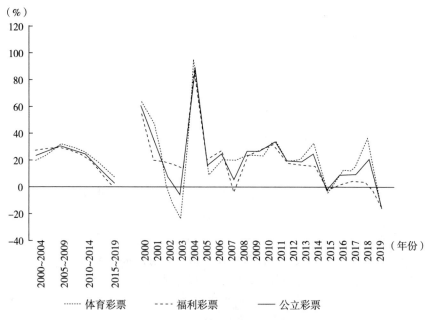

图 3-3　中国各种别彩票历年同比情况

3. 世界情况

如图 3-4 所示，全球彩票同比，历年均值为 5.75%，其中 2013 年最慢，为 -9.83%；2000 年次慢，为 -4.12%；2004 年次快，为 17.26%；2009 年最快，为 22.62%。各阶段呈 N 型趋势，即 4 个阶段先增长，再下降，最后又增长。

美国彩票同比历年均值为 4.16%，其中 2016 年最慢，为 -2.80%；2017 年次慢，为 -1.11%；2004 年次快，为 9.21%；2018 年最快，为 9.39%。各阶段呈反 N 型趋势，即 4 个阶段先下降，再增长，最后下降。

中国彩票同比历年均值为 22.27%，其中 2004 年最慢，为 -6.27%；2015 年次慢，为 -3.79%；2001 年次快，为 59.55%；2005 年最快，为 88.09%。各阶段呈倒 U 型趋势，即 4 个阶段先增长再下降。

英国彩票同比历年均值为 1.64%，其中 2017 年最慢，为 -8.82%；2003 年次慢，为 -5.36%；2015 年次快，为 8.00%；2012 年最快，为 11.64%。各阶段呈倒 U 型趋势，即 4 个阶段先增长再下降。

日本彩票同比历年均值为 -0.54%，其中 2018 年最慢，为 -10.04%；2012 年次慢，为 -8.05%；2011 年次快，为 8.31%；2001 年最快，为 19.12%。各阶段呈变慢趋势，即 4 个阶段依次下降。

德国彩票同比历年均值为 0.39%，其中 2011 年最慢，为 -33.91%；2008 年次

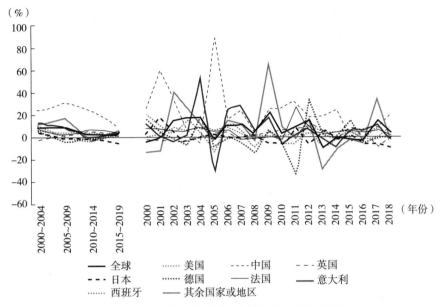

（%）

（年份）

全球 ……… 美国 ----中国 - - 英国

- - 日本 ……… 德国 —— 法国 —— 意大利

……… 西班牙 —— 其余国家或地区

图 3-4 代表性国家以及全球彩票历年同比情况

慢，为-14.26%；2004 年次快，为 17.37%；2012 年最快，为 32.00%。各阶段呈
U 型趋势，即 4 个阶段先下降再增长。

法国彩票同比历年均值为 5.17%，其中 2010 年最慢，为-2.32%；2007 年次
慢，为-1.76%；2004 年次快，为 9.81%；2011 年最快，为 26.60%。各阶段呈反
N 型趋势，即 4 个阶段先下降，再增长，最后又下降。

意大利彩票同比历年均值为 6.07%，其中 2005 年最慢，为-30.95%；2014 年
次慢，为-10.96%；2007 年次快，为 27.93%；2004 年最快，为 51.37%。各阶段
呈 U 型趋势，即 4 个阶段先下降再增长。

西班牙彩票同比历年均值为 2.20%，其中 2005 年最慢，为-12.92%；2013 年
次慢，为-11.39%；2003 年次快，为 15.97%；2000 年最快，为 20.06%。各阶段
呈 U 型趋势，即 4 个阶段先下降再增长。

其余国家或地区彩票同比历年均值为 7.64%，其中 2013 年最慢，为
-29.84%；2000 年次慢，为-14.18%；2002 年次快，为 40.89%；2009 年最快，
为 65.33%。各阶段呈 N 型趋势，即 4 个阶段先增长，再下降，最后又增长。

去除中国后，全球彩票同比历年均值为 4.58%，其中 2013 年最慢，为
-13.92%；2014 年次慢，为-4.93%；2004 年次快，为 17.98%；2009 年最快，为
22.31%。各阶段呈 U 型趋势，即 4 个阶段先下降再增长。

2018 年，全球彩票同比为 3.42%。其中 8 个代表性国家彩票依次为：中国 19.88%、美国 9.39%、法国 0.93%、英国 0.38%、德国 − 0.94%、意大利 −4.15%、西班牙−5.58%以及日本−10.04%，其余国家或地区−3.26%；去除中国后，全球 1.00%。

三、密度维度

1. 密度维度定义

密度（Density，D）维度，原值为某年某省份或全国的"某个彩票销售规模或生产总值"比上"同年当地的人口数"，即人均彩票销售规模或人均生产总值。例如，2018 年辽宁常住人口数为 4359.30 万，当年该省份乐透型体育彩票密度原值为 7.6367/4359.30 × 10000 = 17.52 元，经济密度原值为 23409.24/4359.30 × 10000 = 58072.17 元。

需要说明的是，各省份人口数加总也与国家统计局公布的全国人口数存在差异。例如，同样在《中国统计年鉴 2019》当中，2018 年全国 31 个省份常住人口数加总为 139653 万人，当年全国总人口数为 139538 万人，前者比后者多 115 万人，而在 2017 年，前者又比后者少 174 万人。同样，为保持口径一致，本书规定全国经济密度原值的分母为各省份加总值，而非国家统计局所公布的全国总人口数。

2. 中国情况

如图 3-5 所示，中国全部类型体育彩票密度历年均值为 71.48 元，其中 2000 年最小，为 7.24 元；2001 年次小，为 11.80 元；2019 年次大，为 164.29 元；2018 年最大，为 205.45 元。各阶段呈变大趋势，即 4 个阶段依次增加。

中国全部类型福利彩票密度历年均值为 79.87 元，其中 2000 年最小，为 7.13 元；2001 年次小，为 11.03 元；2017 年次大，为 156.29 元；2018 年最大，为 160.80 元。各阶段呈变大趋势，即 4 个阶段依次增加。

中国全部类型公立彩票密度历年均值为 151.35 元，其中 2000 年最小，为 14.37 元；2001 年次小，为 22.82 元；2017 年次大，为 307.32 元；2018 年最大，为 366.26 元。各阶段呈变大趋势，即 4 个阶段依次增加。

3. 世界情况

如图 3-6 所示，全球彩票密度历年均值为 255.86 元，其中 2001 年最小，为 164.31 元；2000 年次小，为 168.63 元；2012 年次大，为 310.34 元；2018 年最大，为 314.23 元。各阶段呈倒 U 型趋势，即 4 个阶段先增加再减少。

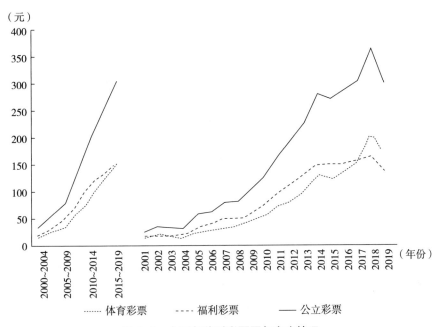

图 3-5　中国各种别彩票历年密度情况

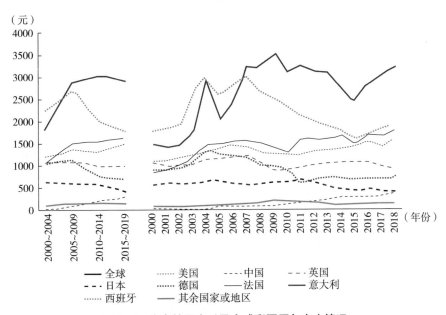

图 3-6　代表性国家以及全球彩票历年密度情况

美国彩票密度历年均值为 1326.06 元，其中 2000 年最小，为 1085.45 元；2001 年次小，为 1086.55 元；2016 年次大，为 1548.14 元；2018 年最大，为 1623.17 元。各阶段呈 N 型趋势，即 4 个阶段先增加，再减少，最后又增加。

中国彩票密度历年均值为 143.51 元，其中 2000 年最小，为 14.37 元；2001 年次小，为 22.82 元；2017 年次大，为 307.32 元；2018 年最大，为 366.26 元。各阶段呈变大趋势，即 4 个阶段依次增加。

英国彩票密度历年均值为 1044.65 元，其中 2009 年最小，为 884.34 元；2018 年次小，为 910.78 元；2006 年次大，为 1210.74 元；2007 年最大，为 1218.95 元。各阶段呈 N 型趋势，即 4 个阶段先增加，再减少，最后又增加。

日本彩票密度历年均值为 559.52 元，其中 2018 年最小，为 397.60 元；2017 年次小，为 407.61 元；2004 年次大，为 652.69 元；2011 年最大，为 691.20 元。各阶段呈变小趋势，即 4 个阶段依次减少。

德国彩票密度历年均值为 900.41 元，其中 2011 年最小，为 588.35 元；2017 年次小，为 664.07 元；2005 年次大，为 1231.82 元；2004 年最大，为 1356.48 元。各阶段呈倒 U 型趋势，即 4 个阶段先增加再减少。

法国彩票密度历年均值为 1434.18 元，其中 2000 年最小，为 847.30 元；2001 年次小，为 877.13 元；2016 年次大，为 1705.99 元；2018 年最大，为 1779.86 元。各阶段呈变大趋势，即 4 个阶段依次增加。

意大利彩票密度历年均值为 2634.78 元，其中 2001 年最小，为 1426.28 元；2002 年次小，为 1453.69 元；2011 年次大，为 3222.99 元；2009 年最大，为 3502.54 元。各阶段呈倒 U 型趋势，即 4 个阶段先增加再减少。

西班牙彩票密度历年均值为 2201.23 元，其中 2015 年最小，为 1580.03 元；2016 年次小，为 1719.62 元；2004 年次大，为 2993.12 元；2007 年最大，为 3044.92 元。各阶段呈倒 U 型趋势，即 4 个阶段先增加再减少。

其余国家或地区彩票密度历年均值为 125.43 元，其中 2001 年最小，为 60.19 元；2000 年次小，为 69.67 元；2010 年次大，为 186.26 元；2012 年最大，为 190.23 元。各阶段呈倒 U 型趋势，即 4 个阶段先增加再减少。

去除中国后，全球彩票密度历年均值为 283.91 元，其中 2001 年最小，为 201.10 元；2000 年次小，为 209.17 元；2009 年次大，为 336.78 元；2012 年最大，为 337.61 元。各阶段呈倒 U 型趋势，即 4 个阶段先增加再减少。

2018 年，全球彩票密度为 314.23 元。其中 8 个代表性国家彩票依次为：意大利 3210.72 元、西班牙 1909.52 元、法国 1779.86 元、美国 1623.17 元、英国 910.78 元、德国 726.03 元、日本 397.60 元以及中国 366.26 元。其余国家或地区

141.88 元；去除中国后，全球 302.58 元。

四、深度维度

1. 深度维度定义

深度（Penetration，P）维度，原值为某年某省份或全国的"某个彩票销售规模"比上"同年当地生产总值"，即彩票规模原值比经济规模原值。鉴于其数值较小，本书以"万分之几"的形式展示其原值。例如，2018 年辽宁乐透型体育彩票深度原值为 7.6367/25315.40×10000＝3.02。

2. 中国情况

如图 3-7 所示，中国全部类型体育彩票深度历年均值为 18.17‰，其中 2004 年最小，为 9.18；2000 年次小，为 9.24；2014 年次大，为 25.78；2018 年最大，为 31.37。各阶段呈变大趋势，即 4 个阶段依次增加。

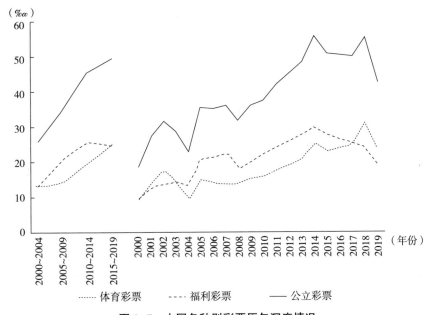

图 3-7 中国各种别彩票历年深度情况

中国全部类型福利彩票深度历年均值为 21.08‰，其中 2000 年最小，为 9.11；2001 年次小，为 12.83；2015 年次大，为 27.88；2014 年最大，为 30.10。各阶段呈倒 U 型趋势，即 4 个阶段先增加再减少。

中国全部类型公立彩票深度历年均值为 39.25‰，其中 2000 年最小，为 18.35；2004 年次小，为 22.58；2014 年次大，为 55.87；2018 年最大，为 55.92。各阶段呈变大趋势，即 4 个阶段依次增加。

3. 世界情况

如图 3-8 所示，全球彩票深度历年均值为 42.76‰，其中 2001 年最小，为 38.04；2000 年次小，为 38.29；2012 年次大，为 48.66；2009 年最大，为 50.38。各阶段呈倒 U 型趋势，即 4 个阶段先增加再减少。

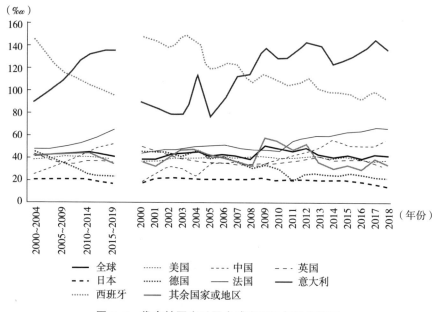

图 3-8　代表性国家以及全球彩票历年深度情况

美国彩票深度历年均值为 39.51‰，其中 2001 年最小，为 36.49；2017 年次小，为 36.62；2006 年次大，为 41.26；2012 年最大，为 41.55。各阶段呈倒 U 型趋势，即 4 个阶段先增加再减少。

中国彩票深度历年均值为 39.06‰，其中 2000 年最小，为 18.35；2004 年次小，为 22.58；2014 年次大，为 55.87；2018 年最大，为 55.92。各阶段呈变大趋势，即 4 个阶段依次增加。

英国彩票深度历年均值为 37.77‰，其中 2018 年最小，为 31.56；2008 年次小，为 32.68；2001 年次大，为 46.70；2000 年最大，为 49.57。各阶段呈反 N 型趋势，即 4 个阶段先减少，再增加，最后又减少。

日本彩票深度历年均值为 20.09‰，其中 2018 年最小，为 14.66；2017 年次小，为 16.37；2002 年次大，为 21.87；2011 年最大，为 22.12。各阶段呈倒 U 型趋势，即 4 个阶段先增加再减少。

德国彩票深度历年均值为 32.97‰，其中 2011 年最小，为 19.43；2018 年次小，为 21.84；2001 年次大，为 45.36；2004 年最大，为 47.27。各阶段呈变小趋势，即 4 个阶段依次减少。

法国彩票深度历年均值为 53.34‰，其中 2000 年最小，为 44.11；2010 年次小，为 45.34；2018 年次大，为 64.79；2017 年最大，为 66.05。各阶段呈变大趋势，即 4 个阶段依次增加。

意大利彩票深度历年均值为 114.72‰，其中 2005 年最小，为 75.82；2003 年次小，为 77.94；2012 年次大，为 142.12；2017 年最大，为 144.42。各阶段呈变大趋势，即 4 个阶段依次增加。

西班牙彩票深度历年均值为 116.43‰，其中 2018 年最小，为 90.99；2016 年次小，为 93.03；2000 年次大，为 145.85；2003 年最大，为 148.31。各阶段呈变小趋势，即 4 个阶段依次减少。

其余国家或地区彩票深度历年均值为 40.54‰，其中 2016 年最小，为 29.65；2014 年次小，为 30.23；2010 年次大，为 54.78；2009 年最大，为 58.13。各阶段呈反 N 型趋势，即 4 个阶段先减少，再增加，最后又减少。

去除中国后，全球彩票深度历年均值为 42.61‰，其中 2016 年最小，为 37.00；2014 年次小，为 37.73；2012 年次大，为 49.14；2009 年最大，为 51.82。各阶段呈倒 U 型趋势，即 4 个阶段先增加再减少。

2018 年，全球彩票深度为 41.17‰，其中 8 个代表性国家彩票依次为：意大利 136.07、西班牙 90.99、法国 64.79、中国 55.92、美国 37.87、英国 31.56、德国 21.84 以及日本 14.66，其余国家或地区为 34.30；去除中国后，全球为 38.42。

五、筹资维度

1. 筹资维度定义

筹资（Funds-Raising，F）维度，原值为某年某省份或全国的某个彩票所筹集的公益金数量。例如，2018 年辽宁竞猜型体育彩票筹集公益金 4.1626 亿元，其筹资原值亦为这一数据。

筹资同时取决于规模与公益金率，因此本书展示公益金率情况。

2. 中国情况

如图3-9所示，中国全部类型体育彩票公益金率历年均值为29.27%，其中2018年最小，为23.32%；2015年次小，为24.93%；2001年次大，为34.69%；2002年至2004年最大，为35.00%。各阶段呈变小趋势，即4个阶段依次减少。

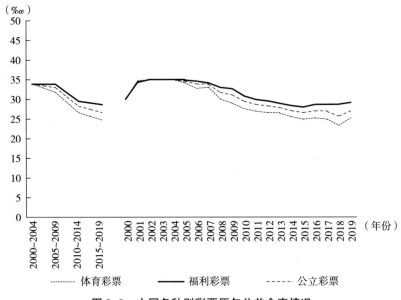

图3-9　中国各种别彩票历年公益金率情况

中国全部类型福利彩票公益金率历年均值为31.46%，其中2015年最小，为27.99%；2014年次小，为28.35%；2005年次大，为34.85%，2002年至2004年最大，为35.00%。各阶段呈变小趋势，即4个阶段依次减少。

中国全部类型公立彩票公益金率历年均值为30.44%，其中2018年最小，为25.68%；2015年次小，为26.61%；2005年次大，为34.58%；2002年至2004年最大，为35.00%。各阶段呈变小趋势，即4个阶段依次减少。

3. 世界情况

目前我们所掌握的数据，只有中国、美国、英国和日本4个国家的公益金数据齐全，其他数据在部分年度有所缺失，故只描述上述4个国家历年情况及变化趋势。

如图3-10所示，美国彩票公益金率历年均值为31.28%，其中2015年最小，为28.65%；2014年次小，为29.72%；2003年次大，为33.26%；2001年最大，为35.28%。各阶段呈U型趋势，即4个阶段先减少再增加。

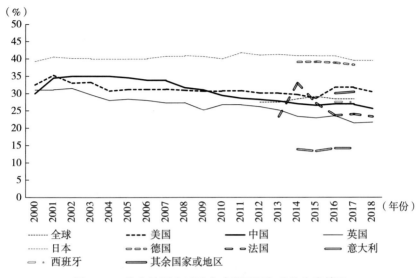

（%）

图3-10　代表性国家以及全球彩票历年公益金率情况

中国彩票公益金率历年均值为30.62%，其中2018年最小，为25.68%；2015年次小，为26.61%；2005年次大，为34.58%；2002年至2004年最大，为35.00%。各阶段呈变小趋势，即4个阶段依次减少。

英国彩票公益金率历年均值为26.62%，其中2017年最小，为21.47%；2018年次小，为21.70%；2001年次大，为31.13%；2002年最大，为31.51%。各阶段呈变小趋势，即4个阶段依次减少。

日本彩票公益金率历年均值为40.42%，其中2000年最小，为39.25%；2018年次小，为39.49%；2013年次大，为41.29%；2011年最大，为41.77%。各阶段呈倒U型趋势，即4个阶段先增加再减少。

2017年，全球彩票公益金率为28.36%。其中8个代表性国家彩票依次为：日本39.53%、德国38.27%、美国31.66%、西班牙27.58%、中国26.83%、法国24.03%、英国21.47%以及意大利14.11%，其余国家或地区30.48%；去除中国后，全球28.73%。

六、比例维度

1. 比例维度定义

比例（Ratio，R）维度，体育彩票原值为某年某省份或全国"某个彩票体育规模原值"比上"全部类型体育彩票规模原值"；公立彩票原值为"某个公立彩票规模原值"比上"全部类型公立彩票规模原值"。如2018年辽宁乐透型体育彩票比例原值为其规模原值7.6367亿元比上当年该省份全部类型体育彩票规模原值75.3433亿元，即7.6367/75.3433＝10.14%。当年该省份乐透型公立彩票比例原值为"乐透型体育与福利彩票规模原值之和7.6367＋19.2038＝26.8405亿元"比上"当年该省份全部类型公立彩票规模原值180.4189亿元"，即26.8405/180.4189＝14.88%。

需要说明的是，如果某年某省份的某个彩票规模原值为0，即使当年该省份全部类型相同种别彩票规模原值为0，也规定其比例原值为0，原因详见第五章第一节。

2. 中国情况

如图3-11所示，中国即开型体育彩票比例历年均值为10.00%，其中2006年最小，为0.00%；2005年次小，为0.13%；2010年次大，为23.67%；2009年最大，为26.72%。各阶段呈倒U型趋势，即4个阶段先增加再减少。

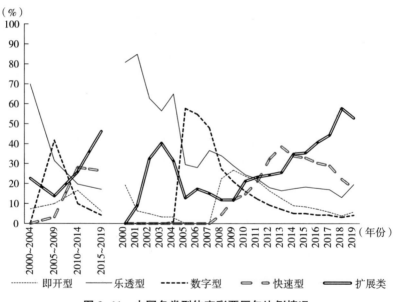

图3-11　中国各类型体育彩票历年比例情况

中国乐透型体育彩票比例历年均值为34.52%，其中2018年最小，为13.07%；2013年次小，为16.42%；2000年次大，为80.76%；2001年最大，为84.79%。各阶段呈变小趋势，即4个阶段依次减少。

中国数字型体育彩票比例历年均值为13.98%，其中2000年至2003年最小，为 0.00%；2004 年次小，为 0.90%；2006 年次大，为 54.68%；2005 年最大，为 57.61%。各阶段呈倒 U 型趋势，即 4 个阶段先增加再减少。

中国快速型体育彩票比例历年均值为 14.42%，其中 2000 年至 2007 年最小，为 0.00%；2008 年次小，为 4.45%；2014 年次大，为 33.75%；2013 年最大，为 38.51%。各阶段呈倒 U 型趋势，即 4 个阶段先增加再减少。

中国扩展类体育彩票比例历年均值为 27.08%，其中 2000 年最小，为 0.00%；2001 年次小，为 8.94%；2019 年次大，为 52.83%；2018 年最大，为 57.69%。各阶段呈 U 型趋势，即 4 个阶段先减少再增加。

3. 世界情况

如图 3-12 所示，全球范围，各类型彩票比例从大到小依次为：即开型 31.38%，乐透型 28.06%，竞猜型 12.85%，视频型 10.40%，数字型 8.87%，快速型 8.44%。

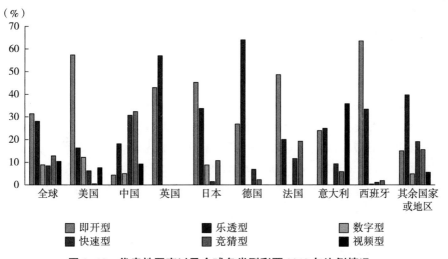

图 3-12　代表性国家以及全球各类型彩票 2018 年比例情况

美国各类型彩票比例从大到小依次为：即开型 57.37%，乐透型 16.32%，数字型 12.21%，视频型 7.65%，快速型 6.29%，竞猜型 0.15%。

中国各类型彩票比例从大到小依次为：竞猜型 32.36%，快速型 30.73%，乐透型 18.17%，视频型 9.28%，数字型 5.06%，即开型 4.40%。

英国各类型彩票比例从大到小依次为：乐透型 57.01%，即开型 42.99%，其余 4 个类型不发行。

日本各类型彩票比例从大到小依次为：即开型 45.27%，乐透型 33.69%，竞猜型 10.75%，数字型 8.84%，快速型 1.45%，视频型不发行。

德国各类型彩票比例从大到小依次为：乐透型 63.96%，即开型 26.86%，快速型 6.92%，竞猜型 2.26%，视频型和数字型不发行。

法国各类型彩票比例从大到小依次为：即开型 48.64%，乐透型 20.04%，竞猜型 19.26%，快速型 11.64%，数字型和乐透型不发行。

意大利各类型彩票比例从大到小依次为：视频型 35.88%，乐透型 24.95%，即开型 23.96%，快速型 9.31%，竞猜型 5.90%，视频型不发行。

西班牙各类型彩票比例从大到小依次为：即开型 63.56%，乐透型 33.47%，竞猜型 1.85%，快速型 1.10%，数字型 0.03%，视频型不发行。

其余国家或地区各类型彩票比例从大到小依次为：乐透型 39.73%，快速型 19.11%，竞猜型 15.57%，即开型 15.04%，视频型 5.61%，数字型 4.94%。

去除中国后，全球各类型彩票比例从大到小依次为：即开型 39.86%，乐透型 25.57%，快速型 11.09%，视频型 10.82%，竞猜型 6.69%，数字型 5.97%。

七、份额维度

1. 份额维度定义

份额（Quotient，Q）维度，原值为某年某省份或全国"某个彩票规模原值"比上"当年该省份相同类型公立彩票规模"，例如，2018 年辽宁乐透型体育彩票规模原值为 7.6367 亿元，乐透型福利彩票规模原值为 19.2038 亿元，乐透型公立彩票规模原值为 7.6367+19.2038＝26.8405 亿元，当年该省份乐透型体育彩票份额原值为 7.6367/26.8405＝28.45%。当年该省份全部体育彩票规模原值为 75.3433 亿元，全部福利彩票规模原值为 105.0756 亿元，全部公立彩票规模原值为 75.3433+105.0756＝180.4189 亿元，当年该省份全部类型体育彩票份额原值为 75.3433/180.4189＝41.76%。

关于份额维度，有如下 2 点说明。

首先，如果某年某省份的某个彩票规模原值为 0，即使当年该省份的相同类型公立彩票规模原值为 0，也规定这个彩票份额原值为 0。例如，2006 年辽宁的快速型体育彩票和福利彩票的规模原值都为 0，也即快速型公立彩票规模原值为 0，那么当年辽宁快速型体育彩票的份额原值为 0，原因详见第五章第一节。

其次，竞猜型彩票为体育彩票独有类型，视频型彩票除海南以外为福利彩票独有类型。因此，除海南以外，其他省份的竞猜型体育彩票规模大于 0 时，其份额恒为 100%，视频型福利彩票规模大于 0 时，其份额恒为 100%。海南视频型体育彩票于 2015 年开始发行，但销售规模一直很少，如 2018 年为 0.0727 亿元，只占当年该省份全部类型体育彩票的 0.43%。同年该省份视频型福利彩票规模为 4.5307 亿元，因此当年海南视频型体育彩票份额原值为 0.0727/（0.0727 + 4.5307）= 1.58%，视频型福利彩票份额原值为 1−1.58% = 98.42%。因此，本书将两者归并，即重点分析"扩展类"彩票的情况。

2. 中国情况

如图 3-13 所示，中国全部类型体育彩票份额历年均值为 46.18%，其中 2007 年最小，为 37.84%；2006 年次小，为 39.51%；2018 年次大，为 56.10%；2002 年最大，为 56.44%。各阶段呈 U 型趋势，即 4 个阶段先减少再增加。

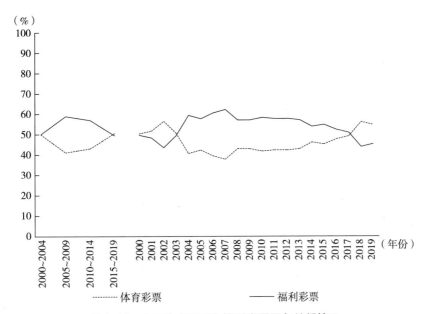

图 3-13　中国体育彩票和福利彩票历年份额情况

中国全部类型福利彩票份额历年均值为 53.82%，其中 2002 年最小，为 43.56%；2018 年次小，为 43.90%；2006 年次大，为 60.49%；2007 年最大，为 62.16%。各阶段呈倒 U 型趋势，即 4 个阶段先增加再减少。

3. 世界情况

目前，各个国家或地区彩票发行机构数量有如下 4 种模式：一是全域独家，即整个国家或地区只有 1 家彩票发行机构。如法国国家游戏集团（La Française des Jeux，FDJ）在法国全国独家垄断发行彩票。二是各域独家，即各个区域内只有

1 家彩票发行机构。如截至 2019 年 6 月，美国有 45 个州和哥伦比亚特区发行彩票，这些地区都只有 1 家彩票发行机构。三是全域多家，即整个国家或地区同时并存在多家彩票发行机构。这个模式又细分为如下两种子模式：①类型互斥，即各家彩票发行机构发行的类型没有交集。如日本有宝签（宝くじ）彩票和体育振兴彩票（スポーツ振興くじ），前者只发行即开型、乐透型、数字型和快速型 4 个类型彩票，后者只发行竞猜型彩票；又如冰岛有 University of Iceland Lottery 和 Islensk Getspa/getraury 两家彩票发行机构，前者只发行即开型彩票，后者只发行乐透型和竞猜型彩票。②类型重叠，即各家彩票机构发行的类型有重叠。四是交叉混合，即同时数种上述模式。如西班牙，在全国范围内有财政部国有企业"彩票与博彩公司"（Sociedad Estatal Loteríasy Apuestas del Estado，SELAE）和"国家盲人协会"（Organizacion Nacional de Ciegos Espanoles，ONCE）两家彩票发行机构，在 2018 年，两家发行机构都发行乐透型和传统型，前者还发行竞猜型，后者还发行即开型。在加泰罗尼亚地区，还有另一家彩票机构加泰罗尼亚彩票公司（Lotería de Catalunya），发行除竞猜型以外的其他类型彩票，但它们只限于加泰罗尼亚地区，而不得到该国其他地区跨域销售。

中国属于"全域多家类型重叠"模式，在全球经济规模排名前列的国家或地区，我们只找到意大利与之相近。该国有两家彩票发行机构，Lottomatica 和 SIS-AL，它们在 2018 年都发行乐透型、竞猜型、即开型和视频型，前者还发行传统型。如图 3-14 所示，2000 年至 2018 年，Lottomatica 份额一直大于 70%，SISAL一直小于 30%。

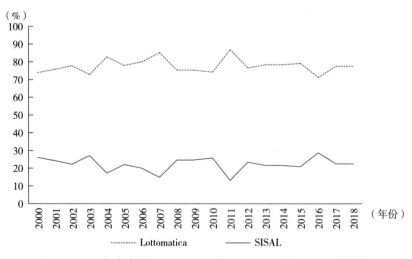

图 3-14 历年意大利 Lottomatica 和 SISAL 两家彩票公司的份额

第三节　彩票与经济在各维度的关系

根据相关彩票和经济人口等数据，分析彩票与经济在各维度的对应关系，方法是计算各地彩票与经济在各维度的相关系数。如中国体育彩票，计算某年全国31个省份的彩票与经济对应维度的相关系数；如全球公立彩票，计算某年各个国家或地区彩票与经济对应维度的相关系数。

一、规模维度

如图 3-15 所示，无论是中国各省份还是世界各个国家或地区，彩票规模与当地经济规模高度正相关，历年相关系数基本都大于 0.8。

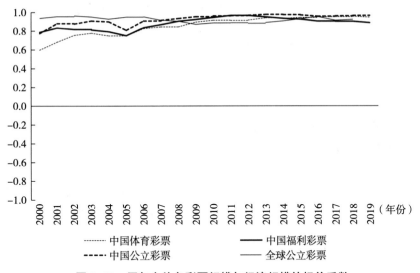

图 3-15　历年中外各彩票规模与经济规模的相关系数

二、同比维度

如图 3-16 所示，无论是中国各省份还是世界各个国家或地区，彩票同比与当地经济同比的相关关系波动很大。

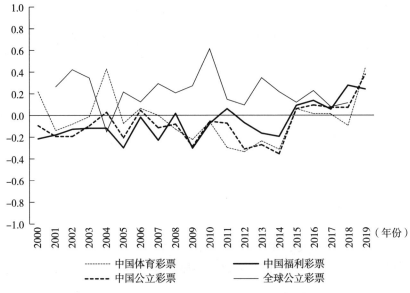

图 3-16　历年中外各彩票同比与经济同比的相关系数

　　从国际来看，各国家或地区的彩票同比维度与经济同比维度相关性不大，背后原因主要是以中国为主的少数国家的彩票业在 21 世纪初的高速增长所致。从中国国内来看，两者相关性也不大，背后原因主要是同期中国各省份彩票销售规模都取得爆炸式增长。例如，2018 年相对于 2000 年，中国国内生产总值名义值增长 8.98 倍，最多的贵州省增长 15.28 倍，最少的黑龙江省增长 3.32 倍；而同期中国全部类型公立彩票规模原值增长 22.31 倍，贵州省增长 30.87 倍，黑龙江省增长 20.36 倍。

　　不过，中国经济和中国彩票业都已经进入新常态，从"社会福利"视角来说，未来中国彩票业增速应当是与经济增速同步，即两者高度正相关。

三、密度维度

　　如图 3-17 所示，从国际来看，历年彩票密度与经济密度的相关系数基本在 0.6 左右，尽管相对于规模维度较弱，但仍然为显著正相关。中国体育彩票密度与经济密度基本在 0.7 左右，为显著正相关，甚至大于国际水平。不过，中国福利彩票在 2013 年出现减少趋势，最小值在 2017 年只有 0.1622，已属于不相关。

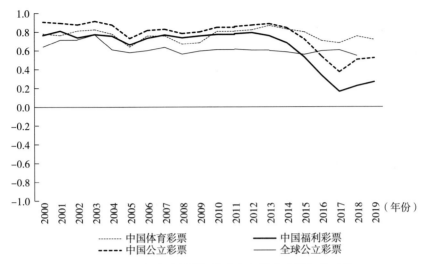

图 3-17　历年中外各彩票密度与经济密度的相关系数

四、深度维度

如图 3-18 所示，从国际来看，彩票深度与当地经济规模或经济密度都没有明显的相关性。从国内来看，相关系数呈减少趋势，其中福利彩票尤其明显。背后原因在于，中国经济相对落后省份彩票增长速度更快。例如，2018 年中国人均生产总值排名前 5 位的北京、上海、天津、江苏和浙江，当年全部类型公立彩票相对于 2000 年增长倍数的均值为 16.90 倍；而排名后 5 位的西藏、广西、贵州、云南和甘肃，为 109.39。这样导致的结果就是，经济相对落后省份的彩票深度在近

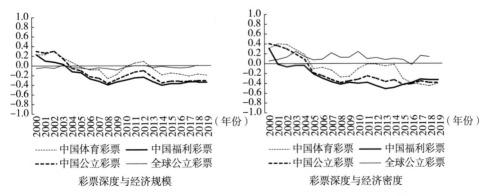

图 3-18　历年中外各彩票密度与经济规模或经济密度的相关系数

年来很大。例如，2018 年人均生产总值前 5 位的省份，全部类型公立彩票深度的均值为 46.47‰。其中上海仅为 29.79，全国最小；后 5 位省份为 108.65，其中西藏为 231.27，全国最大。这在很大程度上违反彩票销售的"公平性"，会恶化彩票社会福利效果。

因此，无论是按"国际惯例"情况，还是从"社会福利"视角，彩票深度都不应当与经济规模或密度相关。

五、筹资维度

如图 3-19 所示，无论是中国各省份还是世界各个国家或地区，彩票筹资与当地经济规模都高度正相关，历年相关系数基本都大于 0.8。

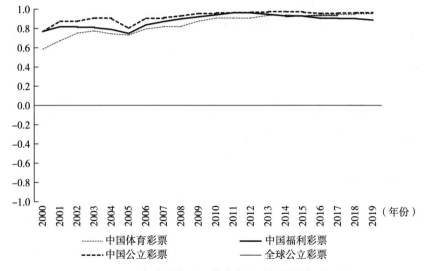

图 3-19　历年中外各彩票筹资与经济规模的相关系数

另外强调，《拉弗世界彩票年鉴》中 2013 年及此前年份并没有详细的各个国家或地区的彩票公益金数据，故图 3-19 关于全球公立彩票的结果从 2014 年开始。

六、比例维度

彩票有多个类型，在全球范围，乐透型和即开型销售比例最大，历年都各自稳定在 30%，因此本节主要分析这两种彩票。

如图 3-20 和图 3-21 所示，无论是即开型彩票还是乐透型彩票，无论是中国各省份还是世界各个国家或地区，彩票比例与当地经济规模或密度都没有明显的关系。

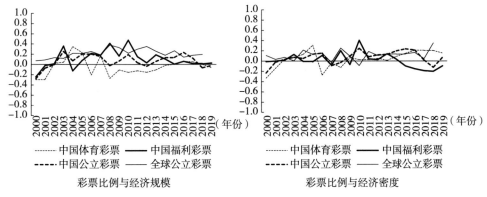

图 3-20　历年中外即开型各彩票比例与经济规模或经济密度的相关系数

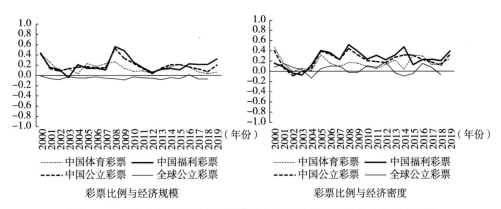

图 3-21　历年中外乐透型各彩票比例与经济规模或经济密度的相关系数

七、份额维度

如前所述，目前中国的"全域多家类型重叠"模式，与其类似的国家或地区数量很少，没有必要也没有办法像其他维度那样，分析历年各国家或地区各类型彩票份额与当地经济规模或密度的关系。为使相关结果更为可靠，我们计算各个类型体育彩票的情况。如图 3-22 所示，各类型体育彩票的份额相对于经济规模或者经济密度，都没有明显的相关关系。

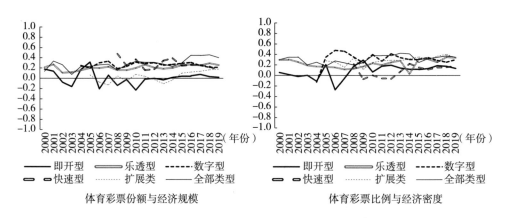

体育彩票份额与经济规模　　　　　　　体育彩票比例与经济密度

图 3-22　历年各类型体育彩票份额与经济规模的相关系数

注：因竞猜型由体育彩票独家发行，各省份的份额固定为100%；因除海南以外的视频型由福利彩票独家发行，除海南以外的各省份的份额固定为100%。两者同为"扩展类"彩票，因此本图展示各省份扩展类体育彩票的份额与当地经济规模或密度的关系。

八、总结

通过对第三章第三节的部分分析，可以总结出彩票维度与经济维度的对应关系。

首先，无论是世界各个国家或地区还是中国各省份，规模和密度2个维度，它们都与对应的经济维度高度正相关；同时，筹资与对应的经济规模高度正相关。

其次，考虑到中国经济与彩票业进入新常态，未来中国彩票同比应当与经济同比同步。

再次，无论是按"国际惯例"情况，还是从"社会福利"视角，彩票深度都不应当与经济规模或密度有相关关系。

又次，无论是世界各个国家或地区还是中国各省份，比例与经济规模或密度都没有明显关系。

最后，根据中国各类型体育彩票的历年情况，份额与经济规模或密度都没有明显关系。

上述各彩票维度与经济相关维度的关系，为构建各类指数的可靠性与科学性提供了坚实的保证。

贰

完善篇

本篇作为"完善篇",包括第四章至第六章。

本篇介绍本书体育彩票销售综合指数的框架体系,并从多个角度,对这一体系多个方面加以科学和细致的稳健性检验,展示本书相对此前成果的完善之处,最后以2018年竞猜型体育彩票为例,描述各项指数的具体计算方法。

第四章 体育彩票销售综合指数框架体系

本章描述本书指数体系的构建过程。首先明确本书的纳入多方诉求、结果客观准确和应用价值较强3项构建目标，横纵皆可比较、各维均得体现、计算简单迅速和结果取值统一4项构建结果以及度量单位无关、个体结果独立、极端数值免扰、信息最大保全、同类方法一致、样本组合便捷、区间范围稳定和正负程度相同8项构建原则。然后依次介绍了基础指数、个体指数、总体指数和整体指数的各项指数的构建方法。最后展示了各类指数的设置意义和各项个体指数的关系。

第一节 构建思路

一、构建目标

1. 纳入多方诉求

目前，围绕中国彩票业每年数千亿元的市场规模，已形成多方利益主体。本书构建的指数体系，是决定彩票在国民经济中地位和其社会福利效果的核心因素，也是相关主体所关注的指标，各类指数可分别满足不同主体的侧重需求。

2. 结果客观准确

我们从第三方的学界角度，遵循国际彩票业基本规律，并基于中国实际情况加以适当和必要地调整，构建方法通过多方面严格的稳健性检验，描述中国彩票业的实然状况，进而得出反映中国彩票业发展状况的可靠和准确的结果。

3. 应用价值较强

各类指数构建的体系对于中国彩票业的解释力和概括力很高，相关结果可为各界主体采取必要政策或措施提供有操作性的抓手，在其自身获得较多正当利益的同时，客观上也能够提高中国彩票业的社会福利效果。

二、构建结果

1. 横纵皆可比较

构建出的各类指数数值，在空间上可以反映不同地区的截面差异，在时间上可以反映相同地区的动态变化。

2. 各维均得体现

综合指数纳入多个维度指标，并且保证各维度的作用都能够在综合指数当中得到恰当的体现。

3. 计算简单迅速

避免相对复杂的统计和计量方法，计算方法简明快捷。同时使用 Excel 软件编程，输入相关数据，自动计算结果。

4. 结果取值统一

采用已有文献主流方法，并根据彩票行业特性适当修正，剔除不同维度原值度量单位的影响。各类指数属于无量纲的定比性指标。

三、构建原则

1. 度量单位无关

原值无论用元、万元或亿元衡量，抑或用百分之、千分之或万分之表示，再或用人民币或美元计价，指数结果都完全相同。

2. 个体结果独立

每个省份各维度的指数结果相对于"基准省份"计算，这些结果不受当年其他省份相同维度数值的影响。

3. 极端数值免扰

避免某个维度数量上极大或极小的原值，该维度的指数结果也极大或极小，进而对综合指数结果带来很大的影响。

4. 信息最大保全

尽可能选取避免无意义结果出现的方法，特殊情况不能避免，亦采取可靠方法，将无意义结果规定为有意义数值，减少数据信息的损失或浪费。

5. 同类方法一致

同项指数各维度构建方法虽"形式上"略有差别，但"本质上"完全一致；划分各项指数等级的阈值区间完全相等。

6. 样本组合便捷

若干省份构成一个总体后，总体的相关结果直接从每个省份的已有结果得出，不必再次计算，更不需要采用不同方法。

7. 区间范围稳定

各类指数的结果在一个相对稳定的区间范围内，小于或大于这个区间的数值不多，但不排除一些特殊情况导致的较大或较小的结果。

8. 正负程度相同

大部分指数都是以 0 为最佳点对称分布"中性指标"，绝对值相同但符号不同的同项指数结果，程度相同但方向相反。

四、思路总结

如图 4-1 所示，构建原则"度量单位无关"和"个体结果独立"主要服务于构建结果"横纵皆可比较"；构建原则"极端数值免扰"和"信息最大保全"主要服务于构建结果"各维均得体现"；构建原则"同类方法一致"和"样本组合

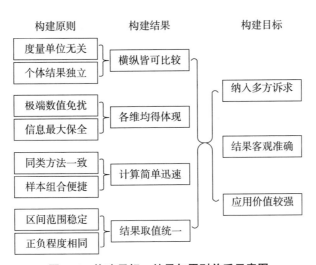

图 4-1　构建目标、结果与原则关系示意图

便捷"主要服务于构建结果"计算简单迅速";构建原则"区间范围稳定"和"正负程度相同"主要服务于构建结果"结果取值统一"。

4项构建结果,"横纵皆可比较""各维均得体现""计算简单迅速"和"结果取值统一",共同服务于3项构建目标,即"纳入多方诉求""结果客观准确"和"应用价值较强"。

第二节 基础指数

本书共包括以下4类指数:一是基础指数(Basic Index,BI),它是构建各项个体指数与各项总体指数的基础。二是个体指数(Regional Index,RI),细分为开发指数(Developing Index,DI)、地位指数(Position Index,PI)、运营指数(Operating Index,OI)和盈利指数(Gain Index,GI)4项。三是总体指数(Total Index,TI),细分为适量指数(Appropriate Index,AI)、公平指数(Fairness Index,FI)和效率指数(Efficient Index,EI)3项。四是整体指数(Comprehensive Index,CI),细分为稳健指数(Moderate Index,MI)和合意指数(Satisfactory Index,SI)2项。

首先介绍基础指数的计算方法。

一、符号规定

1. 原值

$V_{E,t,i,z}$ 表示在 t 年 i 省份经济第 z 维度的原值;$V_{L,t,i,x,y,z}$ 表示在 t 年 i 省份 x 类型(类别)y 种别彩票第 z 维度的原值。其中,i 表示北京、天津、新疆维吾尔自治区(以下简称新疆)等全国 31 个省份。表 4-1 说明 x、y 和 z 等代码所代表的项目及对应符号。这样,$V_{L,2018,辽宁,L,S,S}$ 表示 2018 年辽宁乐透型体育彩票规模原值,为 7.6367 亿元;$V_{E,2017,上海,D}$ 表示 2017 年上海经济密度原值,为 126687.30 元/人。

表4-1 各代码包括的项目内容及符号

序号	代码	x	y	z
	项目	类型	种别	维度
1	汉语	即开型	体育	规模
	英文	Instant	Sports	Scale
	符号	I	S	S

序号	代码	x	y	z
	项目	类型	种别	维度
2	汉语	乐透型	福利	同比
	英文	Lotto	Welfare	Yearly-growth
	符号	L	W	Y
3	汉语	数字型	公立	密度
	英文	Number	Public	Density
	符号	N	P	D
4	汉语	快速型		深度
	英文	Fast		Penetration
	符号	F		P
5	汉语	竞猜型		筹资
	英文	Toto		Funds-Raising
	符号	T		F
6	汉语	视频型		比例
	英文	Video		Ration
	符号	V		R
7	汉语	固有类		份额
	英文	Conventional		Quotient
	符号	C		Q
8	汉语	新兴类		综合
	英文	Emerging		Composite
	符号	E		C
9	汉语	概率类		
	英文	Probability		
	符号	P		
10	汉语	扩展类		
	英文	Alien		
	符号	A		
11	汉语	全部类型		
	英文	Whole		
	符号	W		

2. 基准值

基于国际彩票业基本规律，并根据中国彩票业特点适当调整，我们设定的基准省份满足如下标准：①常住人口 4000 万，人均地区生产总值 65000 元。②全部类型公立彩票深度 40‰，各类型体育彩票份额 50%。③各类型公立彩票的比例和公益金率如表 4-2 所示。上述基准设置原因，将在第五章第一节进行详细的解释。

表 4-2　基准省份各类型公立彩票比例与公益金率　　　　　单位：%

彩票类型	即开型	乐透型	数字型	快速型	竞猜型	视频型
比例	30	30	10	10	10	10
公益金率	20	35	35	35	20	20

注：根据本表数值，可以计算出全部类型的体育彩票、福利彩票或公立彩票的基准公益金率都为 27.5%，固有类为 28.57%，新兴类为 25%，概率类为 35% 以及扩展类为 20%。

进一步地，根据上述基准，可以推导出基准省份各类型、类别和种别彩票以及经济各维度的基准值（Benchmark Value），如表 4-3 所示。

表 4-3　基准省份各品种、类型和种别彩票各维度的基准值

项目	维度	规模	同比	密度	深度	筹资	比例	份额
	英文	Scale	Yearly-growth	Density	Penetration	Funds-Raising	Ratio	Quotient
	英文简称	S	Y	D	P	M	R	Q
	单位	亿元	%	元/人	‰	亿元	%	%
经济	经济	26000	0	65000				
体育彩票	即开型	15.60	0	39	6	3.12	30	50
	乐透型	15.60	0	39	6	5.46	30	50
	数字型	5.20	0	13	2	1.82	10	50
	快速型	5.20	0	13	2	1.82	10	50
	竞猜型	5.20	0	13	2	1.04	10	50
	视频型	5.20	0	13	2	1.04	10	50
	固有类	36.40	0	91	14	10.40	70	50
	新兴类	15.60	0	39	6	3.90	30	50
	概率类	26.00	0	65	10	9.10	50	50
	扩展类	10.40	0	26	4	2.08	20	50
	全部类型	52.00	0	130	20	14.30		50

项目	维度	规模	同比	密度	深度	筹资	比例	份额
	英文	Scale	Yearly-growth	Density	Penetration	Funds-Raising	Ratio	Quotient
	英文简称	S	Y	D	P	M	R	Q
	单位	亿元	%	元/人	‰	亿元	%	%
公立彩票	即开型	31.20	0	78	12	6.24	30	
	乐透型	31.20	0	78	12	10.92	30	
	数字型	10.40	0	26	4	3.64	10	
	快速型	10.40	0	26	4	3.64	10	
	竞猜型	10.40	0	26	4	2.08	10	
	视频型	10.40	0	26	4	2.08	10	
	固有类	72.80	0	182	28	20.80	70	
	新兴类	31.20	0	78	12	7.80	30	
	概率类	52.00	0	130	20	18.20	50	
	扩展类	20.80	0	52	8	4.16	20	
	全部类型	104	0	260	40	28.60		

注：经济只有规模、同比和密度 3 个维度，全部类型体育彩票没有比例维度；各类型公立彩票没有份额维度。

其中，$V_{E,ben,z}$ 表示经济第 z 维度的基准值。$V_{L,ben,x,y,z}$ 表示基准省份 x 类型（类别）y 种别彩票第 z 维度的基准值。

3. 下限值

下限值（Lowest Value）为经济或彩票某个维度在"理论上"的最小值，与"实际上"的最小值（Minimum Value）不同。$V_{E,low,z}$ 表示经济第 z 维度的下限值；$V_{L,low,x,y,z}$ 表示 x 类型（类别）y 种别彩票第 z 维度的下限值。显然，无论彩票或经济，同比维度下限值为 -1；其他维度下限值为 0。

4. 临界值

为实现"极端数值免扰"原则，当原值大于临界值（Critical Value）时，在构建指数之前，我们先对其进行"预处理"。临界值为"2 倍基准值减去最小值"。$V_{E,cri,z}$ 表示经济第 z 维度的临界值；$V_{L,cri,x,y,z}$ 表示 x 类型（类别）y 种别彩票第 z 维度的临界值。显然，无论彩票或经济，同比维度临界值为 1；其他维度临界值为对应维度基准值 2 倍。

二、构建步骤

基于前文第二章第二节和第三节的分析，本书基本步骤如下：①借鉴"幂律分布"理论，对大于临界值的原始数据进行预处理。②借鉴"联合国人类发展指数"的方法，采用"阈值法当中的基准法"，并适当变型，进行数据标准化。③各维度权重设置，采取使用最为广泛且各维度权重之和固定为 1 的"主观赋权法当中的加权平均法"。

1. 数据预处理

当某个维度的原始数据较大时，若不进行预处理，构建出的这个维度基础指数会过大，进而对其他综合基础指数以及各项指数带来影响，违背"极端数值免扰"原则，因此本书采用如下方法。

首先，以 t 年 i 省份 x 类型（类别）y 种别彩票第 z 维度为例，如果这个维度原始数据小于或等于临界值时，不加处理，即参与数据标准化的数据值 $V'_{L,t,i,x,y,z} = V_{L,t,i,x,y,z}$。

其次，如果原始数据大于临界值，如图 4-2 所示，可以进行预处理：①将原始大于临界值的部分 $V^+_{L,t,i,x,y,z}$，即 $V_{L,t,i,x,y,z} - V_{L,cri,x,y,z}$，采用如下方法减少至 $V^*_{L,t,i,x,y,z}$，数学上 $V^*_{L,t,i,x,y,z} = \ln(\frac{V_{L,t,i,x,y,z} - V_{L,cri,x,y,z}}{V_{L,ben,x,y,z} - V_{L,low,x,y,z}} + 1)(V_{L,ben,x,y,z} - V_{L,low,x,y,z})$。②参与数据标准化的数据值 $V'_{L,t,i,x,y,z} = V^*_{L,t,i,x,y,z} + V_{L,cri,x,y,z}$。在数学上：$V'_{L,t,i,x,y,z} =$

$V^*_{L,t,i,x,y,z} + V_{L,cri,x,y,z} = \ln(\frac{V_{L,t,i,x,y,z} - V_{L,cri,x,y,z}}{V_{L,ben,x,y,z} - V_{L,low,x,y,z}} + 1)(V_{L,ben,x,y,z} - V_{L,low,x,y,z}) + V_{L,cri,x,y,z}$。

代入公式 $V_{L,cri,x,y,z} = 2V_{L,ben,x,y,z} - V_{L,low,x,y,z}$，可以推导出：

$$V'_{L,t,i,x,y,z} = V^*_{L,t,i,x,y,z} + V_{L,cri,x,y,z}$$

$$= \ln\left(\frac{V_{L,t,i,x,y,z} - V_{L,cri,x,y,z}}{V_{L,ben,x,y,z} - V_{L,low,x,y,z}} + 1\right)(V_{L,ben,x,y,z} - V_{L,low,x,y,z}) + V_{L,cri,x,y,z}$$

$$= \ln\left(\frac{V_{L,t,i,x,y,z} - (2V_{L,ben,x,y,z} - V_{L,low,x,y,z})}{V_{L,ben,x,y,z} - V_{L,low,x,y,z}} + 1\right)(V_{L,ben,x,y,z} - V_{L,low,x,y,z}) +$$

$$(2V_{L,ben,x,y,z} - V_{L,low,x,y,z})$$

$$= \ln\left(\frac{V_{L,t,i,x,y,z} - V_{L,ben,x,y,z} - (V_{L,ben,x,y,z} - V_{L,low,x,y,z})}{V_{L,ben,x,y,z} - V_{L,low,x,y,z}} + 1\right)$$

$$(V_{L,ben,x,y,z} - V_{L,low,x,y,z}) + (2V_{L,ben,x,y,z} - V_{L,low,x,y,z})$$

$$=\ln\left(\frac{V_{L,t,i,x,y,z}-V_{L,ben,x,y,z}}{V_{L,ben,x,y,z}-V_{L,low,x,y,z}}-\frac{V_{L,ben,x,y,z}-V_{L,low,x,y,z}}{V_{L,ben,x,y,z}-V_{L,low,x,y,z}}+1\right)$$
$$\left(V_{L,ben,x,y,z}-V_{L,low,x,y,z}\right)+\left(2V_{L,ben,x,y,z}-V_{L,low,x,y,z}\right)$$

$$=\ln\left(\frac{V_{L,t,i,x,y,z}-V_{L,ben,x,y,z}}{V_{L,ben,x,y,z}-V_{L,low,x,y,z}}-1+1\right)\left(V_{L,ben,x,y,z}-V_{L,low,x,y,z}\right)+$$
$$2V_{L,ben,x,y,z}-V_{L,low,x,y,z}$$

$$=\ln\left(\frac{V_{L,t,i,x,y,z}-V_{L,ben,x,y,z}}{V_{L,ben,x,y,z}-V_{L,low,x,y,z}}\right)\left(V_{L,ben,x,y,z}-V_{L,low,x,y,z}\right)+$$
$$2V_{L,ben,x,y,z}-V_{L,low,x,y,z}$$

对于 t 年 i 省份经济第 z 维度的原始数据，同样采取上述方法。关于当原值在大于临界值时采取上述预处理方法的原因，我们在后文第五章第二节进行了部分详细解释。

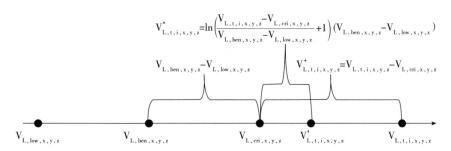

图 4-2　原始数据大于临界值的处理方法

2. 数据标准化

同样以 t 年 i 省份 x 类型（类别）y 种别彩票第 z 维度为例，如果采用"阈值法中的基准法"公式 $\dfrac{V'_{L,t,i,x,y,z}-V_{L,low,x,y,z}}{V_{L,ben,x,y,z}-V_{L,low,x,y,z}}$，构建出的指数结果，最小值必然大于或等于 0，而不会小于 0。这违背"正负程度相同"原则。

因此，我们将公式调整为 $\dfrac{V'_{L,t,i,x,y,z}-V_{L,ben,x,y,z}}{V_{L,ben,x,y,z}-V_{L,low,x,y,z}}$，即将分子右侧的下限值 $V_{L,low,x,y,z}$ 替换为基准值 $V_{L,ben,x,y,z}$。这样，当原值等于下限值时，标准化指数结果是最小值，且等于 -1；等于基准值时，结果等于 0；等于临界值时，结果等于 1；大于临界值时，结果大于 1。

3. 各维度权重

经济只有规模、同比和密度 3 项分维度；特定种类彩票，如乐透型体育彩票，共有规模、同比、密度、深度、筹资、比例和份额 7 项维度；特定类型公立彩票，如乐透型公立彩票，不包括"份额"维度，故共有 6 项分维度；全部类型体育彩票或全部类型福利彩票，不包括"比例"维度，故共有 6 项分维度；全部类型公立彩票，不包括"比例"和"份额"2 个维度，故共有 5 项分维度。

不管对象为何，综合基础指数中的各维度权重加总固定为 1。如表 4-4 所示，经济各维度权重如下：规模 0.3，同比 0.1，密度 0.6；特定类型体育彩票，如即开型体育彩票，各维度权重如下：规模 0.2，同比 0.1，密度 0.3，深度 0.2，筹资 0.1，份额 0.05，比例 0.05；全部类型体育彩票，没有比例维度，将其数值归至份额维度，即后者权重为 0.05+0.05＝0.1，其余 5 个维度权重不变；特定类型公立彩票，如乐透型公立彩票，没有份额维度，将其数值归至比例维度，即后者权重为 0.05+0.05＝0.1，其余 5 个维度权重不变；全部类型公立彩票，没有比例和份额 2 个维度，将它们数值都归至深度维度，即后者权重为 0.2+0.05+0.05＝0.3，其余 4 个维度权重不变。

表 4-4　各维度权重

项目	维度	规模	同比	密度	深度	筹资	比例	份额
经济	经济水平	0.3	0.1	0.6				
体育彩票	特定类型	0.2	0.1	0.3	0.2	0.1	0.05	0.05
	全部类型	0.2	0.1	0.3	0.2	0.1		0.1
公立彩票	特定类型	0.2	0.1	0.3	0.2	0.1	0.1	
	全部类型	0.2	0.1	0.3	0.3	0.1		

关于各维度权重设置的原因，我们将在后文第五章第二节进行部分详细解释。

三、计算方法

基础指数各维度计算方法在本质和形式上都完全相同，具体如下。

对于经济，在 t 年 i 省份第 z 维度的基础指数 $BI_{E,t,i,z} = \dfrac{V'_{E,t,i,z} - V_{E,ben,z}}{V_{E,ben,z} - V_{E,low,z}}$。

对于彩票，在 t 年 i 省份 x 类型（类别）y 种别彩票第 z 维度的基础指数

$$BI_{L,t,i,x,y,z} = \dfrac{V'_{L,t,i,x,y,z} - V_{L,ben,x,y,z}}{V_{L,ben,x,y,z} - V_{L,low,x,y,z}}。$$

进一步地，对于彩票，当原值大于临界值时，将第四章第二节的公式

$$V'_{L,t,i,x,y,z} = \ln\left(\frac{V_{L,t,i,x,y,z}-V_{L,ben,x,y,z}}{V_{L,ben,x,y,z}-V_{L,low,x,y,z}}\right)(V_{L,ben,x,y,z}-V_{L,low,x,y,z})+2V_{L,ben,x,y,z}-V_{L,low,x,y,z}$$

代入基础指数计算公式，可以得出：

$$BI_{E,t,i,x,y,z} = \frac{V'_{E,t,i,z}-V_{E,ben,z}}{V_{E,ben,z}-V_{E,low,z}}$$

$$= \frac{\ln\left(\frac{V_{L,t,i,x,y,z}-V_{L,ben,x,y,z}}{V_{L,ben,x,y,z}-V_{L,low,x,y,z}}\right)(V_{L,ben,x,y,z}-V_{L,low,x,y,z})+2V_{L,ben,x,y,z}-V_{L,low,x,y,z}-V_{L,ben,x,y,z}}{V_{L,ben,x,y,z}-V_{L,low,x,y,z}}$$

$$= \frac{\ln\left(\frac{V_{L,t,i,x,y,z}-V_{L,ben,x,y,z}}{V_{L,ben,x,y,z}-V_{L,low,x,y,z}}\right)(V_{L,ben,x,y,z}-V_{L,low,x,y,z})+V_{L,ben,x,y,z}-V_{L,low,x,y,z}}{V_{L,ben,x,y,z}-V_{L,low,x,y,z}}$$

$$= \frac{\ln\left(\frac{V_{L,t,i,x,y,z}-V_{L,ben,x,y,z}}{V_{L,ben,x,y,z}-V_{L,low,x,y,z}}\right)(V_{L,ben,x,y,z}-V_{L,low,x,y,z})}{V_{L,ben,x,y,z}-V_{L,low,x,y,z}} + \frac{(V_{L,ben,x,y,z}-V_{L,low,x,y,z})}{V_{L,ben,x,y,z}-V_{L,low,x,y,z}}$$

$$= \ln\left(\frac{V_{L,t,i,x,y,z}-V_{L,ben,x,y,z}}{V_{L,ben,x,y,z}-V_{L,low,x,y,z}}\right)+1$$

上述结果同样适用于经济数据。由此，数据预处理和数据标准化两个步骤就可以合并成一个步骤，计算过程大为简化。因此，本书对各维度基础指数的实际计算公式如下：

对于经济，在 t 年 i 省份第 z 维度的基础指数：

$$BI_{E,t,i,z} = \begin{cases} \dfrac{V_{E,t,i,z}-V_{E,ben,z}}{V_{E,ben,z}-V_{E,low,z}} & \text{当 } V_{E,t,i,z} \leq V_{E,cri,z}=2V_{E,ben,z}-V_{E,low,z} \\[2mm] \ln\left(\dfrac{V_{L,t,i,z}-V_{L,ben,z}}{V_{E,ben,z}-V_{E,low,z}}\right)+1 & \text{当 } V_{E,t,i,z} > V_{E,cri,z}=2V_{E,ben,z}-V_{E,low,z} \end{cases}$$

对于彩票，在 t 年 i 省份 x 类型（类别）y 种别彩票第 z 维度的基础指数：

$$BI_{L,t,i,x,y,z} = \begin{cases} \dfrac{V_{L,t,i,x,y,z}-V_{L,ben,x,y,z}}{V_{L,ben,x,y,z}-V_{L,low,x,y,z}} & \text{当 } V_{L,t,i,x,y,z} \leq V_{L,cri,x,y,z}=2V_{L,ben,x,y,z}-V_{L,low,x,y,z} \\[2mm] \ln\left(\dfrac{V_{L,t,i,x,y,z}-V_{L,ben,x,y,z}}{V_{L,ben,x,y,z}-V_{L,low,x,y,z}}\right)+1 & \text{当 } V_{L,t,i,x,y,z} > V_{L,cri,x,y,z}=2V_{L,ben,x,y,z}-V_{L,low,x,y,z} \end{cases}$$

各维度基础指数的理论值域为 [-1, +∞]。它也可以反映某省份经济或彩票的当地基础实力。以 ±0.4 为阈值，分为弱小、中等和强大 3 个等级。

第三节　个体指数

个体指数由基础指数计算得出，反映特定省份彩票的某个方面销售情况，细分为如下 4 项指数。

一、地位指数

地位指数各维度计算方法在本质和形式上都完全相同。

对于经济，规定 $BI_{E,t,max,z}$ 为在 t 年经济第 z 维度各省份基础指数的最大值，$BI_{E,t,min,z}$ 为最小值。地位指数：

$$PI_{E,t,i,z} = \begin{cases} -1 & \text{当 } BI_{E,min,z} = BI_{E,max,z} = -1 \\ 0 & \text{当 } BI_{E,min,z} = BI_{E,max,z} > -1 \\ 2\dfrac{BI_{E,t,i,z} - BI_{E,min,z}}{BI_{E,max,z} - BI_{E,min,z}} - 1 & \text{当 } BI_{E,min,z} < BI_{E,max,z} \end{cases}$$

对于彩票，$BI_{L,t,max,x,y,z}$ 为在 t 年 x 类型（类别）y 种别彩票第 z 维度各省份基础指数的最大值，$BI_{L,t,min,x,y,z}$ 为最小值。地位指数：

$$PI_{L,t,i,x,y,z} = \begin{cases} -1 & \text{当 } BI_{L,min,x,y,z} = BI_{L,max,x,y,z} = -1 \\ 0 & \text{当 } BI_{L,min,x,y,z} = BI_{L,max,x,y,z} > -1 \\ 2\dfrac{BI_{L,t,i,x,y,z} - BI_{L,min,x,y,z}}{BI_{L,max,x,y,z} - BI_{L,min,x,y,z}} - 1 & \text{当 } BI_{L,min,x,y,z} < BI_{L,max,x,y,z} \end{cases}$$

地位指数计算公式有统一取 -1 或 0 的情况，本书第五章第三节详细说明了其原因。

综合地位指数各分维度权重与基础指数一致。

各维度地位指数的理论值域为 [-1，1]。它反映当地彩票的全国地位等级。以 ±0.4 为阈值，分为次要、居中和重要 3 个等级。

二、开发指数

开发指数各维度计算方法在本质完全相同，但在形式上略有差别，且只限于彩票，没有经济开发指数。

规模、同比、密度 3 个维度，其值为当年同省份某个彩票这些维度的基础指数与经济对应维度基础指数之差，即 $DI_{L,t,i,x,y,S} = BI_{L,t,i,x,y,S} - BI_{E,t,i,S}$、$DI_{L,t,i,x,y,Y} = BI_{L,t,i,x,y,Y} - BI_{E,t,i,Y}$ 和 $DI_{L,t,i,x,y,D} = BI_{L,t,i,x,y,D} - BI_{E,t,i,D}$。

筹资维度，其值为当年同省份某个彩票筹资维度的基础指数与经济规模维度基础指数之差，即 $DI_{L,t,i,x,y,M} = BI_{L,t,i,x,y,M} - BI_{E,t,i,S}$。

深度、比例和份额 3 个维度，其值为当年同省份某个彩票的相同维度基础指数，即 $DI_{L,t,i,x,y,P} = BI_{L,t,i,x,y,P}$、$DI_{L,t,i,x,y,R} = BI_{L,t,i,x,y,R}$ 和 $DI_{L,t,i,x,y,Q} = BI_{L,t,i,x,y,Q}$。

开发指数彩票维度所对应的经济维度，本书第五章第三节详细说明了其原因。

综合开发指数各分维度权重与基础指数一致。

规模、同比、密度和筹资以及综合等维度，开发指数理论值域为 $(-\infty, +\infty)$；深度、比例和份额等维度，理论值域为 $[-1, +\infty]$。它反映当地彩票的市场开发程度。以 ± 0.4 为阈值，分为不足、适度和过度 3 个等级。

三、运营指数

运营指数各维度计算方法在本质和形式上都完全相同，且只限于彩票，没有经济运营指数。

规定 $DI_{L,t,Ave,x,y,z}$ 为在 t 年 x 类型（类别）y 种别彩票第 z 维度的各省份开发指数均值，即

$$DI_{L,t,Ave,x,y,z} = \frac{\sum_{i=1}^{31} DI_{L,t,i,x,y,z}}{31}$$

在 t 年 x 类型（类别）y 种别彩票第 z 维度的某省份运营指数为"该省份开发指数"与"各省份开发指数均值"之差，即 $OI_{L,t,i,x,y,z} = DI_{L,t,i,x,y,z} - DI_{L,t,Ave,x,y,z}$。

综合运营指数各分维度权重与基础指数一致。

各维度运营指数的理论值域为 $(-\infty, +\infty)$。它反映当地彩票的机构运营方式。以 ± 0.4 为阈值，分为保守、中性和激进 3 个等级。

四、盈利指数

盈利指数只有"综合"1 个维度，且只限于彩票，没有经济盈利指数。

在 t 年 x 类型（类别）y 种别彩票的某省份综合盈利指数为当年同个彩票的该省份筹资维度开发指数与规模维度开发指数之差的 2 倍，即 $GI_{L,t,i,x,C} = 2$

（$DI_{L,t,i,x,y,F} - DI_{L,t,i,x,y,S}$）。

取 2 倍的原因，本书第五章第六节进行了详细说明。

盈利指数的理论值域为（$-\infty$，$+\infty$）。它反映当地彩票的资金盈利能力。以 ± 0.4 为阈值，分为低能、中能和高能 3 个等级。

第四节　总体指数

总体指数由个体指数得出，反映全国总体彩票的某个方面销售情况，细分为如下 3 项指数。各项总体指数只限于彩票，没有经济总体指数。

一、适量指数

在 t 年 x 类型（类别）y 种别彩票第 z 维度的适量指数为各省份开发指数均值，即 $AI_{L,t,x,y,z} = DI_{L,t,Ave,x,y,z}$。

综合适量指数各分维度权重与基础指数一致。

各维度适量指数的理论值域为（$-\infty$，$+\infty$）。它反映全国彩票的销售适量水平。以 ± 0.4 为阈值，分为欠缺、适量和过量 3 个等级。

二、公平指数

公平指数采用基尼系数的方法，步骤如下。

首先，规定 t 年 x 类型（类别）y 种别彩票第 z 维度的调整开发指数（Adjusted Developing Index，ADI）为其开发指数减去当年这个彩票同维度各省份开发指数的最小值，即 $DI^A_{L,t,i,x,y,z} = DI_{L,t,i,x,y,z} - DI_{L,t,min,x,y,z}$，总体调整开发指数 $DI^A_{L,t,T,x,y,z}$ 为各省份调整开发指数的加总，即 $DI^A_{L,t,T,x,y,z} = \sum_{i=1}^{31} DI^A_{L,t,i,x,y,z}$。

其次，根据经济密度基础指数从小到大排位，得出每个省份的排位 R，规定排位比重 $x_{t,R}$ 为全国总体省份数量的倒数。2000 年至 2019 年，中国内地省份数量不变，一直为 31 个，因此排位比重 $x_{t,R}$ 在本书中恒为 1/31。如果总体调整开发指数为 0，规定彩票比重 $y_{L,t,R,x,y,z}$ 等于排位比重，其他情况，规定彩票比重 $y_{L,t,R,x,y,z}$ 为排位 R 省份的调整开发指数占总体调整开发指数的比重，即

$$y_{L,t,R,x,y,z} = \begin{cases} x_{t,R} & \text{当 } DI^A_{L,t,T,x,y,z} = 0 \\ DI^A_{L,t,R,x,y,z} / DI^A_{L,t,T,x,y,z} & \text{其他情况} \end{cases}$$

再次，规定彩票累计比重 $Y_{L,t,R,x,y,z}$ 为"排位不大于 R 省份的彩票比重加总"，即 $Y_{L,t,R,x,y,z} = \sum_{i=1}^{R} y_{L,t,R,x,y,z}$；排位累计比重 $X_{t,R}$ 为"排位不大于 R 省份的排位比重加总"，即 $X_{t,R} = \sum_{i=1}^{R} x_{t,R}$。

最后，计算彩票累计比重 $Y_{L,t,R,x,y,z}$ 和排位累计比重 $X_{t,R}$ 构成洛伦兹曲线的积分面积 S，即 $S = \int_{0}^{1} Y_{L,t,R,x,y,z} dX_{t,R}$。t 年 x 类型（类别）y 种别彩票第 z 维度的公平指数 $FI_{L,t,x,y,z} = (0.5-S)/0.5$。

综合公平指数各分维度权重与基础指数一致。

各维度公平指数的理论值域为 [-1, 1]。它反映全国彩票的销售公平状况。以 ±0.4 为阈值，分为累退、公平和累进 3 个等级。

三、效率指数

效率指数只有"综合"1 个维度。在 t 年 x 类型（类别）y 种别彩票的效率指数为当年同个彩票的筹资维度适量指数与规模维度适量指数之差的 2 倍，即 $EI_{L,t,i,x,C} = 2(AI_{L,t,x,y,F} - AI_{L,t,x,y,S})$。取 2 倍的原因，本书在第五章第六节中进行了详细说明。

效率指数也等于当年同个彩票的各省份盈利指数的均值，即

$$EI_{L,t,x,y,C} = \frac{\sum_{i=1}^{31} GI_{L,t,i,x,y,C}}{31}$$

效率指数的理论值域为 $(-\infty, +\infty)$。它反映全国彩票的资金筹集效率。以 ±0.4 为阈值，分为低效、中效和高效 3 个等级。

第五节　整体指数

整体指数由同类各项指数得出，反映特定省份或全国总体彩票的整体销售情况。它只有"综合"1 个维度，只限于彩票，没有经济整体指数。细分为如下 2

项指数。

一、稳健指数

首先，计算 t 年 x 类型（类别）y 种别彩票某省份的开发、运营和盈利 3 项个体指数综合维度的绝对值，然后根据表 4-5 的权重得出加权均值。

其次，如果这个彩票的综合开发指数大于或等于 0，稳健指数为上述加权均值；如果小于 0，为其相反数，在数学上：

$$MI_{L,t,i,x,C} = \begin{cases} 0.4|DI_{L,t,i,x,y,C}| + 0.3|OI_{L,t,i,x,y,C}| + 0.3|GI_{L,t,i,x,y,C}| & \text{当 } DI_{L,t,i,x,y,C} \geq 0 \\ -(0.4|DI_{L,t,i,x,y,C}| + 0.3|OI_{L,t,i,x,y,C}| + 0.3|GI_{L,t,i,x,y,C}|) & \text{当 } DI_{L,t,i,x,y,C} \geq 0 \end{cases}$$

表 4-5　稳健指数中的各项个体指数权重

指数	开发指数	运营指数	盈利指数
权重	0.4	0.3	0.3

稳健指数的理论值域为（−∞，+∞）。它反映各省份彩票销售的整体稳健态势。以±0.4 为阈值，分为后进、稳健和冒进 3 个等级。

二、合意指数

首先，计算 t 年 x 类型（类别）y 种别彩票全国的其余 3 项总体指数综合维度的绝对值，然后根据表 4-6 的权重得出加权均值。

其次，如果这个彩票的综合适量指数大于或等于 0，合意指数为上述加权均值；如果小于 0，为其相反数，在数学上：

$$SI_{L,t,i,x,C} = \begin{cases} 0.4|AI_{L,t,i,x,y,C}| + 0.3|FI_{L,t,i,x,y,C}| + 0.3|EI_{L,t,i,x,y,C}| & \text{当 } AI_{L,t,i,x,y,C} \geq 0 \\ -(0.4|AI_{L,t,i,x,y,C}| + 0.3|FI_{L,t,i,x,y,C}| + 0.3|EI_{L,t,i,x,y,C}|) & \text{当 } AI_{L,t,i,x,y,C} \geq 0 \end{cases}$$

表 4-6　合意指数中的各项总体指数权重

指数	适量指数	公平指数	效率指数
权重	0.4	0.3	0.3

合意指数的理论值域为（−∞，+∞）。它反映全国销售彩票的整体合意状态。

以±0.4 为阈值，分为低迷、合意和亢奋 3 个等级。

第六节 总结

一、各类指数的设置意义

如表 4-7 所示，各类指数的反映内容、理论值域以及各等级情况如下。

表 4-7 各类指数的设置意义

类别	指数	反映内容	理论值域	不及	得当	过正
基础指数 （Basic Index，BI）	基础指数 （Basic Index，BI）	当地基础实力	$[-1, +\infty)$	弱小	中等	强大
个体指数 （Regional Index，RI）	地位指数 （Position Index，PI）	全国地位等级	$[-1, 1]$	次要	居中	重要
	开发指数 （Developing Index，DI）	市场开发程度	$(-\infty, +\infty)$	不足	适度	过度
	运营指数 （Operating Index，OI）	机构运营方式	$(-\infty, +\infty)$	保守	中性	激进
	盈利指数 （Gain Index，GI）	彩种盈利能力	$(-\infty, +\infty)$	低能	中能	高能
总体指数 （Total Index，TI）	适量指数 （Appropriate Index，AI）	销售适量水平	$(-\infty, +\infty)$	欠缺	适量	过量
	公平指数 （Fairness Index，FI）	销售公平状况	$[-1, 1]$	累退	公平	累进
	效率指数 （Efficient Index，EI）	筹集资金效率	$(-\infty, +\infty)$	低效	中效	高效
整体指数 （Comprehensive Index，CI）	稳健指数 （Moderate Index，MI）	整体稳健态势	$(-\infty, +\infty)$	后进	稳健	冒进
	合意指数 （Satisfactory Index，SI）	整体合意状态	$(-\infty, +\infty)$	低迷	合意	亢奋

注：不及、得当和过正不适于基础指数和地位指数。

进一步地，图4-3介绍了各类指数的基本计算方法。

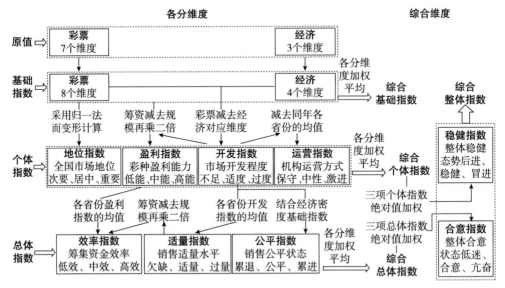

图4-3　各类指数的基本计算方法

由此可见，基础指数是计算其他各类指数的基础，因此是最重要的。开发指数是计算除地位指数之外的其他个体指数以及各项总体指数和整体指数的基础，并且它反映彩票市场的开发程度，因此是最核心的。

二、各项个体指数的关系

有如下3项因素影响某年某省份某个彩票的销售：①全国彩票环境。某年某个彩票在全国范围彩票销售各项指标很大，这个彩票在这个省份的销售也会受大环境影响而"水涨船高"。②当地经济水平。经济水平是影响彩票销售的重要因素，这个省份经济水平较高，人们购买彩票资金较多，当地彩票销售自然也不"应当"很差。③机构运营方式。尽管彩票发行权由政府所垄断，但它的具体运营却是市场行为。如果某省份的彩票发行机构运营方式激进，会在前两项因素的基础上，销售指标更为突出。

我们借鉴前文第二章第二节三因子模型的思路，构建3项个体指数，以分解各项因素的作用。如图4-4所示，基础指数同时包括上述3项因素；地位指数采用归一法，扣除历年的"全国彩票环境"的差异，因此它包括"当地经济水平"和"机构运营方式"两项因素；开发指数扣除"当地经济水平"的影响，因此它包括"全国彩票环境"和"机构运营方式"两项因素；运营指数进一步扣除"全国彩票环境"的影响，因此它只包括"机构运营方式"这项因素。

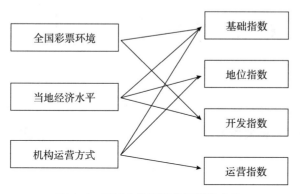

图4-4　各项个体指数的经济学含义

第五章 各项指数构建方法的稳健性检验

本章是稳健性检验，从基准数值确定、各项指数构建方法和阈值区间设置等诸多方面，对第四章框架体系加以严格和细致的检验，以体现本书的严谨性、准确性和系统性。

第一节 基准数值确定

一、基准省份

根据世界银行数据，全球人均生产总值从 2000 年的 5525.22 美元增至 2018 年的 11238.29 美元（见图 5-1），19 年间的均值为 8790.99 美元，按照这个期间美元对人民币汇率均值 7.2126 来计算，折合人民币 63405.89 元。因此，本书将基准省份的人均地区生产总值规定为 65000 元。

除台湾、香港和澳门以外，中国有 31 个省级单位，2000 年至 2018 年各省份常住人口面板数据的中位数和均值分别为 3774.60 万人和 4273.40 万人，两者均值为 4024 万人。对此取整，本书将基准省份的人口数规定为 4000 万人。

二、同比基准

彩票规模和密度基准值可根据基准省份人口数和经济值，按彩票的深度、比例和份额 3 个维度等基准值推导出，筹资规模基准值可根据彩票规模基准值和基准公益金率推导出，因此只需讨论同比、深度、比例、公益金率和份额 5 项指标基准值的合理性。

首先讨论同比维度。

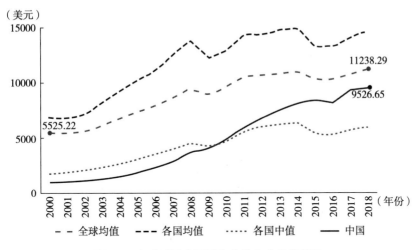

（美元）

11238.29

9526.65

5525.22

- - 全球均值　- - - 各国均值　⋯⋯ 各国中值　—— 中国

图 5-1　全球以及中国历年人均生产总值情况

注："全球均值"为全球生产总值比全球人口数，"各国均值"为各个国家或地区的人均生产总值的均值。

1. 基准值设为零的原因

本书规定基准省份经济或各个彩票的同比原值为 0，而不是非零的常数或变量，原因如下。

首先，如第三章第二节部分所述，同比尤其是彩票同比，在同一国家或地区的不同年份，或同一年份的不同国家或地区，都差别巨大。如中国全部类型体育彩票，最快年份在 2000 年高达 125.54%，最慢年份在 2004 年，仅为 -24.60%，两者相差 150.14%。如果具体到特定类型，更为突出。例如，中国扩展类体育彩票，排除发行之初两年，最快年份在 2002 年高达 429.24%，最慢年份在 2004 年仅为 - 41.37%，两者相差 470.61%。因此，为避免违背"极端数值免扰"原则，遵循"同类方法一致"原则，并实现"正负程度相同"原则，我们将其设为 0。

其次，如果规定同比基准是一个非零常数或变量，那基准省份经济或彩票的其他维度数值也要在历年间不断调整，这样计算的工作量就非常烦琐，违背"样本组合便捷"原则，也不能实现"计算简单快速"的结果。同时，各项指标也不再可以准确地跨年比较，不能反映相关指数的变化趋势，违背"信息最大保全"原则。

最后，本书的地位指数，由基础指数根据"归一法"计算，且已经扣除"全国彩票环境"因素的影响。因此，比较扣除"全国彩票环境"因素后的各省份彩票市场地位等级，可以直接采用这项指数，没有必要再增加额外工作量。

2. 原值规定上限的原因

首先，某省份某个彩票前后两年的规模原值都为 0，增长值计算公式为 $\dfrac{0}{0}-1$，没有数学意义，但这种情况时有发生。例如，快速型体育彩票在 2008 年推出，当年有 14 个省份发行，2009 年有 28 个省份，其中广西、海南和西藏 3 个省份尚未发行。如果在 2009 年将这 3 个省份扣除，违背"最大信息保全"原则。按前文第三章第二节部分的方法，将其规定为-100%，计算的同比维度基础指数为-1，与其他维度数值相同，不仅满足"最大信息保全"，还满足"同类方法一致"原则。

其次，某省份某个彩票当年规模原值稍大于 0，比如只有 1 元，上年规模原值为 0，其增长值为 1/0-1，也没有数学意义。但这种情况也时有发生，同样不能因为违背"最大信息保全"原则而扣除这些省份。按前文第三章第二节部分的方法，规定同比原值为 2000%，以此计算的同比维度基础指数：

$$BI_{L,t,i,x,y,Y} = \ln\left(\frac{V_{L,t,i,x,y,Y}-V_{L,ben,x,y,Y}}{V_{L,ben,x,y,Y}-V_{L,Tmin,x,y,Y}}\right)+1$$
$$= \ln\left(\frac{20-0}{0-(-1)}\right)+1$$
$$= \ln(20)+1 = 3.9957$$

此时其他维度的基础指数都接近于-1，基础综合指数也接近-0.5004，小于负阈值，不仅满足"最大信息保全"，还满足"区间范围稳定"原则。

最后，某省份某个彩票前后两年规模原值都大于 0，并且当年增长幅度大于 2000%，如果不设置上限，违背"极端数值免扰"原则。例如，天津即开型体育彩票规模原值 2007 年 0.0009 亿元，2008 年 1.3351 亿元，实际增长 152057.63%。此时其他维度基础指数都小于-0.5。如果不设上限，按 152057.63%计算，同比基础指数高达 8.3268，综合基础指数为 0.1942，大于负阈值。反之，如果设定 2000%的上限，由此计算的同比维度基础指数为 3.9957，综合基础指数为 -0.4389，小于负阈值。此外，这种情况很少发生。以体育彩票为例，2000 年至 2019 年共 20 个年份，全国 31 个省份，5 个类型，共计 20×31×5 = 3100 个多维度面板数据，出现 34 次，比重 1.10%。

三、深度基准

如图 5-2 所示，中国历年各省份以及全国范围内，全部类型公立彩票深度都呈增加趋势。2000 年，只有四川全部类型公立彩票深度大于 40‰。为 56.72‰。

2018 年，只有上海小于 40‰。为 29.76‰。西藏最大，为 231.27‰。2019 年有 9
个省份小于 40‰。西藏仍最大，为 169.06‰。

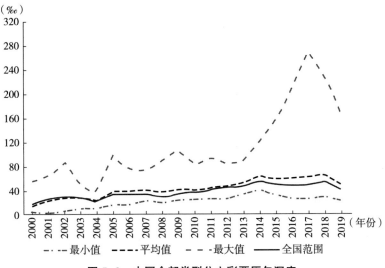

图 5-2　中国全部类型公立彩票历年深度

从社会福利角度，我们不认为销售深度不是越大越好。第三章第二节的内容
部分显示，历年全球彩票深度一直稳定在 40‰。因此本书将其确定为全部类型公
立彩票的深度基准。

四、公益金率

各类型或类别的体育彩票公益金率差别很大，如图 5-3 所示，2019 年，乐透
型最大，为 36%；竞猜型最小，为 19.95%。

结合中国财政部对各类型彩票所规定的公益金率，以及第三章第二节部分中
的全球和代表性国家各类型彩票的实际公益金率，如表 4-2 所示，本书设定各类
型彩票基准公益金率。这样，全部类型体育彩票或公立彩票的公益金率加权均值
为 27.5%，恰好与全球彩票公益金率一致。

五、比例基准

1. 各类型彩票比例基准的确定

本书第三章第三节的内容显示，从 2000 年至 2019 年，在中国，无论是体育

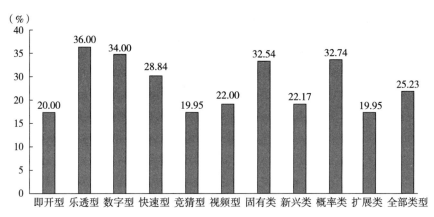

图 5-3　2019 年各类型体育彩票公益金率

彩票还是福利彩票，各类型彩票的比例都变化巨大；2018 年，不同国家各类型彩票的比例也有很大差异。例如，即开型彩票占美国彩票种类的比例为 57.37%，是当地比例最大的类型；在中国的占比为 4.40%，是当地比例最小的类型。进一步地，如图 5-4 所示，各类型彩票在各大洲的比例也呈现很大差异。

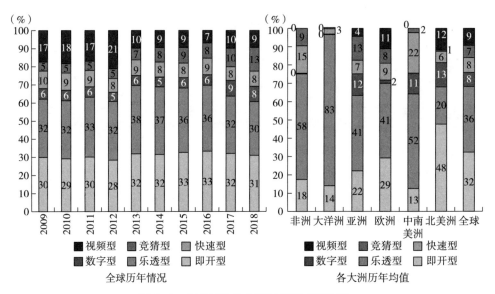

图 5-4　全球以及各大洲各类型彩票比例

但是，如果从全球总体来看，历年各类型彩票的比例相当稳定，其中即开型和乐透型分别为 30% 左右，数字型、快速型、竞猜型和视频型分别为 10% 左右。

因此，根据全球总体情况，本书各类型彩票的基准比例如下：即开型和乐透型各为 30%，数字型、快速型、视频型和竞猜型各为 10%。

2. 销售规模为零时的特殊处理

如第三章第二节所述，某年某省份某个彩票规模原值为 0，如果当年该省份的相同种别全部类型彩票规模原值 0，规定这个彩票比例原值为 0，原因如下。

首先，如果这种情况发生，没有上述规定，原值为 0/0，没有数学意义。虽然从 2000 年到 2019 年的各年份，中国各省份全部类型体育彩票或全部类型福利彩票规模原值都未出现为 0 的情况。但它会在包括但不限于如下两个条件下出现：①如果时间频率改为月度，受极端事件影响，会出现某月某个省份甚至全国彩票销售规模都为 0 的情况。例如，2020 年 2 月，受"新冠病毒疫情"影响，全国多地彩票整月停售。②一些国家或地区的部分二级行政单位不销售彩票。例如，截至 2019 年底，美国仍有 6 个州尚未发行彩票，这些州的公立彩票历年规模原值都为 0。因此，为便于后续研究构建其他国家或地区或时频更高的指数，我们预先设置这一规定。

其次，这种情况发生时，不管同种别其他类型彩票，只要本种类彩票没有销售，其原值就应为 0，这个规定也符合逻辑，并且以此计算的比例基准指数为 -1，与其他维度基础指数相等，满足"同类方法一致"原则。

六、份额基准

1. 各类型彩票份额基准的确定

目前，各个国家或地区的彩票发行机构有全域独家、各域独家和全域多家 3 种模式，后者又分为类型互斥和类型重叠两种子模式。

彩票发行机构"全域多家的类型重叠"子模式并非中国所特有，但同时存在两家彩票机构长期处于"均势"的情况，至少是在销售规模较大的国家中，为中国所特有。体育彩票和福利彩票同时在全国范围发行，彩票类型高度重叠，唯有竞猜型由体育彩票独家发行，视频型在 27 个省份由福利彩票独家发行。如图 5-5 所示，尽管从分类型或类别来看，体育彩票的份额变化较大，但从全部类型来看，体育彩票的份额长期基本稳定在 50%，最大值在 2002 年为 56.44%，最小值在 2006 年为 39.51%。

因此，根据中国彩票业实际情况，本书各类型体育彩票的基准份额都确定为 50%。

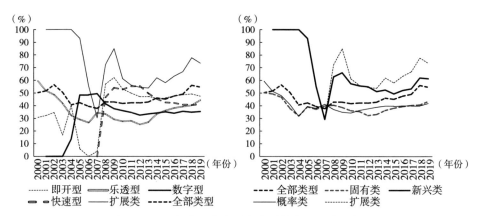

图 5-5   历年中国各类型和类别体育彩票的份额

2. 销售规模为零时的特殊处理

如第三章第二节部分所述，某年某省份某个彩票规模原值为 0，当年该省份的相同类型公立彩票规模原值为 0，也规定这个彩票份额原值为 0，原因如下。

首先，这种情况发生时，如果没有上述规定，原值为 0/0，没有数学意义。现实中它时有发生。例如，快速型彩票于 2007 年推出，且只在北京、上海和广东 3 个省份发行，其余省份无论是体育彩票还是福利彩票的销售规模都为 0。如果没有上述规定，多达 28 个省份的数据就在计算中被扣除，违背"信息最大保全"原则。

其次，这种情况发生时，不管同类型其他种别彩票，只要本种类彩票没有销售，其原值就应为 0，这个规定也符合逻辑，并且以此计算的比例基准指数为 -1，与其他维度基础指数相等，满足"同类方法一致"原则。

第二节　基础指数方法

基础指数是构建其他各项指数的基础，是最重要的指数，构建方需要通过严格的稳健性检验。

一、各项构建原则的实现

1. 个体结果独立原则

本书计算的指数结果只取决于某省份的原始数据和基准省份数值，而与同期其他省份的原始数据无关。

以上海竞猜型体育彩票为例，其规模在 2017 年为 13.9120 亿元，2018 年为 23.7336 亿元，增加 9.8216 亿元，增长 70.60%。如表 5-1 所示，对比"归一法"和本书方法计算的彩票规模维度的基础指数结果，按前者方法，2017 年为 0.1440，2018 年为 0.1336，反而降低 0.0104。按照本书方法，2017 年为 1.5160，2018 年为 2.2709，提高 0.7549。

表 5-1　两种方法计算的 2018 年上海竞猜型体育彩票基础指数结果对比

	2017 年	2018 年	变化数量	变化幅度（%）
上海规模原值	13.9120	23.7336	9.8216	70.60
最小规模省份原值	0.1946	1.0612	0.8666	445.32
最大规模省份原值	95.4422	170.7016	75.2594	78.85
归一法	0.1440	0.1336	-0.0104	-7.20
本书方法	1.5160	2.2709	0.7549	49.79

可见，本书构建的基础指数满足"个体结果独立"原则。

2. 极端数值免扰原则

前文第四章第二节的内容部分显示，当原值大于临界值时，基础指数公式采用对数形式。原因在于，如果不调整，某个维度很大的原值会导致基础指数很大，对综合指数带来巨大影响，尤其体现在同比维度。

例如，快速型体育彩票在上海于 2008 年首次发行，当年同比原值按本书方法为 2000%，但其他 6 个维度原值都大大小于基准值。如果不调整，如表 5-2 所示，虽然这个彩票其他 6 个维度的基础指数都小于-0.7，但同比基础指数高达 20，以此计算的综合基础指数 1.1840，甚至大于 0.4 的正阈值，违背现实。相反，根据本书方法，极端数据按照对数形式来调整计算，同比基础指数 3.9957，比不调整计算的结果降低 16.0043，以此计算的综合基础指数为-0.4164，小于-0.4 的负阈值，符合现实，符合"极端数值免扰"原则。

表 5-2　两种方法计算的上海 2008 年快速型体育彩票基础指数

方法	规模	同比	密度	深度	筹资	比例	份额	综合
基准值	5.2000	0.00%	13.0000	2.0000	1.8200	10.00%	50.00%	
2008 年原值	0.2394	2000%	1.1182	0.1702	0.0838	2.50%	14.89%	

方法	规模	同比	密度	深度	筹资	比例	份额	综合
无调整方法	-0.9540	20.0000	-0.9140	-0.9149	-0.9540	-0.7505	-0.7022	1.1840
本书方法	-0.9540	3.9957	-0.9140	-0.9149	-0.9540	-0.7505	-0.7022	-0.4164

3. 信息最大保全原则

首先，关于基础指数调整，我们曾考虑当原值大于基准值而不是临界值时，就采用对数形式。以 t 年 i 省份 x 类型（类别）y 种别彩票第 z 维度为例，基础指数公式为：

$$BI_{L,t,i,x,y,z} = \begin{cases} \dfrac{V_{L,t,i,x,y,z} - V_{L,ben,x,y,z}}{V_{L,ben,x,y,z} - V_{L,low,x,y,z}} & \text{当 } V_{L,t,i,x,y,z} \leq V_{L,ben,x,y,z} \\[3mm] \ln\left(\dfrac{V_{L,t,i,x,y,z} - V_{L,ben,x,y,z}}{V_{L,ben,x,y,z} - V_{L,low,x,y,z}} + 1\right) & \text{当 } V_{L,t,i,x,y,z} > V_{L,ben,x,y,z} \end{cases}$$

但是，如图 5-6 所示，对比这种方法和本书方法结果，前者调整幅度过大。按照前种方法，当原值大于基准值时，基础指数结果就与不调整方法有差别，当原值等于临界值即"2 倍基准值减最小值时"，差额为 0.3069；等于"3 倍基准值减最小值"时，差额为 0.9014，信息损失较大。按本书方法，两项指数分别为 0 和 0.3069，信息损失较小，在满足"极端数值免扰"前提下，更满足"信息最大保全"原则。

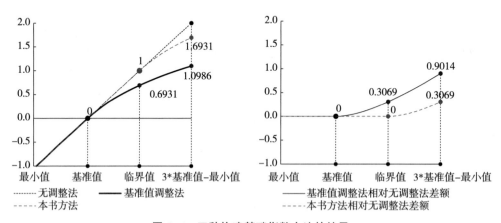

图 5-6　三种构建基础指数方法的结果

其次，我们曾考虑基准省份的规模、密度和筹资 3 个维度的基准值不是常数，而是根据当年地区生产总值、人口数以及其他彩票维度基准值来"内生"地计算得出。例如，2018年辽宁乐透型体育彩票规模原值为7.6367亿元，筹集公益金2.7492亿元；当年该省份地区生产总值为25315.40亿元，人均生产总值为58072.17元/人；这个彩票公益金率基准值为35%，深度维度基准值为6‰。按照这个方法，规模基准值为25315.40×6/10000＝15.19亿元，深度维度基准值为58072.17×6/10000＝34.84元/人，筹资维度基准为15.19×35%＝5.32。如表5-3所示，计算的基础指数在规模、密度和深度3个维度的数值完全相同。原因在于，规模和密度2个维度的分子和分母都包含相同项，上下相约，就等于深度维度。而根据本书方法，规模、密度和深度3个维度的基础指数各不相同，满足"信息最大保全"原则。

表5-3　两种方法计算的2018年辽宁乐透型体育彩票基础指数

项目	维度	规模	同比	密度	深度	筹资	比例	份额	综合
原值	经济	25315.4	8.14%	58072.17					
	彩票	7.64	8.53%	17.52	3.02	2.75	10.14%	28.45%	
内生方法（内生值）	基准数值	15.19	0	34.84	6	5.32	30%	50%	
	基础指数	-0.4972	0.0853	-0.4972	-0.4972	-0.4829	-0.6621	-0.4310	-0.4438
本书方法（固定值）	基准数值	15.60	0	39	6	5.46	30%	50%	
	基础指数	-0.5105	0.0853	-0.5508	-0.4972	-0.4965	-0.6621	-0.4310	-0.4626

4. 区间范围稳定原则

首先，根据本书方法，如果某年某省份某个彩票规模为0时，各分维度基础指数都为-1，综合基础指数也为-1，因此基础指数有固定最小值-1。

其次，比例原值最大值100%，最小值为0，数字型和快速型等彩票基准值最小，为10%，因此理论上这两个彩票比例基础指数最大值为3.1972；份额原值最大值为100%，最小值为0，基准值为50%，因此理论上各类型彩票份额基础指数最大值为1。根据前文第三章第二节关于同原值所规定的上限2000%计算，理论上同比基础指数最大值为3.9444。

再次，理论上基础指数最大值能够无穷大的维度只能是规模、密度、深度和筹资。但实际上，它们的最大值也有上限。如表5-4所示，这4个维度基础指数最大值出现在2017年西藏快速型福利彩票的深度维度，为5.4941；若仅限综合维度，最大值亦出现在2017年西藏快速型福利彩票，为3.5104。

表 5-4　各维度基础指数的历年最大值

规模、密度、深度和筹资 4 个维度						综合维度				
年份	省份	类型	种别	维度	数值	年份	省份	类型	种别	数值
2000	四川	乐透型	体育	深度	2.7731	2000	天津	乐透型	体育	0.8009
2001	福建	乐透型	体育	深度	2.7922	2001	北京	乐透型	体育	1.2156
2002	福建	乐透型	体育	深度	3.3023	2002	广东	竞猜型	体育	2.1580
2003	广东	竞猜型	体育	筹资	2.8252	2003	广东	竞猜型	体育	1.6880
2004	广西	乐透型	福利	深度	2.3856	2004	广东	竞猜型	体育	0.9874
2005	黑龙江	数字型	福利	深度	3.9017	2005	黑龙江	数字型	公立	2.7414
2006	新疆	数字型	福利	深度	3.6938	2006	辽宁	数字型	福利	2.0931
2007	新疆	数字型	福利	深度	3.2598	2007	辽宁	数字型	福利	1.9559
2008	西藏	数字型	福利	深度	3.4376	2008	辽宁	数字型	福利	1.8146
2009	西藏	数字型	福利	深度	3.5760	2009	辽宁	数字型	福利	1.9617
2010	海南	快速型	福利	深度	3.5204	2010	北京	竞猜型	体育	2.2258
2011	海南	快速型	福利	深度	3.6465	2011	天津	竞猜型	体育	2.3385
2012	海南	快速型	福利	深度	3.6757	2012	江苏	快速型	体育	2.6264
2013	海南	快速型	福利	深度	3.6800	2013	北京	竞猜型	体育	2.7036
2014	西藏	快速型	福利	深度	4.1985	2014	上海	竞猜型	体育	3.2147
2015	西藏	快速型	福利	深度	4.6015	2015	陕西	快速型	福利	2.6036
2016	西藏	快速型	福利	深度	4.9954	2016	西藏	快速型	福利	2.9127
2017	**西藏**	**快速型**	**福利**	**深度**	5.4941	2017	**西藏**	**快速型**	**福利**	3.5104
2018	西藏	快速型	福利	深度	5.2505	2018	江苏	竞猜型	体育	3.3548
2019	西藏	快速型	福利	深度	4.8011	2019	西藏	快速型	福利	2.9315

最后，再按现实中不会发生的情况来计算基础指数的最大上限。2019 年广东地区生产总值和人口数量都是 2000 年至 2019 年全国 31 个省份面板数据的最大值，分别为 107671.07 亿元和 11523 万人。假设：①当年广东快速型体育彩票规模原值 107671.07 亿元，即当地生产总值全部用于购买这个彩票；②销售规模都是公益金，没有返奖奖金或发行费用，即公益金率 100%；③上年这个彩票、当年其他各类型体育彩票以及当年全部类型福利彩票规模原值都为 0。此时，如表 5-5 所示，规模原值 107671.07 亿元，同比原值 2000%，密度原值 93440.14 元/人，深度原值 10000‰。筹资原值 107671.07 亿元，比例和份额原值都是 100%。以此计算，上述 7 个维度的基础指数分别为 10.9381、3.9444、9.8800 、9.5170、

11.9880、3.1972 和 1.0000，都小于 11；综合维度基础指数为 10.9381×0.2 + 3.9444×0.1 + 9.8800×0.3 + 9.5170×0.2 + 11.9880×0.1 + 3.1972×0.05 + 1.0000× 0.05 = 8.8581<9。

表 5-5　各维度不可能出现的最大值

项目	规模	同比	密度	深度	筹资	比例	份额	综合
基准数值	5.2	0	13	2	1.82	0.1	0.5	
各维权重	0.2	0.1	0.3	0.2	0.1	0.05	0.05	
不可能值	107671.07	2000%	93440.14	10000	107671.07	100%	100%	
基础指数	10.9381	3.9444	9.8800	9.5170	11.9880	3.1972	1.0000	8.8581

可见，本书构建的基础指数满足"区间范围稳定"原则。

二、相对因子分析法优势

如第二章第三节部分所述，各维度权重设置分为主观赋权法和客观赋权法，两种方法各有优劣，本书的思路是，采用"主观赋权法"，并不断优化各维度权重，最终使得以此计算的综合指数与采用客观赋权法中的因子分析法而计算的公共因子得分，在结果上高度一致，并克服了后一方法的某些缺陷。

1. 两种方法结果比较

采用因子分析法，计算乐透型体育彩票、全部类型体育彩票、全部类型公立彩票以及经济水平等历年各省份的综合因子得分，将其结果与本书对应的综合基础指数结果对比。如表 5-6 所示，两种方法的各分维度权重基本一致；如图 5-7 所示，两种方法结果高度正相关，相关系数几乎都大于 95%。

表 5-6　本书方法与因子分析法的各维度权重对比

项目	方法	规模	同比	密度	深度	筹资	比例	份额	合计
乐透型 体育彩票	因子分析法	0.1784	0.0062	0.1773	0.1597	0.1774	0.0857	0.1657	0.9504
	本书方法	0.2	0.1	0.3	0.2	0.1	0.05	0.05	1
全部类型 体育彩票	因子分析法	0.1822	0.0808	0.1978	0.2217	0.1825		0.2091	1.0739
	本书方法	0.2	0.1	0.3	0.2	0.1		0.1	1

项目	方法	规模	同比	密度	深度	筹资	比例	份额	合计
全部类型 公立彩票	因子分析法	0.1843	0.1226	0.2799	0.3110	0.1813			1.0791
	本书方法	0.2	0.1	0.3	0.3	0.1			1
经济水平	因子分析法	0.4576	0.3223	0.4717					1.2517
	本书方法	0.3	0.1	0.6					1

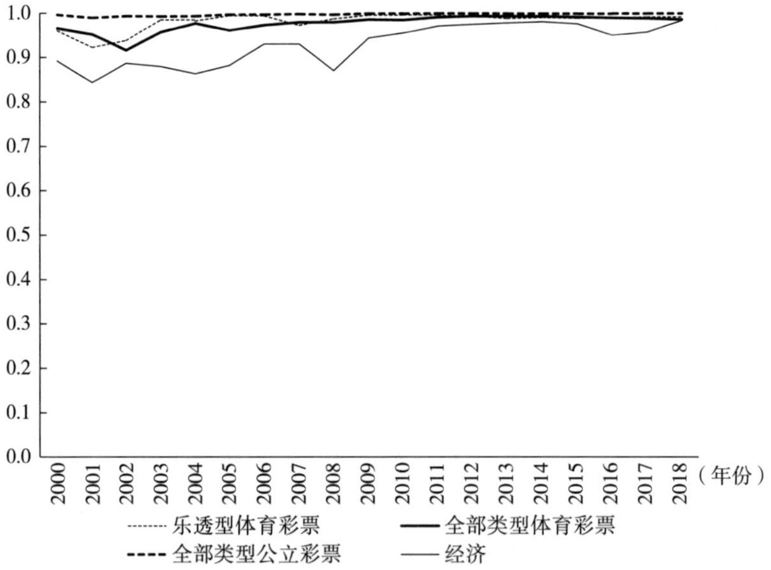

图5-7 综合指数法与因子分析法结果的历年各省份相关系数

可见，本书方法与因子分析法在结果上高度一致，这遵循"结果客观准确"的目标。

2. 本书方法的优势

相对于因子分析法，本书有如下优势：①计算简捷，满足"样本组合便捷"原则。②如表5-7所示，本书方法得出的结果的绝对值相对偏小，最大值与最小值之差即极差也相对偏小。例如，因子分析法的极差都大于4，本书方法都小于2.5，满足"区间范围稳定"原则。③最重要的，本书各维度权重是固定的，如果更新数据，不需调整。而因子分析法相反，更新数据以后，各维度权重会有所改变，结果就不能与已有成果比较，违背"个体结果独立"原则。

表 5-7　综合指数法与因子分析法的结果比较

项目	方法	均值	标准差	最小值	最大值	极差
乐透型 体育彩票	因子分析法	0.0000	0.7367	-1.0905	3.4874	4.5779
	本书方法	-0.3860	0.3585	-1.0000	1.4678	2.4678
全部 体育彩票	因子分析法	0.0000	0.7879	-1.5667	2.8804	4.4470
	本书方法	-0.2717	0.4214	-0.9749	1.3712	2.3461
全部 公立彩票	因子分析法	0.0000	0.7810	-1.4223	2.7855	4.2078
	本书方法	-0.1944	0.4294	-0.9208	1.3240	2.2448
经济水平	因子分析法	0.0000	0.8000	-1.2835	3.2250	4.5085
	本书方法	-0.4313	0.3656	-0.8529	1.0517	1.9046

第三节　个体指数方法

一、地位指数

前文第四章第三节部分指出，地位指数的计算公式有统一取-1 或 0 的情形，原因在于存在以下两种特殊情况，若无上述规定，违背"信息最大保全"原则。

首先，如果某年某个彩票在全国范围都不发行，也即各省份销售规模都是 0，如 2004 年快速型体育彩票，这时各省份基础指数各维度的最大值和最小值都是 -1。没有上述规定，各省份各维度地位指数 $PI_{L,t,i,x,y,z} = 2\dfrac{BI_{L,t,i,x,y,z} - BI_{L,\min,x,y,z}}{BI_{L,\max,x,y,z} - BI_{L,\min,x,y,z}} - 1 = 2\dfrac{-1-(-1)}{-1-(-1)} - 1 = 2\dfrac{0}{0} - 1$，没有数学意义。规定其值为-1，原因在于，此时各省份彩票市场的地位都相同，且因没有销售而都处次要地位。

其次，某年某个彩票各省份规模原值大于 0，但上年都是 0，根据第三章第二节部分关于同比的计算规定，此时各省份同比原值都是 2000%，其基础指数最大值和最小值都是 3.9957。如果没有上述规定，各省份同比地位指数 $PI_{L,t,i,x,y,Y} = 2\dfrac{BI_{L,t,i,x,y,Y} - BI_{L,\min,x,y,Y}}{BI_{L,\max,x,y,Y} - BI_{L,\min,x,y,Y}} - 1 = 2\dfrac{3.9957-3.9957}{3.9957-3.9957} - 1 = 2\dfrac{0}{0} - 1$，也没有数学意义。规定其值为 0，原因在于，此时各省份彩票同比维度的市场地位都相同，且因有销售同处居中地位。

可见，本书构建的地位指数满足"信息最大保全"原则。

二、开发指数

1. 各维度方法形式不同的原因

前文第四章第三节的内容显示，开发指数各维度计算方法在"形式"上略有不同，原因如下。

首先，如前文第三章第三节所述，彩票的规模、同比、密度和筹资4个维度与经济的规模、同比、密度和规模高度相关。因此，这4个维度的开发指数是彩票基础指数减去经济对应维度的基础指数。但彩票的深度、比例和份额3个维度，经济没有与之对应的维度。如果为维持"形式"的"同类方法一致"原则，将这些维度的基础指数减去某个经济维度基础指数，结果没有意义。因此，将这3个维度的开发指数直接规定为各自的基础指数，反而实现了"信息最大保全"原则。

其次，从另一个角度来说，开发指数反映彩票市场开发程度。彩票的规模、同比、密度和筹资4个维度与经济的对应维度有明显的正向关系，那它们的开发指数就应当是彩票基础指数减去经济对应维度的基础指数；反之，彩票的深度、比例和份额3个维度与经济的各维度都没有直接关系，那它们的开发指数就应当等于各自的基础指数。因此，开发指数尽管在"形式"上各维度计算方法不同，但在"本质"上反而实现了"同类方法一致"原则。

此外，如果某个彩票某年在全国范围都不发行，此时各省份的综合基础指数都为-1，但开发指数却各不相同，且其大小与当地经济综合基础指数负相关。经济水平是决定彩票销售的重要因素，当某个彩票在各省份的规模都为0时，经济水平高的省份，彩票市场潜力更大，此时当地市场开发程度越是更加不足，这满足"信息最大保全"原则。

2. 综合开发指数正确计算方法

除基础指数以外，其他各项指数的综合方法有两种：①按同项指数其他维度方法计算，即"同维方法"；②按同项指数其他维度加权计算，即"加权方法"。本书采用后者，原因如下。

盈利指数或效率指数，只有1个综合维度，不涉及上述问题；地位指数，它由基础指数通过"归一法"计算，两种方法结果相同；适量指数，它是各省份开发指数的均值，如果开发指数准确，两种方法结果相同。因此，两种方法的差异主要体现在开发指数和公平指数上。

对于综合开发指数，两种方法计算结果差额恰好是经济密度基础指数的 0.3 倍，原因如下。

为区别，规定按同维方法计算的综合开发指数为 $DI^1_{L,t,i,x,y,C}$。特定类型体育彩票综合基础指数：

$$BI_{L,t,i,x,y,C} = 0.2 \times BI_{L,t,i,x,y,S} + 0.1 \times BI_{L,t,i,x,y,Y} + 0.3 \times BI_{L,t,i,x,y,D} + 0.2 \times BI_{L,t,i,x,y,P}$$
$$+ 0.1 \times BI_{L,t,i,x,y,M} + 0.05 \times BI_{L,t,i,x,y,R} + 0.05 \times BI_{L,t,i,x,y,Q}$$

经济综合基础指数：

$$BI_{E,t,i,C} = 0.3 \times BI_{E,t,i,S} + 0.1 \times BI_{E,t,i,Y} + 0.6 \times BI_{E,t,i,D}$$

按照"同维方法"，$DI^1_{L,t,i,x,y,C}$ 为"彩票综合基础指数与经济综合基础指数之差"，在数学上：

$$DI^1_{L,t,i,x,y,C} = BI_{L,t,i,x,y,C} - BI_{E,t,i,C}$$
$$= 0.2 \times BI_{L,t,i,x,y,S} + 0.1 \times BI_{L,t,i,x,y,Y} + 0.3 \times BI_{L,t,i,x,y,D} + 0.2 \times BI_{L,t,i,x,y,P}$$
$$+ 0.1 \times BI_{L,t,i,x,y,M} + 0.05 \times BI_{L,t,i,x,y,R} + 0.05 \times BI_{L,t,i,x,y,Q}$$
$$- (0.3 \times BI_{E,t,i,S} + 0.1 \times BI_{E,t,i,Y} + 0.6 \times BI_{E,t,i,D})$$
$$= 0.2 \times (BI_{L,t,i,x,y,S} - BI_{E,t,i,S}) + 0.1 \times (BI_{L,t,i,x,y,Y} - BI_{E,t,i,Y})$$
$$+ 0.3 \times (BI_{L,t,i,x,y,D} - BI_{E,t,i,D}) + 0.1 \times (BI_{L,t,i,x,y,M} - BI_{E,t,i,S})$$
$$+ 0.2 \times BI_{L,t,i,x,y,P} + 0.05 \times BI_{L,t,i,x,y,R} + 0.05 \times BI_{L,t,i,x,y,Q} - 0.3 \times BI_{E,t,i,D}$$
$$= 0.2 \times DI_{L,t,i,x,y,S} + 0.1 \times DI_{L,t,i,x,y,Y} + 0.3 \times DI_{L,t,i,x,y,D} + 0.2 \times DI_{L,t,i,x,y,P}$$
$$+ 0.1 \times DI_{L,t,i,x,y,M} + 0.05 \times DI_{L,t,i,x,y,R} + 0.05 \times DI_{L,t,i,x,y,Q} - 0.3 \times BI_{E,t,i,D}$$
$$= DI_{L,t,i,x,y,C} - 0.3 \times BI_{E,t,i,D}$$

"加权方法"与"同维方法"的差额：

$$DI_{L,t,i,x,y,C} - DI^1_{L,t,i,x,y,C} = DI_{L,t,i,x,y,C} - (DI_{L,t,i,x,y,C} - 0.3 \times BI_{E,t,i,D}) = 0.3 \times BI_{E,t,i,D}$$

例如，按照"同维方法"，2018 年辽宁乐透型体育彩票综合基础指数为 -0.4626，该省份经济综合基础指数为 -0.0637，综合开发指数为 -0.4626 - (-0.0637) = -0.3989。按照"加权方法"，规模、同比、密度、深度、筹资、比例和份额 7 个分维度的开发指数分别为 -0.4841、0.0038、-0.4442、-0.4972、-0.4702、-0.6621 和 -0.4310，根据第四章第二节规定的各维度权重，综合开发指数为 -0.4308。两种方法的差额为 -0.4308 - (-0.3989) = -0.0320。当年辽宁经济密度指数为 -0.1066，0.3 倍恰好为 -0.0320。进一步地，如图 5-8 所示，两种方法的计算结果差额是长期存在的，并恒等于当地历年经济密度基础指数的 0.3 倍。

可见，"同维方法"过度扣除了经济因素，导致"指数失真"，违背了"信息最大保全"原则。

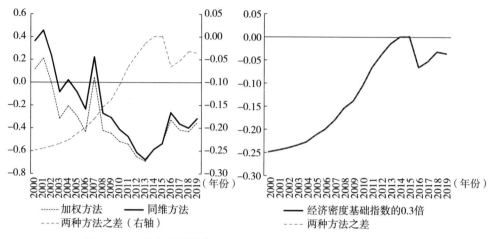

图 5-8　两种方法计算的辽宁乐透型体育彩票历年综合开发指数

三、运营指数

彩票基础指数同时包括当地经济水平、全国彩票环境和机构运营方式 3 项因素。开发指数由基础指数减去当地经济基础指数得出，扣除"当地经济水平"因素，只包括"全国彩票环境"和"机构运营方式"两项因素。运营指数由开发指数减去各地开发指数均值而得出，又进一步扣除了"全国彩票环境"因素，只包括"机构运营方式"这个因素，可以有效地反映当地彩票机构的运营方式（见图 5-9）。

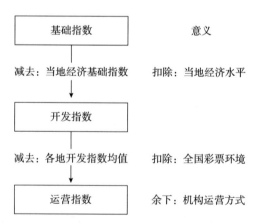

图 5-9　运营指数凸显当地彩票机构运营方式的示意图

此外，如果某个彩票某年在全国范围都不发行，此时各省份的综合基础指数都为-1，但运营指数各不相同，且与当地经济综合基础指数负相关。各省份彩票规模都为0，也就不存在"全国彩票环境"的影响。经济水平高的省份，市场潜力更大，此时当地彩票机构运营方式越是更加保守，这满足"信息最大保全"原则。

四、盈利指数

首先，筹资原值本书选择的是公益金总量值，而不是人均值。原因是，全国以及各省份公布的相关数据都是总量值，而非人均值，为便于业界解读，本书也采用这个指标。

其次，盈利指数是"筹资开发指数与规模开发指数之差"的2倍，而不是两者之差。原因在于，加上2倍的系数以后，它与其他指数一样，阈值亦为±0.4，实现了"同类方法一致"原则。

再次，盈利指数如果改为"筹资基础指数与规模基础指数之差"的2倍，结果没有变化。原因在于，彩票规模和筹资的开发指数，都包含经济规模基础指数。如2018年辽宁全部类型体育彩票规模基础指数0.4752，筹资基础指数0.2204，后者与前者之差的2倍为-0.5096；当年这个彩票规模开发指数0.4489，筹资开发指数0.1940，后者与前者之差的2倍同样为-0.5098。

另外，没有选择地位指数的原因在于，这个指数由基础指数通过"归一法"计算得出，只能反映各省份彩票市场的全国地位等级，不能纵向比较。若盈利指数根据地位指数计算，以辽宁全部类型和扩展类体育彩票为例，如图5-10所示，

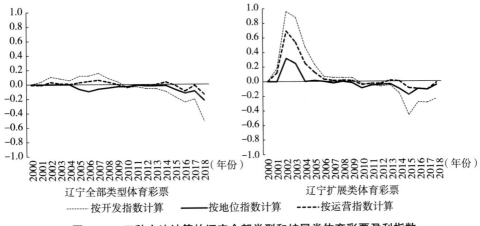

图5-10 三种方法计算的辽宁全部类型和扩展类体育彩票盈利指数

其绝对值相对较小，有信息损失，违背"最大信息保全"原则。

最后，没有选择运营指数的原因在于，彩票资金盈利能力同时受"全国彩票市场环境"和"当地机构运营方式"2项因素影响。若大部分省份更多地销售公益金率偏小的彩票，当地彩票发行机构也会受"业绩"和"政策"压力而选择从众。运营指数没有纳入"全国彩票环境"因素，根据运营指数来计算盈利指数，如图5-10所示，其绝对值相对较小，有信息损失，违背"最大信息保全"原则。

第四节　总体指数方法

一、适量指数

适量指数反映某个彩票在全国范围的销售适量水平，计算方法是这个彩票各省份开发指数的算术均值，而不是经过各省份规模原值调整的加权均值，原因如下。

首先，计算烦琐。如果适量指数根据各省份彩票规模按加权平均法计算，过程比较复杂。特别是，本书还会分析东部、中部和西部3个地区的彩票市场情况。按照这一方法，计算每个地区的适量指数，都要根据这个地区各省份彩票规模来加权计算，才能得到各自地区的适量指数；计算全国适量指数并不能根据东中西部各地区适量指数加权计算，而是还要通过各省份开发指数加权计算，违背"样本组合便捷"原则。

其次，指数失真。中国各省份无论是彩票销售还是经济水平，都差异巨大，如果根据规模原值或经济总量来加权平均计算，就会导致计算的结果过度取决于规模原值较大的少数几个省份，造成"指数失真"现象。以全部类型体育彩票为例，如图5-11所示，如果各省开发指数根据规模原值加权平均来计算适量指数，其值与规模前10的省份的开发指数加权均值更为接近，这样其余21个省份的情况就不能被反映，同时违背"极端数值免扰"和"信息最大保全"原则。

因此，适量指数采用算术平均法而不是加权平均法，满足"样本组合便捷""极端数值免扰"和"信息最大保全"3项原则。

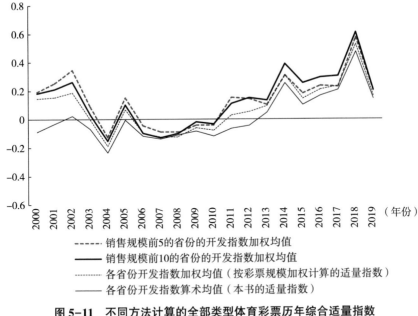

图 5-11　不同方法计算的全部类型体育彩票历年综合适量指数

二、公平指数

1. 采用开发指数来计算的原因

公平指数为彩票开发指数经调整后按经济密度基础指数排位计算出的基尼系数，如果开发指数换成运营指数，结果是完全相同的。但若换成地位指数或基础指数，部分维度的结果会有所不同。

首先，地位指数是基础指数按"归一法"计算得到的，因此换成地位指数或基础指数，两种结果是完全相同的。因此只需讨论换成基础指数的结果。

其次，深度、份额和比例 3 个维度的开发指数等于对应维度的基础指数，因此在这 3 个维度，开发指数是否更换为基础指数，结果完全相同。

最后，规模、同比、密度和筹资 4 个维度，换成基础指数会存在如下问题：公平指数旨在反映全国范围彩票销售公平状况，需要扣除当地经济因素对于彩票销售的影响。上述 4 个维度，彩票与经济在基础指数对应维度至少在理论上高度正相关。同样以全部类型体育彩票为例，如图 5-12 所示，在这些维度，如果将开发指数换成基础指数，计算的公平指数结果偏大，违背"信息最大保全"原则。

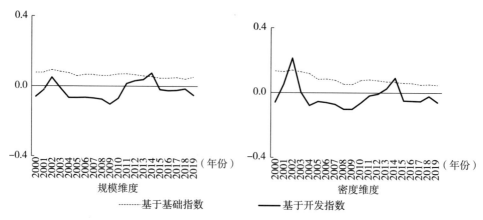

图 5-12　两种方法计算的全部类型体育彩票规模和密度维度公平指数

2. 综合公平指数的正确计算方法

公平指数按开发指数计算时，存在 3 种计算方法：①综合开发指数和综合公平指数都采用第五章第三节所述的"同维方法"，这时两者都错误。②综合开发指数采用"加权方法"，综合公平指数采用"同维方法"，这时开发指数正确，公平指数错误。③两者都采用"加权方法"，这时两者都正确。

由第 1 种方法计算的综合开发指数是错误的，过度扣除了"当地经济水平"的影响，公平指数同样存在这个问题，也是错误的，不必多述。由第 2 种方法计算的公平指数也是错误的，如图 5-13 所示，其结果相对正确方法结果偏小，原因在于过多纳入了经济因素的影响。因此，前两种计算都是错误的，会导致公平指数"失真"，违背"信息最大保全"原则。

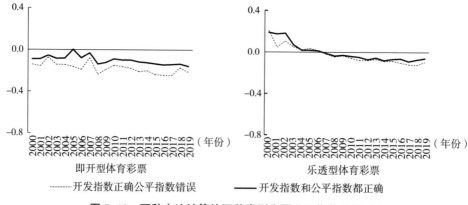

图 5-13　两种方法计算的两种类型彩票公平指数结果对比

三、效率指数

首先，效率指数反映某年全国范围某个彩票筹集资金的效率，它与适量指数一样，是当年这个彩票各省盈利指数的算术均值，而不是经过各省份彩票筹资原值调整的加权均值，原因同样是为避免计算烦琐而违背"样本组合便捷"原则，以及因指数失真而同时违背"极端数值免扰"和"信息最大保全"两项原则。同样以全部类型体育彩票为例，如图 5-14 所示，如果以各省盈利指数按筹资原值加权平均计算效率指数，其值与筹资前 10 的省份的盈利指数加权均值更为接近，这样其余 21 个省份的情况就不能被反映。

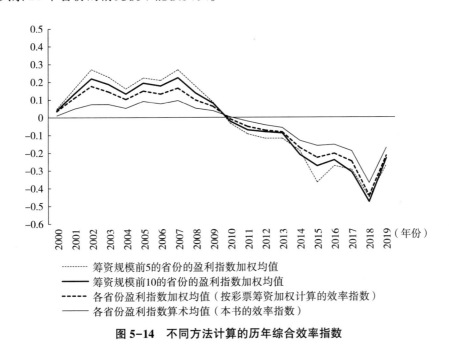

图 5-14　不同方法计算的历年综合效率指数

其次，效率指数也等于"筹资适量指数与规模适量指数之差"的 2 倍。原因在于，筹资适量指数是各省份筹资开发指数的均值，规模适量指数是各省份规模开发指数的均值，盈利指数为"筹资开发指数与规模开发指数之差"的 2 倍。例如，2018 年全部类型体育彩票筹资适量指数为 0.2978，规模为 0.4833，两者之差的 2 倍为（0.2978-0.4833）×2＝-0.3710，恰好等于当年这个彩票 31 个省份盈利指数的均值。因此，本书关于效率指数的计算方法满足"样本组合便捷"原则。

第五节　整体指数方法

基于社会福利视角，我们认为，本书除地位指数外的其余 3 项个体指数，以及 3 项总体指数，它们都是"中性指标"，即绝对值越小，某个方面的社会福利效果就越好，反之越差。因此，反映各省份彩票销售的整体稳健态势，或者全国销售彩票的整体合意状态，要基于 3 项个体指数或 3 项总体指数的绝对值，满足"信息最大保全"原则。

此外，各项个体指数中，开发指数最重要，因此在稳健指数中，其权重最大，为 0.4，运营指数和盈利指数分别为 0.3；全国的各项整体指数，适量指数最重要，因此在合意指数中，其权重为 0.4，公平指数与效率指数的权重都分别为 0.3。这样，各项指数权重之和都为 1，满足"同类方法一致"和"样本组合便捷"两项原则。

另外，2 项整体指数同样为"中性指标"，即应当有正有负，其符号要取决于最重要的因素，因此，稳健指数符号与开发指数一致，合意指数符号与适量指数一致，也满足"正负程度相同"原则。

第六节　阈值区间设定

一、综合指数区间范围

全国共有 31 个省份，2000 年至 2019 年共 20 年，因此本书包括 $31 \times 20 = 620$ 个"省份年度"面板样本。体育彩票共有 5 个类型，加上所有体育彩票（即全部类型体育彩票），共有 6 个；福利彩票以及公立彩票（将视频型与竞猜型统一归为扩展类）亦然，因此共有 $6 \times 3 = 18$ 个彩票。在综合维度，基础指数或每项个体指数，各有 $620 \times 18 = 11160$ 个数据；每项总体指数各有 $20 \times 18 = 360$ 个数据；整体指数中的稳健指数有 $620 \times 18 = 11160$ 个数据，合意指数有 $20 \times 18 = 360$ 个数据。因此，本书计算了这些数据的区间分布情况。

如表 5-8 和表 5-9 所示，各项指数小于 -1 或大于 1 的情况很少；小于 -1.2 或大于 1.2 的情况进一步减少，最多的开发指数也为 8.18%，小于 10%。这说明，本书的方法满足"区间范围稳定"原则。以 0 为界，各类指数分布差别很大，其中基础指数、地位指数和公平指数左偏，即小于 0 的情况较多；开发指数、运营指数、适量指数、稳健指数和合意指数基本对称；盈利指数和效率指数右偏，即大于 0 的情况较多；同类各项指数均值几乎完全以 0 为中心对称分布。这说明，本书的方法满足"正负程度相同"原则。

表 5-8　基础指数与个体指数综合维度的各区间分布　　　　单位:%

项目	基础指数	地位指数	开发指数	运营指数	盈利指数	个体指数均值
<0	70.46	81.51	55.86	50.70	24.09	53.04
≥0	29.54	18.49	44.14	49.30	75.91	46.96
<-1	0.00	0.00	0.78	1.59	0.13	0.63
>1	8.19	0.00	10.13	1.78	0.13	3.01
合计	8.19	0.00	10.91	3.37	0.26	3.63
<-1.2	0.00	0.00	0.13	0.73	0.11	0.24
>1.2	6.70	0.00	8.05	1.07	0.10	2.30
合计	6.70	0.00	8.18	1.80	0.21	2.55

表 5-9　总体指数与整体指数综合维度的各区间分布　　　　单位:%

项目	适量指数	公平指数	效率指数	总体指数均值	稳健指数	合意指数	整体指数均值
<0	51.11	73.33	26.94	50.46	55.86	51.11	55.71
≥0	48.89	26.67	73.06	49.54	44.14	48.89	44.29
<-1	0.00	0.00	0.00	0.00	0.02	0.00	0.02
>1	8.33	0.00	0.00	2.78	3.63	0.83	3.54
合计	8.33	0.00	0.00	2.78	3.65	0.83	3.56
<-1.2	0.00	0.00	0.00	0.00	0.00	0.00	0.00
>1.2	6.67	0.00	0.00	2.22	2.00	0.00	1.94
合计	6.67	0.00	0.00	2.22	2.00	0.00	1.94

二、阈值区间统一规定

本书将各项指数的阈值统一规定为 ±0.4，理由如下。

1. 基础指数与个体指数

首先，如表5-8所示，各项指数小于-1.2或大于1.2的情况很少。这样，按±0.4来划分，恰好每个区间的尺度都在0.8。同时，如表5-10所示，各阈值在各个区间都有一定的分布比例。

表 5-10　各项指数综合维度的各阈值区间分布　　　单位:%

	区间	基础指数	地位指数	开发指数	运营指数	盈利指数	个体指数均值
基础指数与个体指数	<-0.4	47.58	57.20	26.09	9.61	6.01	24.73
	[-0.4,0.4]	35.35	37.77	52.21	79.78	93.30	65.77
	>0.4	17.07	5.04	21.69	10.61	0.69	9.51
	区间			适量指数	公平指数	效率指数	总体指数均值
总体指数	<-0.4			20.28	0.00	5.83	8.70
	[-0.4,0.4]			60.56	100.00	93.89	84.81
	>0.4			19.17	0.00	0.28	6.48
	区间				稳健指数	合意指数	整体指数均值
整体指数	<-0.4				4.47	3.89	4.45
	[-0.4,0.4]				79.59	85.00	79.76
	>0.4				15.94	11.11	15.79

其次，不同类型体育彩票的同项个体指数历年变化的情况差异很大。以开发指数为例，如图5-15所示，各类型体育彩票的综合开发指数大于本书所确定的0.4正阈值的历年省份数量，变化很大。其中即开型、乐透型和数字型，大于0.4的省份数量呈倒U型趋势，快速型和扩展类（即竞猜型）呈增加趋势。

最后，同样以各类型体育彩票开发指数为例，如图5-16所示，扩大阈值区间，如±0.5，这时反映历年市场开发程度过度省份数量曲线的波动性就会减少，违背"信息最大保全"原则；缩小阈值区间，如±0.3，曲线的波动性又增加，违背"极端数值免扰"原则。

综上，本书将各项个体指数的阈值统一定为±0.4，同时满足"信息最大保全"和"极端数值免扰"2项原则。

2. 适量指数与公平指数

首先，适量指数是各省份开发指数均值，因此它的阈值也应当与开发指数一致，即±0.4。

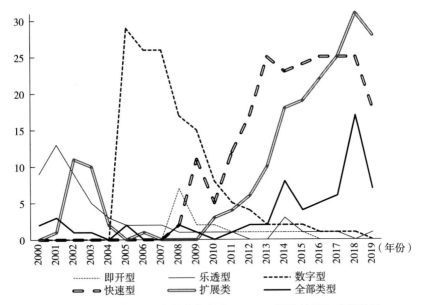

图 5-15　体育彩票开发综合指数大于 0.4 正阈值的历年省份数量

其次，彩票累计比重与排位累计比重构成的洛伦兹曲线，如图 5-17 左侧所示，二阶导数小于 0 时，说明经济水平相对较低的省份彩票开发指数相对大，意味着彩票销售状况是累退的，此时积分面积 S 大于 0.5，公平指数小于 0，并且其值越小，彩票销售的累退性越强；反之，二阶导数大于 0 时，如图 5-17 右侧所示，说明经济水平相对较低的省份彩票开发指数相对小，意味着彩票销售状况是累进的，此时积分面积 S 小于 0.5，公平指数大于 0，并且其值越大，彩票销售的累进性越强。众所周知，基尼系数 0.4 是国际公认的贫富差距警戒线。因此，本书将公平指数阈值设定为 ±0.4，一方面有理论和现实依据，另一方面它也与其他各项指数阈值恰好相同，满足"同类方法一致"原则。

3. 盈利指数与效率指数

首先，历年各省份的即开型、数字型、乐透型和视频型 4 个类型彩票，实际公益金率都非常接近表 4-2 中的对应类型的基准公益金率，无论阈值如何设定，这些彩票的盈利指数以及效率指数都接近 0，基本没有变化。因此主要分析快速型和竞猜型的情况。如图 5-18 所示，全国情况，2010 年及以前，竞猜型彩票公益金率一直大于其基准值 20%，随后虽然减少，最小值在 2015 年也为 16.86%，只比其基准公益金率少 3.16%；快速型彩票从 2007 年起在各省份陆续发行，公益金率一直小于基准值 35%，最小值在 2014 年为 27.78%，比基准公益金率少 7.22%。各省份情况，这 2 个类型彩票实际公益金率小于基准公益金率的省份数量越来

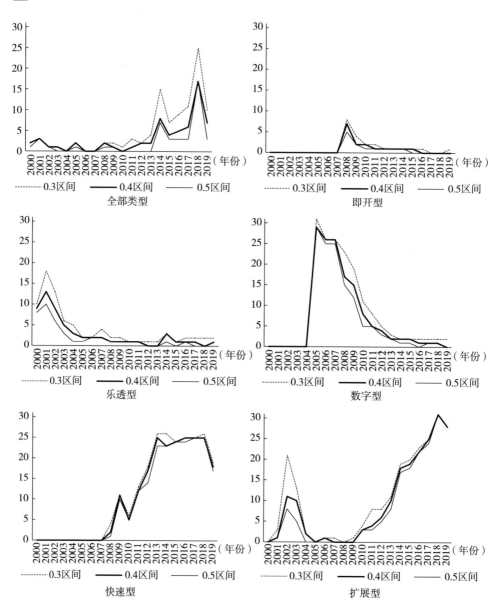

图 5-16　体育彩票开发综合指数大于不同阈值的省份历年数量

多：竞猜型在 2012 年及以后，快速型在 2013 年及以后，都大于 29；其中竞猜型在 2015 年，快速型在 2014 年至 2019 年，都为 31 个。

　　其次，2010 年开始，快速型与竞猜型体育彩票的比例逐年增加，两者合计比例在 2010 年为 35.94%，2014 年为 68.61%，最大值在 2018 年为 79.91%，2019

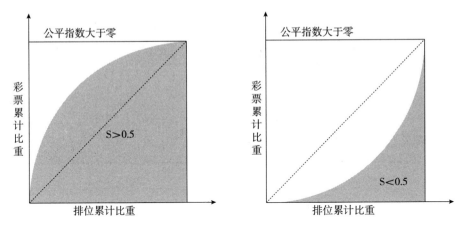

图 5-17　公平指数与彩票销售公平状况的关系

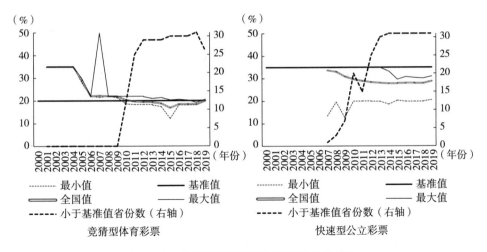

图 5-18　快速型与竞猜型历年公益金率情况

注：根据财政部 2008 年公布的 2007 年彩票销售和公益金数据，2007 年海南竞猜型体育彩票规模 4489.0860 万元，公益金 2237.1400 万元，以此计算，公益金率为 2237.1400/4489.0860 = 49.84%。除此以外，其他 30 个省份的彩票公益金率都在 22% 左右，最小的新疆为 21.55%，次大的广东为 22.48%。

年减少至 75.05%；福利彩票不发行竞猜型，但快速型的比例也同样逐年增加，2010 年为 9.47%，2014 年为 34.78%，最大值在 2018 年为 41.60%，2019 年减少至 17.61%。这 2 个类型彩票的实际公益金率相对偏小，销售比例偏大，因此，如图 5-19 所示，导致全部体育彩票或全部福利彩票公益金率也逐年减少，但是小于基准值 27.5% 的程度并不大。全国情况，福利彩票实际公益金率一直大于基准值，体育彩票从 2011 年开始实际公益金率小于基准值，2018 年差距最大，为 4.07%。

各省份情况，体育彩票公益金率小于基准值的省份数量在 2007 年及以前都为 0 个，2008 年首次大于 0，为 5 个，2013 年 22 个，最多年份在 2018 年，为 31 个；福利彩票最多年份在 2015 年，为 6 个。

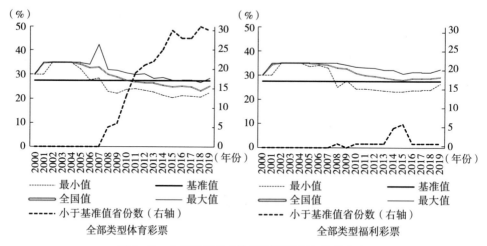

图 5-19　全部类型体育和福利彩票历年公益金率

再次，快速型、竞猜型和全部类型 3 个彩票，如图 5-20 所示，若是扩大盈利指数阈值区间至 ±0.5，这时反映历年资金盈利低能省份数量曲线的波动性就会减少，违背"信息最大保全"原则；缩小阈值区间至 ±0.3，曲线的波动性又增加，违背"极端数值免扰"原则。

另外，如果阈值进一步扩大至 ±0.8，如图 5-21 所示，各类型体育彩票资金盈利能力在各等级的省份数曲线基本都是水平线，且中能省份数量历年基本都在 31 个，不能有效反映相应信息。这就是盈利指数有个 2 倍系数的原因。而且，盈利指数设定在 ±0.4，与乘 2 倍系数阈值定在 ±0.8，结果是完全相同的。

最后，效率指数是各省份盈利指数的均值，因此与适量指数阈值等于开发指数阈值一样，其阈值亦等于盈利指数阈值。

4. 整体指数

整体指数由各项个体指数或总体指数构建，上述各指数阈值都是 ±0.4，因此稳健指数和合意指数的阈值必然也同样如此。

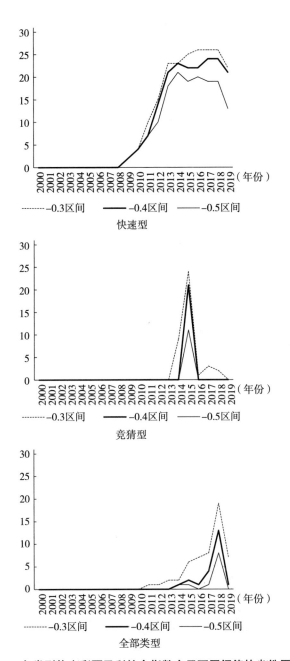

图 5-20　各类型体育彩票盈利综合指数小于不同阈值的省份历年数量

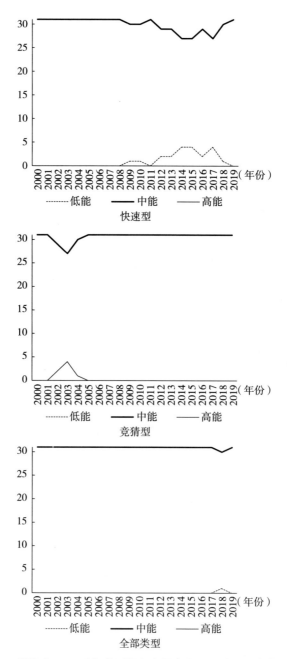

图 5-21　阈值为±0.8 时各类型体育彩票资金盈利能力在各等级省份数

第六章 本书相对此前成果的完善之处

2015 年，我们初步构建出了一套"中国彩票业销售综合指数"体系，这是中国乃至世界第一部彩票销售综合指数报告。本书继续秉承其基本构建思路和框架，并在彩票类型数量、各类指数计算方法以及其他方面都加以进一步的完善，解决此前成果的缺陷，如"归一法"导致的值域锁定和指数失真、公平指数计算方法不当以及各项指数阈值区间不统一等。同时，本书指数称谓更加恰当，基准数值更加合理，结果也更便于业界解读。此外，本书以 2018 年竞猜型体育彩票为例，详细描述了各项指数的计算过程和结果。

第一节 彩票类型数量

此前成果只是考察全部类型的体育彩票销售情况，但是，2000 年至 2019 年，体育彩票类型结构变化巨大，因此本书具体到特定类型体育彩票，更为深入和更细致地考察中国体育彩票多个方面的销售状况。

全国情况，如表 6-1 所示，2006 年和 2010 年全部类型体育彩票适量指数分别为-0.1182 和-0.1188，两者只差 0.0006，但具体到特定类型，乐透型和数字型，2006 年比 2010 年大，特别是数字型，高出 0.8461；即开型、快速型和竞猜型，2006 年比 2010 年要小，特别是快速型，低出 0.6332。这些差异同样体现在各特定类型的销售比例方面。例如，即开型彩票销售比例在 2006 年为 0，2010 年为 23.67%，比前者多 23.67%；数字型彩票比例在 2006 年为 54.68%，2010 年为 16.03%，比前者少 38.65%。

表 6-1 全国范围各类型体育彩票在 2006 年和 2010 年的指标对比

彩票类型	年份	即开型	乐透型	数字型	快速型	竞猜型	全部类型
比例原值（%）	2006	0.00	28.00	54.68	0.00	17.33	

彩票类型	年份	即开型	乐透型	数字型	快速型	竞猜型	全部类型
比例原值（%）	2010	23.67	24.36	16.03	14.72	21.22	
	差额	23.67	−3.63	−38.65	14.72	3.89	
适量指数	2006	−0.5894	−0.1964	1.0021	−0.5894	0.2046	−0.1182
	2010	−0.1660	−0.2384	0.1560	0.0438	0.4514	−0.1188
	差额	0.4234	−0.0420	−0.8461	0.6332	0.2468	−0.0006

同样，相同年份各省份的彩票结构也差别巨大。如表 6-2 所示，2018 年天津与西藏全部类型体育彩票的基础指数都为 0.4880，但具体到特定类型，在乐透型、数字型和竞猜型 3 个类型，天津比西藏大，特别是竞猜型，高出 2.0417；而在即开型和快速型 2 个类型，天津比西藏要小，特别是快速型，低出 1.7766。这些差异同样体现在各特定类型的销售比例方面。例如，2018 年竞猜型体育彩票销售比例，西藏 10.40%，天津 75.24%，是前者的 7 倍还多；当年快速型体育彩票销售比例，西藏 69.82%，天津 9.69%，又不到前者的 1/7。

表 6-2　天津与西藏各类型体育彩票在 2018 年的指标对比

指标	省份	即开型	乐透型	数字型	快速型	竞猜型	全部类型
比例原值（%）	天津	2.59	8.88	3.61	9.69	75.24	
	西藏	10.90	6.74	2.13	69.82	10.40	
	差额	8.31	−2.14	−1.47	60.13	−64.83	
基础指数	天津	−0.7447	−0.4665	−0.3777	0.3731	2.8894	0.4880
	西藏	−0.3342	−0.5230	−0.5651	2.1497	0.8477	0.4880
	差额	0.4105	−0.0565	−0.1873	1.7766	−2.0417	0

需要强调的是，表面上只增加 1 项"比例"维度，但实际上，在基准省份各维度基准值设定、同一发行机构各类型彩票之间关系确定以及体育彩票社会效果评价等方面，涉及的工作量都呈几何数级的增长，这也是本书历时四年才完成的重要原因之一。

第二节　各类指数计算

一、基础指数

此前成果关于基础指数的构建方法是归一法，即 $BI_{t,i} = \dfrac{V_{t,i} - V_{t,max}}{V_{t,max} - V_{t,min}}$，与诸多文献一样，存在如下两个问题：①值域锁定。根据归一法，基础指数值域固定在 0 至 1 之间。这样，某个省份的原值再小，只要它是各省份的最大值，基础指数也为 1。如图 6-1 所示，2002 年全部类型体育彩票，广东销售规模最大，为 34.0465 亿元，规模基础指数为 1；2016 年这个彩票同样是广东销售规模最大，为 185.0049 亿元，相对 2002 年增加 150.9584 亿元，增长 4.4339 倍，但规模基础指数仍然为 1。实际上，按照这个方法，2000 年至 2019 年的 20 年间，广东全部类型体育彩票规模基础指数都在 0.5 至 1 之间，这并不能体现出该省份这个彩票规模维度历年当地基础实力变化情况。②指数失真。某个省份的基础指数，还取决于同期各省份原始数据的最大值和最小值。例如，2018 年各省份的竞猜型体育彩票都取得快速增长，全国同比原值为 78.24%，其中广西最慢为 21.12%，西藏最快为 445.34%。但是，如表 6-3 所示，根据归一法，各维度基本都有一半甚至更多省份的基础指数显示降低而不是提高，这违背现实。

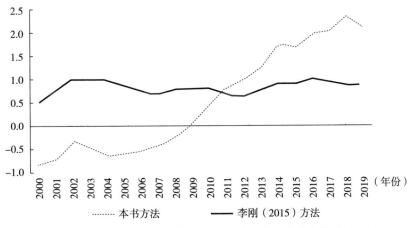

图 6-1　两种方法计算的历年广东全部类型体育彩票规模基础指数

表 6-3　两种方法计算的 2018 年扩展类体育彩票基础指数变化情况

方法	变化值	综合	规模	密度	同比	深度	筹资	比例	份额
此前成果方法	<0	15	15	20	18	11	17	2	22
	0	0	1	0	2	1	2	2	4
	>0	16	15	11	11	19	12	27	5
本书方法	<0	0	0	5	0	0	0	1	0
	0	0	0	0	0	0	0	0	3
	>0	31	31	26	31	31	31	30	28

本书各省份基础指数的结果，只取决于当地原值和基准省份数值，与同期其他省份的原值无关，以解决上述两个问题。具体来说：①根据本书方法，各维度基础指数最小值固定为-1，但没有上限。如图 6-1 所示，广东全部类型体育彩票规模基础指数 2002 年为-0.1041，2016 年为 0.6948，提高 0.7989。2000 年到 2019 年，从-0.8247 至 2.0521，提高 2.8768，解决了值域锁定问题。②根据本书方法，如表 6-3 所示，相对于 2017 年，2018 年扩展类体育彩票各省份各维度的基础指数基本都显示提高，解决了指数失真问题。

二、个体指数

此前成果与本书都借鉴了 Fama 和 French（1993）的三因子模型，将基础指数分解，衍生出各项个体指数，但在指数的数量、内容和计算方法上有所不同。

1. 地位指数

此前成果与本书都有地位指数，含义相同，但方法不同。前者公式是当地基础指数与各省份基础指数均值之差，这样在不同年份间地位指数的最大值、最小值以及极差都各不相同，如全部类型体育彩票的 3 项指标在 2005 年分别为 0.5340、-0.2989 和 0.8329，在 2014 年分别为 0.3787、-0.3360 和 0.7147。

本书公式由基础指数按"归一法"计算，扣除历年的"全国彩票环境"的差异，在各年份间，上述 3 项指标分别都固定为-1、1 和 2，可以更准确地反映当地某个彩票销售在全国的地位等级。

2. 开发指数

此前成果与本书都有开发指数，含义相同，但方法不同。前者公式的分子为"当地原值与当量标准之差"，分母为"同年各省份原始数据的极差"。这样，如果各省份极差很大，开发指数绝对值会很小，反之会很大，不能准确反映当地彩票市场的开发程度，由此计算的适量指数，也不能准确反映全国彩票市场的销售适量水平。本书公式的分母固定是"基准值与下限值之差"，消除历年极差不同的影响，更加准确。

综合维度，如图 6-2 所示，以 2019 年快速型体育彩票为例，按照前者方法，以 ±0.1 为阈值区间，开发不足省份 7 个，适度 15 个，过度 9 个；适量指数 0.0200，销售水平适量。按本书方法，以 ±0.4 为阈值区间，开发不足省份 4 个，适度 9 个，过度 18 个；适量指数 0.6853，销售水平过量。对比两种方法，前者结果并不能准确反映出 2019 年快速型体育彩票在大部分省份市场开发过度和在全国范围内销售水平过量的实际情况。

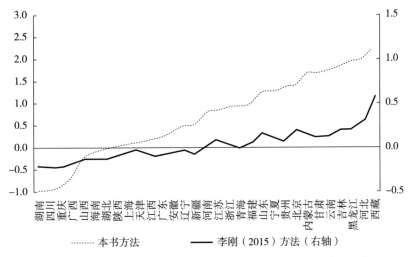

图 6-2　两种方法计算的 2019 年快速型体育彩票各省份综合开发指数

其他维度这个现象更为突出。如图 6-3 所示，以 2018 年全部类型体育彩票同比维度为例，按照前者方法，以 ±0.1 为阈值区间，开发不足省份 0 个，适度 3 个，过度 28 个；适量指数 0.4182，销售水平过量。按本书方法，以 ±0.4 为阈值区间，开发不足省份 0 个，适度 23 个，过度 8 个；适量指数 0.2863，销售水平适量。对比两种方法，前者意味着有过多省份开发过度，导致这个现象的原因是，当年这个彩票同比原值黑龙江最慢，为 11.45%，四川最快，为 79.91%，前者方法的分母是 68.45%，而本书方法的分母是 1。这样即使两种方法公式的分子相同，前者方法的结果也相对较大，再加上其阈值为 ±0.1，就导致了如下假象，这个彩票同比维度在大部分省份市场开发过度和在全国范围内销售水平过量。

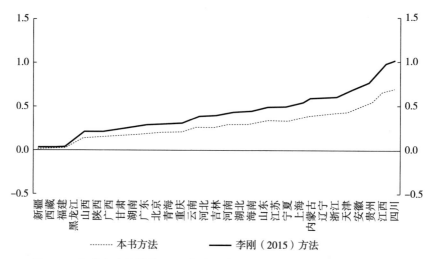

图6-3　两种方法计算的2018年全部类型体育彩票各省份综合开发指数

3. 盈利指数

此前成果各省份的效率指数相当于本书中的"盈利指数"，前者公式的分母为"同个年份各省份人均筹资规模的最大值与最小值之差"。这样，即使当年某个类型彩票在全国各省份的公益金率都很小，由此种方法计算的指数结果也不会小。例如，2018年快速型体育彩票公益金率最小省份海南只有19.93%，最大的广西为30.12%，也小于其基准值35%。如图6-4所示，根据前者计算的这两个省份效率指数分别为0.0030和-0.0556。即使按±0.05的阈值，也只有海南这个省份为低能，其余30个省份都为中能。这些结果显然不能准确反映出当年这个彩票在大部分省份都是资金盈利低能的现实情况，会导致"指数失真"问题。

本书盈利指数公式的分母为基准值，摆脱当年全国彩票环境的影响。同样以上述数据为例，如图6-4所示，广西和海南分别为-0.2246和-0.6113。按±0.4的阈值，有24个省份为低能，7个省份为中能，更符合现实情况，解决了"指数失真"问题。

此外，筹资维度指标，此前成果采用人均筹资规模，本书采用筹资规模，因此两种方法计算的各省份盈利指数排位并不一致。如图6-4所示，2018年快速型体育彩票，根据前者得出的最小和最大省份及其数值分别为海南-0.0556和北京0.0059，根据后者得出的分别为新疆-0.8093和重庆-0.0939。

最后，我们还将盈利指数计算方法优化，使其阈值与其他指数相同，满足"同类方法一致"原则。

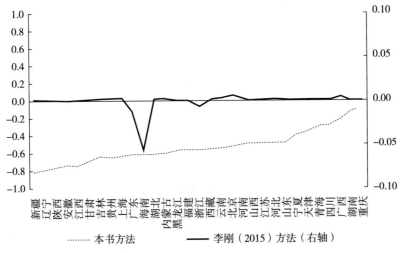

图 6-4　两种方法计算的 2018 年快速型体育彩票各省份盈利指数

4. 其他指数

此前成果有一项脱钩指数，它反映彩票销售与经济水平的脱钩方向，深度和份额维度，公式为"彩票基础指数与各省份经济基础指数均值之差"，其余维度为"彩票基础指数与当地对应维度经济基础指数之差"。各维度计算方法有很大差别，违背"同类方法一致"原则。

本书将其舍去，增设"运营指数"，它扣除全国彩票环境和当地经济水平 2 项因素的影响，反映当地彩票的机构运营方式。

三、总体指数

1. 公平指数

此前成果公平指数是彩票脱钩指数与经济基础指数在对应维度的相关系数，如前文第六章第二节所述，脱钩指数本身就不够合理。即使公平指数按照"本书中的彩票开发指数与经济基础指数在对应维度的相关系数"来计算，这个方法也不合理。原因如下。

首先，在理论上，相关系数与本书的公平指数在值域上均是 [-1, 1]，都满足"区间范围稳定"和"正负程度相同"原则，但在彩票开发指数与经济基础指数关系方面，前者反映相关的显著性，后者反映相关的程度，是两回事。如图 6-5（a）所示，显然情况 2 比情况 1 的累退性更大。由于随机因素很小，情况 1

中彩票开发指数与经济基础指数相关系数为−0.9950，接近于−1；但如图6−5（b）所示，其洛伦兹曲线几乎等同于45度线，公平指数仅为−0.0082。反之，由于随机因素很大，情况2相关系数为−0.6722，相对较小；但如图6−5（b）所示，其洛伦兹曲线在45度线左上方，公平指数为−0.1622。可见本书方法满足"信息最大保全"原则。

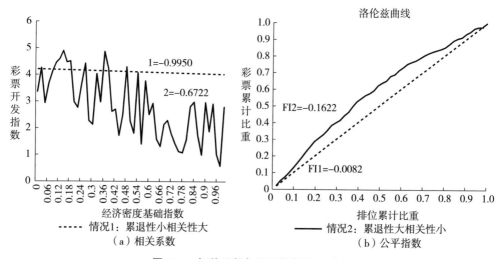

图6-5　相关系数与公平指数结果对比

其次，在现实中，根据其计算公式，相关系数对于少数极端数值非常敏感，违背"极端数值免扰"原则。以2004年数字型体育彩票为例，如图6−6（a）所示，彩票综合开发指数与经济密度基础指数的相关系数为−0.2145，不显著相关。但去掉左下方内蒙古[①]、西藏、青海和宁夏[②]4个省份，相关系数大幅减少至−0.7925，变成显著负相关。反之，如图6−6（b）所示，洛伦兹曲线二阶导数稍小于零，只是稍高于45度线，公平指数为−0.0643。同样去掉上述4个省份，降低至−0.1994。可见本书方法，一方面体现了累退性变大，满足"最大信息保全"原则，另一方面数量变化的幅度又不大，满足"极端数值免扰"原则。

最后，相关系数 ρ 的显著性程度除取决自身大小以外，还与样本数量 n 有关系。在数学上，其显著性程度的 t 检验值 $t = \dfrac{\rho\sqrt{n-2}}{\sqrt{1-\rho^2}}$，自由度为 n−2。如果以低于

---

① 本书中，内蒙古自治区简称"内蒙古"。
② 本书中，宁夏回族自治区简称"宁夏"。

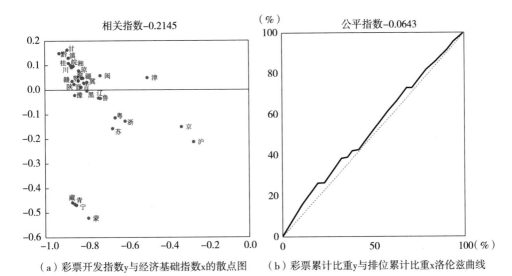

（a）彩票开发指数y与经济基础指数x的散点图　　（b）彩票累计比重y与排位累计比重x洛伦兹曲线

图6-6　两种方法计算的2004年数字型体育彩票综合公平指数

某个显著性概率的相关系数作为评价彩票销售公平状况的指标，样本数量不同，阈值区间就不相同。未来构建地市级层面彩票销售指数时，各省份的地市数量不同，如广东和四川各有21个，吉林和福建各有9个，相关系数同样是0.4，其显著性在广东和四川为7.24%，在吉林和福建为28.61%，违背"同类方法一致"原则。研究时段延长，同样面临类似问题。本书方法与样本数量无关，避免了上述问题。

还要强调，本书空间样本即省份数固定为31，时间样本即年份数固定为20，相关系数为0.4时，前者显著性p＝2.58%，后者显著性p＝8.06%，都小于10%，同时它与其他指标阈值相同，满足"同类方法一致"原则，这就是本书第八章将±0.4作为判断体育彩票与福利彩票竞合关系显著性的原因。

2. 效率指数

此前成果与本书关于全国总体的效率指数方法一致，都是各省份盈利指数（前者称谓是"效率指数"）的平均值。由于前者关于各省份效率指数的计算方法存在缺陷，由此计算的全国效率指数也就存在问题。以2018年快速型体育彩票为例，当年这个彩票全国范围的公益金率为27.93%，小于35%的基准值，但根据此前成果方法，当年这个彩票效率指数为−0.0015，按±0.05的阈值，处于"中效"等级，不能准确反映出当年这个彩票"资金筹集低率"的实际情况；本书结果为−0.5287，按±0.4的阈值，处于"低效"等级，符合现实情况。

第三节 其他完善之处

一、指数称谓恰当

此前成果将本书的"个体指数"称为"表征指数",将"总体指数"称为"福利指数"。但除地位指数以外的各项个体指数,以及各项总体指数,都可以反映彩票市场某个方面的社会福利状况,因此上述称谓并不确切,本书加以修改。同时,本书又增加"整体指数",细分为稳健指数和合意指数 2 项。

二、基准数值合理

此前成果将全部类型公立彩票深度基准值设定为 50‰。公益金率设定为 30%。依据前文第三章第二节国际彩票市场普遍水平,本书将两项指数分别减少至 40‰和 27.5‰。

三、阈值区间统一

此前成果各项指数阈值区间各不相同:个体指数与适量指数为±0.1,公平指数为±0.3,效率指数为±0.05。本书将各项指数阈值区间都统一为±0.4,全面满足"同类方法一致"原则。

四、便于业界解读

此前成果关于筹资维度,采用的原值为公益金人均值。但全国以及各省份公布的相关数据都是总量值。为便于业界解读并节省计算步骤,本书改为公益金的总量值。

第四节 代表性彩种结果展示

竞猜型彩票以体育比赛结果为投注对象，与"体育"的内涵最为一致。2018年受俄罗斯世界杯举办的影响，在全国范围这个彩票销售规模为 1655.05 亿元，相对于 2017 年增加 726.53 亿元，增长 78.24%。同年，中国体育彩票中心取代中国福利彩票中心，成为全球最大的彩票销售机构。

因此，本节以 2018 年竞猜型体育彩票为例，详细展示各项指数的计算过程和结果。

一、基础指数

以上海为例，计算过程及结果如下。

如表 6-4 所示，彩票规模原值为 23.73 亿元，大于临界值 20.8 亿元，需要预处理。因而，当年上海这个彩票的规模基础指数：

表 6-4 上海竞猜型体育彩票 2018 年原值与基础指数

项目	维度	综合	规模	同比	密度	深度	筹资	比例	份额
经济	下限值		0	−100%	0				
	基准值		26000	0%	65000				
	临界值		52000	100%	130000				
	原值		32679.87	6.68%	134830.18				
	是否大于临界值		否	否	是				
	权重		0.3	0.1	0.6				
	基础指数	0.7268	0.2569	0.0668	1.0717				
彩票	下限值		0	−100%	0	0	0	0%	0%
	基准值		10.4	0%	26	4	2.08	20%	50%
	临界值		20.8	100%	52	8	4.16	40%	100%
	原值		23.73	70.60%	97.92	7.26	4.43	51.56%	73.16%
	是否大于临界值		是	否	是	否	是	是	否
	权重		0.2	0.1	0.3	0.2	0.1	0.05	0.05
	基础基数	1.2969	1.2485	0.7060	2.0175	0.8156	1.1226	1.4562	0.4632

注：份额原值的分子为竞猜型体育彩票规模，分母为其与视频型福利彩票规模之和。

$$BI_{L,2018,上海,A,S,S} = \ln\left(\frac{V_{L,2018,上海,A,S,S} - V_{L,ben,A,S,S}}{V_{L,ben,A,S,S} - V_{L,low,A,S,S}}\right) + 1 = \ln\left(\frac{23.73 - 20.8}{20.8 - 0}\right) + 1 = 1.2485$$

深度维度，彩票原值 7.26‰。小于基准 8‰。不需要预处理。因而，当年上海这个彩票的深度基础指数：

$$BI_{L,2018,上海,A,S,P} = \frac{V_{L,2018,上海,A,S,P} - V_{L,ben,A,S,P}}{V_{L,ben,A,S,P} - V_{L,low,A,S,P}} = \frac{7.26 - 8}{8 - 0} = 0.8156$$

以此类推，彩票规模、同比、密度、深度、筹资、比例和份额 7 个维度的基础指数分别为 1.2485、0.7060、2.0175、0.8156、1.1226、1.4562 和 0.4632，根据表 6-4 中各维度的权重，当年上海这个彩票的综合基础指数为 1.2485×0.2 + 0.7060×0.1 + 2.0175×0.3 + 0.8156×0.2 + 1.1226×0.1 + 1.4562×0.05 + 0.4632×0.05 = 1.2969。

根据同样方法，经济规模、同比和密度 3 个维度的基础指数分别为 0.2569、0.0668 和 1.0717，当年上海经济综合基础指数为 0.2569×0.3 + 0.0668×0.1 + 1.0717×0.6 = 0.7268。

按照上述方法，计算 2018 年各省份竞猜型体育彩票和经济的各维度基础指数，结果如表 6-5 所示。

二、个体指数

1. 地位指数

2018 年竞猜型体育彩票或经济的各维度基础指数在各省份的最大值和最小值都不相等，直接采用"归一法"。

规模维度，各省份最小值-0.8980，最大值 3.7353，当年上海这个彩票规模地位指数：

$$\begin{aligned}
PI_{L,2018,上海,A,S,S} &= 2 \times \frac{BI_{L,2018,上海,A,S,S} - BI_{L,2018,min,A,S,S}}{BI_{L,2018,max,A,S,S} - BI_{L,2018,min,A,S,S}} - 1 \\
&= 2 \times \frac{1.2485 - (-0.8980)}{3.7353 - (-0.8980)} - 1 \\
&= -0.0735
\end{aligned}$$

以此类推，计算各维度彩票或经济的地位指数，再结合对应权重，可得：当年上海这个彩票的综合地位指数为-0.1970，经济综合地位指数为 0.4837。

按照上述方法，计算 2018 年各省份竞猜型体育彩票和经济的各维度地位指数，结果如表 6-6 所示。

表6-5 各省份竞猜型体育彩票以及经济2018年基础指数

项目 维度	竞猜型体育彩票								经济			
	综合	规模	同比	密度	深度	筹资	比例	份额	综合	规模	同比	密度
北京	1.7332	1.7209	0.6369	2.5422	1.4829	1.6449	1.0313	1.0000	0.7499	0.1662	0.0823	1.1530
天津	2.1774	1.9353	0.6953	3.0918	2.3621	1.8779	2.0159	0.6462	0.4317	-0.2766	0.0140	0.8555
河北	1.8002	2.4878	0.7731	1.6275	2.0711	2.3793	1.1002	0.5982	-0.0387	0.3850	0.0586	-0.2668
山西	1.6484	1.6755	0.3847	1.7837	2.2764	1.5215	1.9552	0.6907	-0.2801	-0.3532	0.0831	-0.3042
内蒙古	2.0847	1.9046	1.8620	2.4994	2.4398	1.7634	1.4554	0.6129	-0.0633	-0.3350	0.0741	0.0497
辽宁	1.9608	2.2362	1.0563	2.1237	2.2705	2.1180	1.7256	0.3725	-0.0637	-0.0263	0.0814	-0.1066
吉林	1.1568	0.6516	1.6847	1.3687	1.6144	0.5033	0.9021	0.5819	-0.2100	-0.4202	0.0087	-0.1414
黑龙江	1.2486	1.1354	0.9920	1.2422	1.8791	0.9467	0.7717	0.8114	-0.3080	-0.3707	0.0289	-0.3329
上海	1.2969	1.2485	0.7060	2.0175	0.8156	1.1226	1.4562	0.4632	0.7268	0.2569	0.0668	1.0717
江苏	2.6777	3.7353	1.0513	2.9678	2.2834	3.6466	1.6893	0.5870	1.0517	1.9405	0.0783	0.7695
浙江	2.5441	3.3040	1.1018	2.8990	2.4099	3.2018	1.5749	0.4502	0.6577	1.1496	0.0855	0.5070
安徽	2.1705	2.7135	1.0051	2.1449	2.5420	2.5948	1.9165	0.4030	-0.1047	0.1541	0.1106	-0.2700
福建	2.0546	2.5185	0.2835	2.5365	2.1123	2.4035	1.3308	0.6458	0.3630	0.3771	0.1125	0.3977
江西	2.2262	2.5078	1.2079	2.3213	2.7092	2.3899	1.9013	0.6315	-0.1998	-0.1544	0.0989	-0.2723
山东	2.5003	3.5847	0.9307	2.5426	2.3476	3.4772	1.6615	0.5429	0.6068	1.6633	0.0528	0.1709
河南	2.2815	3.1879	0.8802	2.1409	2.4737	3.0738	1.5993	0.6303	0.1242	0.8483	0.0786	-0.2303
湖北	2.3461	3.0149	0.6075	2.5573	2.5290	2.9068	1.8684	0.5066	0.1793	0.5141	0.1096	0.0236
湖南	2.2330	2.9509	0.3001	2.2971	2.5550	2.8448	2.1216	0.4418	0.0151	0.4010	0.0744	-0.1877
广东	2.3260	3.5492	0.5033	2.3517	1.9886	3.4864	1.6431	0.6360	0.8024	2.0085	0.0844	0.3190
广西	1.3098	1.5283	0.2112	1.1733	1.8937	1.4041	1.9168	0.3195	-0.2739	-0.2172	0.0988	-0.3644

续表

项目 维度	竞猜型体育彩票								经济			
	综合	规模	同比	密度	深度	筹资	比例	份额	综合	规模	同比	密度
海南	1.2291	-0.1075	0.9555	2.0371	2.3356	-0.1885	1.5680	0.3440	-0.3586	-0.8142	0.0828	-0.2043
重庆	2.1711	2.3282	0.2858	2.6403	2.6284	2.2069	2.1508	0.6185	-0.0542	-0.2168	0.0483	0.0100
四川	1.8028	2.4462	1.6896	1.4162	1.8559	2.3351	1.7955	0.5066	0.0295	0.5645	0.1000	-0.2497
贵州	1.6232	1.4200	1.9077	1.5890	2.2321	1.2564	1.2690	0.7242	-0.3402	-0.4305	0.0935	-0.3672
云南	1.9260	2.1772	1.0102	1.9227	2.6434	2.0484	1.1505	0.4346	-0.3427	-0.3123	0.0919	-0.4304
西藏	0.2211	-0.8980	2.4937	0.1900	0.7955	-0.9075	-0.4798	1.0000	-0.4726	-0.9432	0.1272	-0.3372
陕西	2.2649	2.5917	0.4399	2.6330	2.6658	2.4733	1.9935	0.6498	-0.0227	-0.0601	0.1160	-0.0271
甘肃	1.0787	0.4529	0.8669	1.1853	2.2756	0.3183	0.9367	0.2409	-0.5057	-0.6828	0.1054	-0.5190
青海	0.7372	-0.6136	0.4378	1.4461	1.9188	-0.6476	0.9005	0.3660	-0.4193	-0.8898	0.0916	-0.2693
宁夏	1.1854	-0.3558	1.7968	2.0097	2.2586	-0.4135	1.0343	0.2384	-0.3526	-0.8575	0.0760	-0.1716
新疆	1.2532	0.7191	0.7007	1.5683	1.9798	0.5701	1.3172	1.0000	-0.2943	-0.5308	0.1210	-0.2453
均值	1.7829	1.8629	0.9503	2.0280	2.1499	1.7535	1.4604	0.5708	0.0333	0.0819	0.0818	0.0010
最小值	0.2211	-0.8980	0.2112	0.1900	0.7955	-0.9075	-0.4798	0.2384	-0.5057	-0.9432	0.0087	-0.5190
最大值	2.6777	3.7353	2.4937	3.0918	2.7092	3.6466	2.1508	1.0000	1.0517	2.0085	0.1272	1.1530

表6-6 各省份竞猜型体育彩票以及经济2018年地位指数

项目 维度	竞猜型体育彩票								经济			
	综合	规模	同比	密度	深度	筹资	比例	份额	综合	规模	同比	密度
北京	0.1630	0.1305	-0.6270	0.6212	-0.2816	0.1209	0.1488	1.0000	0.5497	-0.2483	0.2421	1.0000
天津	0.4852	0.2230	-0.5758	1.0000	0.6372	0.2232	0.8974	0.0708	0.1310	-0.5483	-0.9099	0.6441
河北	0.1570	0.4615	-0.5076	-0.0092	0.3331	0.4434	0.2012	-0.0552	-0.4648	-0.1000	-0.1573	-0.6984
山西	0.1351	0.1109	-0.8480	0.0984	0.5477	0.0667	0.8513	0.1878	-0.6004	-0.6002	0.2552	-0.7431
内蒙古	0.4479	0.2098	0.4465	0.5917	0.7185	0.1730	0.4713	-0.0164	-0.3578	-0.5879	0.1043	-0.3198
辽宁	0.2871	0.3529	-0.2595	0.3328	0.5415	0.3287	0.6768	-0.6477	-0.3949	-0.3788	0.2278	-0.5067
吉林	-0.1626	-0.3311	0.2912	-0.1876	-0.1442	-0.3804	0.0507	-0.0981	-0.6227	-0.6457	-1.0000	-0.5483
黑龙江	-0.1077	-0.1222	-0.3158	-0.2748	0.1325	-0.1857	-0.0486	0.5047	-0.7160	-0.6121	-0.6598	-0.7774
上海	-0.1970	-0.0735	-0.5664	0.2595	-0.9790	-0.1085	0.4719	-0.4098	0.4837	-0.1868	-0.0189	0.9027
江苏	0.6872	1.0000	-0.2638	0.9145	0.5550	1.0000	0.6491	-0.0845	0.6284	0.9540	0.1754	0.5412
浙江	0.6248	0.8138	-0.2196	0.8671	0.6872	0.8047	0.5622	-0.4437	0.2915	0.4181	0.2973	0.2272
安徽	0.4171	0.5589	-0.3043	0.3474	0.8253	0.5381	0.8218	-0.5678	-0.4262	-0.2565	0.7206	-0.7022
福建	0.3295	0.4748	-0.9366	0.6173	0.3762	0.4541	0.3766	0.0699	0.1016	-0.1054	0.7531	0.0965
江西	0.5090	0.4702	-0.1266	0.4689	1.0000	0.4481	0.8103	0.0322	-0.5103	-0.4656	0.5226	-0.7049
山东	0.5749	0.9350	-0.3695	0.6215	0.6221	0.9256	0.6280	-0.2004	0.0994	0.7661	-0.2555	-0.1748
河南	0.4709	0.7637	-0.4138	0.3446	0.7539	0.7485	0.5807	0.0292	-0.3106	0.2139	0.1805	-0.6547
湖北	0.5164	0.6890	-0.6527	0.6316	0.8117	0.6751	0.7853	-0.2956	-0.1441	-0.0126	0.7034	-0.3511
湖南	0.4339	0.6614	-0.9220	0.4523	0.8389	0.6479	0.9778	-0.4659	-0.3781	-0.0892	0.1093	-0.6037
广东	0.4317	0.9197	-0.7440	0.4899	0.2469	0.9297	0.6140	0.0440	0.3293	1.0000	0.2782	0.0024
广西	-0.1544	0.0473	-1.0000	-0.3222	0.1478	0.0152	0.8221	-0.7871	-0.5894	-0.5081	0.5203	-0.8151

续表

项目 维度	竞猜型体育彩票								经济			
	综合	规模	同比	密度	深度	筹资	比例	份额	综合	规模	同比	密度
海南	-0.0394	-0.6588	-0.3478	0.2731	0.6096	-0.6842	0.5569	-0.7227	-0.6229	-0.9126	0.2510	-0.6237
重庆	0.4615	0.3926	-0.9346	0.6888	0.9156	0.3677	1.0000	-0.0019	-0.4058	-0.5078	-0.3313	-0.3673
四川	0.1576	0.4435	0.2955	-0.1549	0.1083	0.4240	0.7298	-0.2957	-0.3462	0.0216	0.5412	-0.6779
贵州	0.1636	0.0006	0.4866	-0.0358	0.5014	-0.0497	0.3296	0.2758	-0.6438	-0.6526	0.4310	-0.8185
云南	0.2976	0.3274	-0.2999	0.1942	0.9312	0.2982	0.2395	-0.4847	-0.6678	-0.5725	0.4043	-0.8941
西藏	-0.7000	-1.0000	1.0000	-1.0000	-1.0000	-1.0000	-1.0000	1.0000	-0.6696	-1.0000	1.0000	-0.7826
陕西	0.5139	0.5064	-0.7995	0.6838	0.9546	0.4847	0.8804	0.0803	-0.2864	-0.4016	0.8108	-0.4116
甘肃	-0.2027	-0.4169	-0.4254	-0.3140	0.5469	-0.4617	0.0769	-0.9935	-0.7839	-0.8236	0.6323	-1.0000
青海	-0.3804	-0.8773	-0.8014	-0.1342	0.1740	-0.8859	0.0494	-0.6650	-0.6700	-0.9638	0.3993	-0.7013
宁夏	-0.0529	-0.7660	0.3893	0.2542	0.5291	-0.7831	0.1511	-1.0000	-0.6197	-0.9419	0.1357	-0.5845
新疆	-0.0518	-0.3020	-0.5711	-0.0501	0.2377	-0.3511	0.3662	1.0000	-0.5301	-0.7206	0.8965	-0.6726
均值	0.2005	0.1918	-0.3524	0.2668	0.4155	0.1686	0.4751	-0.1271	-0.2951	-0.3055	0.2342	-0.3781
最小值	-0.7000	-1.0000	-1.0000	-1.0000	-1.0000	-1.0000	-1.0000	-1.0000	-0.7839	-1.0000	-1.0000	-1.0000
最大值	0.6872	1.0000	1.0000	1.0000	1.0000	1.0000	1.0000	1.0000	0.6284	1.0000	1.0000	1.0000

2. 开发指数

规模开发指数为其基础指数与经济规模基础指数之差，当年上海这个彩票规模开发指数：

$$DI_{L,2018,上海,A,S,S} = BI_{L,2018,上海,A,S,S} - BI_{E,2018,上海,S}$$
$$= 1.2485 - 0.2569$$
$$= 0.9916$$

同比和密度 2 个维度亦采用同样方法。

筹资开发指数为其基数指数与经济规模基础指数之差，即

$$DI_{L,2018,上海,A,S,F} = BI_{L,2018,上海,A,S,F} - BI_{E,2018,上海,S}$$
$$= 1.1226 - 0.2569$$
$$= 0.8656$$

深度维度开发指数直接等于对应维度的基础指数，即

$$DI_{L,2018,上海,A,S,P} = BI_{L,2018,上海,A,S,P} = 0.8156$$

比例和份额 2 个维度亦采用同样方法。

根据各维度的开发指数和对应权重，当年上海这个彩票的综合开发指数为 0.8916。

按照上述方法，计算 2018 年各省份竞猜型体育彩票各维度开发指数，结果如表 6-7 所示。

表 6-7 各省份竞猜型体育彩票 2018 年开发指数

维度	综合	规模	同比	密度	深度	筹资	比例	份额
北京	1.3292	1.5547	0.5546	1.3892	1.4829	1.4788	1.0313	1.0000
天津	2.0024	2.2118	0.6813	2.2363	2.3621	2.1544	2.0159	0.6462
河北	1.7589	2.1028	0.7145	1.8943	2.0711	1.9942	1.1002	0.5982
山西	1.8373	2.0286	0.3016	2.0878	2.2764	1.8747	1.9552	0.6907
内蒙古	2.1629	2.2397	1.7879	2.4498	2.4398	2.0985	1.4554	0.6129
辽宁	1.9925	2.2625	0.9749	2.2303	2.2705	2.1443	1.7256	0.3725
吉林	1.3244	1.0718	1.6760	1.5101	1.6144	0.9235	0.9021	0.5819
黑龙江	1.4568	1.5062	0.9632	1.5751	1.8791	1.3174	0.7717	0.8114
上海	0.8916	0.9916	0.6392	0.9458	0.8156	0.8656	1.4562	0.4632
江苏	1.8568	1.7947	0.9730	2.1984	2.2834	1.7060	1.6893	0.5870
浙江	2.0385	2.1543	1.0163	2.3920	2.4099	2.0522	1.5749	0.4502

续表

维度	综合	规模	同比	密度	深度	筹资	比例	份额
安徽	2.1942	2.5594	0.8945	2.4149	2.5420	2.4407	1.9165	0.4030
福建	1.8110	2.1414	0.1710	2.1389	2.1123	2.0264	1.3308	0.6458
江西	2.3443	2.6622	1.1090	2.5935	2.7092	2.5443	1.9013	0.6315
山东	1.9447	1.9214	0.8779	2.3717	2.3476	1.8139	1.6615	0.5429
河南	2.0882	2.3396	0.8015	2.3712	2.4737	2.2255	1.5993	0.6303
湖北	2.1739	2.5008	0.4979	2.5337	2.5290	2.3927	1.8684	0.5066
湖南	2.1616	2.5499	0.2257	2.4848	2.5550	2.4438	2.1216	0.4418
广东	1.6193	1.5407	0.4189	2.0326	1.9886	1.4779	1.6431	0.6360
广西	1.4744	1.7455	0.1124	1.5377	1.8937	1.6213	1.9168	0.3195
海南	1.5263	0.7067	0.8727	2.2414	2.3356	0.6256	1.5680	0.3440
重庆	2.2284	2.5450	0.2375	2.6303	2.6284	2.4237	2.1508	0.6185
四川	1.6984	1.8816	1.5896	1.6659	1.8559	1.7706	1.7955	0.5066
贵州	1.8532	1.8505	1.8143	1.9562	2.2321	1.6869	1.2690	0.7242
云南	2.1396	2.4894	0.9183	2.3531	2.6434	2.3607	1.1505	0.4346
西藏	0.5925	0.0452	2.3665	0.5272	0.7955	0.0357	−0.4798	1.0000
陕西	2.2794	2.6517	0.3240	2.6601	2.6658	2.5334	1.9935	0.6498
甘肃	1.4287	1.1357	0.7615	1.7043	2.2756	1.0012	0.9367	0.2409
青海	1.0758	0.2762	0.3462	1.7154	1.9188	0.2422	0.9005	0.3660
宁夏	1.4866	0.5017	1.7208	2.1813	2.2586	0.4440	1.0343	0.2384
新疆	1.4739	1.2499	0.5796	1.8136	1.9798	1.1009	1.3172	1.0000
均值	1.7499	1.7811	0.8685	2.0270	2.1499	1.6716	1.4604	0.5708
最小值	0.5925	0.0452	0.1124	0.5272	0.7955	0.0357	−0.4798	0.2384
最大值	2.3443	2.6622	2.3665	2.6601	2.7092	2.5443	2.1508	1.0000

3. 运营指数

运营指数为当地各维度开发指数与各省份均值（也即适量指数）之差。

当年这个彩票的各省份规模开发指数均值为 1.7811，上海运营指数：

$$OI_{L,2018,上海,A,S,S} = DI_{L,2018,上海,A,S,S} - DI_{L,2018,Ave,A,S,S}$$
$$= 0.9916 - 1.7811$$
$$= -0.7895$$

以此类推，计算各维度开发指数，再结合对应权重，可得：当年上海这个彩票的综合运营指数为-8582。

按照上述方法，计算2018年各省份竞猜型体育彩票各维度运营指数，结果如表6-8所示。

表6-8　各省份竞猜型体育彩票2018年运营指数

维度	综合	规模	同比	密度	深度	筹资	比例	份额
北京	-0.4207	-0.2264	-0.3138	-0.6378	-0.6670	-0.1929	-0.4292	0.4292
天津	0.2525	0.4308	-0.1872	0.2093	0.2122	0.4828	0.5555	0.0754
河北	0.0090	0.3217	-0.1539	-0.1327	-0.0788	0.3226	-0.3603	0.0274
山西	0.0874	0.2475	-0.5668	0.0608	0.1265	0.2030	0.4948	0.1199
内蒙古	0.4130	0.4586	0.9194	0.4228	0.2899	0.4268	-0.0050	0.0422
辽宁	0.2427	0.4814	0.1064	0.2033	0.1206	0.4726	0.2652	-0.1983
吉林	-0.4255	-0.7093	0.8076	-0.5169	-0.5355	-0.7482	-0.5583	0.0111
黑龙江	-0.2931	-0.2749	0.0947	-0.4519	-0.2708	-0.3542	-0.6888	0.2406
上海	-0.8582	-0.7895	-0.2293	-1.0812	-1.3343	-0.8060	-0.0042	-0.1076
江苏	0.1070	0.0136	0.1046	0.1714	0.1335	0.0344	0.2288	0.0162
浙江	0.2887	0.3732	0.1478	0.3650	0.2600	0.3805	0.1145	-0.1206
安徽	0.4444	0.7783	0.0260	0.3879	0.3921	0.7690	0.4560	-0.1678
福建	0.0611	0.3603	-0.6975	0.1119	-0.0376	0.3547	-0.1296	0.0750
江西	0.5944	0.8812	0.2405	0.5665	0.5593	0.8727	0.4409	0.0607
山东	0.1949	0.1404	0.0095	0.3447	0.1978	0.1422	0.2011	-0.0279
河南	0.3383	0.5585	-0.0669	0.3442	0.3238	0.5539	0.1389	0.0595
湖北	0.4240	0.7197	-0.3705	0.5067	0.3792	0.7211	0.4080	-0.0641
湖南	0.4117	0.7688	-0.6428	0.4578	0.4052	0.7722	0.6612	-0.1290
广东	-0.1306	-0.2404	-0.4496	0.0056	-0.1613	-0.1937	0.1826	0.0652
广西	-0.2755	-0.0355	-0.7561	-0.4893	-0.2561	-0.0503	0.4564	-0.2513
海南	-0.2235	-1.0744	0.0043	0.2145	0.1858	-1.0460	0.1076	-0.2268
重庆	0.4785	0.7639	-0.6310	0.6033	0.4785	0.7521	0.6904	0.0477
四川	-0.0515	0.1005	0.7211	-0.3611	-0.2939	0.0989	0.3350	-0.0642
贵州	0.1033	0.0694	0.9458	-0.0708	0.0823	0.0152	-0.1914	0.1535
云南	0.3898	0.7083	0.0498	0.3261	0.4935	0.6891	-0.3099	-0.1362
西藏	-1.1573	-1.7359	1.4980	-1.4998	-1.3544	-1.6360	-1.9402	0.4292
陕西	0.5296	0.8707	-0.5445	0.6331	0.5159	0.8617	0.5331	0.0790

维度	综合	规模	同比	密度	深度	筹资	比例	份额
甘肃	-0.3212	-0.6454	-0.1069	-0.3227	0.1258	-0.6705	-0.5237	-0.3299
青海	-0.6741	-1.5049	-0.5222	-0.3116	-0.2310	-1.4294	-0.5600	-0.2048
宁夏	-0.2633	-1.2794	0.8523	0.1543	0.1088	-1.2277	-0.4262	-0.3324
新疆	-0.2759	-0.5312	-0.2888	-0.2134	-0.1701	-0.5707	-0.1432	0.4292
均值	0.0000	0.0000	0.0000	0.0000	0.0000	0.0000	0.0000	0.0000
最小值	-1.1573	-1.7359	-0.7561	-1.4998	-1.3544	-1.6360	-1.9402	-0.3324
最大值	0.5944	0.8812	1.4980	0.6331	0.5593	0.8727	0.6904	0.4292

4. 盈利指数

当年这个彩票上海综合盈利指数为筹资开发指数与规模开发指数之差的 2 倍，当年上海这个彩票综合盈利指数：

$$\begin{aligned}
\mathrm{GI}_{L,2018,上海,A,S,C} &= 2（\mathrm{DI}_{L,2018,上海,A,S,F} - \mathrm{DI}_{L,2018,上海,A,S,S}）\\
&= 2×（0.8656-0.9916）\\
&= -0.2518
\end{aligned}$$

按照上述方法，计算 2018 年各省份竞猜型体育彩票的综合盈利指数，结果如表 6-9 所示。

表 6-9　各省份竞猜型体育彩票 2018 年综合盈利指数

省份	数值	省份	数值	省份	数值
北京	-0.1519	福建	-0.2300	云南	-0.2574
天津	-0.1148	江西	-0.2359	西藏	-0.0191
河北	-0.2170	山东	-0.2151	陕西	-0.2367
山西	-0.3079	河南	-0.2281	甘肃	-0.2691
内蒙古	-0.2824	湖北	-0.2161	青海	-0.0680
辽宁	-0.2364	湖南	-0.2122	宁夏	-0.1155
吉林	-0.2966	广东	-0.1255	新疆	-0.2980
黑龙江	-0.3774	广西	-0.2484	均值	-0.2189
上海	-0.2518	海南	-0.1621	最小值	-0.3774
江苏	-0.1773	重庆	-0.2426	最大值	-0.0191
浙江	-0.2042	四川	-0.2221		
安徽	-0.2374	贵州	-0.3273		

三、总体指数

1. 适量指数

各维度适量指数是当年这个彩票全国各省份开发指数的均值。如规模维度，如表 6-7 所示，各省份均值为 1.7811，也即当年这个彩票规模维度适量指数为 1.7811。

以此类推，计算其他各维度适量指数，再结合对应权重，当年这个彩票综合适量指数 $AI_{L,2018,A,S,C} = 1.7811 \times 0.2 + 0.8685 \times 0.1 + 2.0270 \times 0.3 + 2.1499 \times 0.2 + 1.6716 \times 0.1 + 1.4604 \times 0.05 + 0.5708 \times 0.05 = 1.7499$。

2. 公平指数

根据前文第四章第四节的方法，以密度维度为例，公平指数计算步骤如下。

首先，当年西藏开发指数最小，为 0.5272，各省份调整开发指数为当地开发指数减去这个数值，如上海为 $0.9458 - 0.5272 = 0.4186$；总体调整开发指数为 31 个省份调整开发指数的加总，为 46.4930。

其次，根据当年各省份经济密度基础指数从小到大排位，因总体调整开发指数大于 0，不涉及特殊情况，上海排位 30，其排位比重为 $x_{2018,30} = 1/31$，彩票比重为 $y_{2018,30,A,S,D} = 0.4186/46.4930 = 0.90\%$。

再次，上海排位累计比重 $X_{2018,30} = 30/31$，第 1 位至第 29 位的省份彩票累计比重为 97.25%，到第 30 位上海 $Y_{2018,30,A,S,D} = 97.25\% + 0.90\% = 98.15\%$。

最后，计算彩票累计比重和排位累计比重构成的洛伦兹曲线的积分面积 S，本书采用梯形法则。如图 6-7（b）所示，排位 30 上海的排位累计比重为 30/31，彩票累计比重为 98.15%，排位 31 北京的对应指数分别为 $31/31^2$ 和 100%，由此组成的梯形面积为 $(98.15\% + 100\%) \times 1/31/2 = 0.0320$，以此类推，积分面积为 31 个梯形面积加总，为 -0.4838，公平指数为 $0.5 - (-0.4838)/0.5 = 0.0323$。

以此类推，2018 年竞猜型体育彩票各维度公平指数如下：规模 0.0318、同比 -0.0867、密度 0.0323、深度 -0.0130、筹资 0.0372、比例 0.0473 和份额 0.0374，结合对应权重，综合公平指数 $FI_{L,2018,A,S,C} = 0.0318 \times 0.2 + (-0.0867) \times 0.1 + 0.0323 \times 0.3 + (-0.0130) \times 0.2 + 0.0372 \times 0.1 + 0.0473 \times 0.05 + 0.0374 \times 0.05 = 0.0128$。

3. 效率指数

当年这个彩票的综合效率指数为其筹资适量指数与规模适量指数之差的 2 倍，

即 $EI_{L,2018,A,S,C} = 2(AI_{L,2018,A,S,F} - AI_{L,2018,A,S,S}) = 2 \times (1.6716 - 1.7811) = -0.2189$。在数学上，它也等于表6-9中各省份盈利指数的均值。

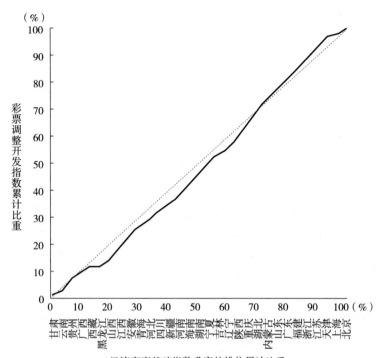

（a）2018年扩展类体育彩票密度洛伦兹曲线全部

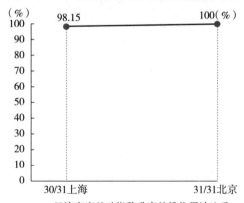

（b）2018年扩展类体育彩票密度洛伦兹曲线片段

图6-7　梯形法则计算公平指数

四、整体指数

1. 稳健指数

当年上海这个彩票综合开发指数为 0.8916，大于 0，故其综合稳健指数为当地"综合开发指数绝对值、综合运营指数绝对值和综合盈利指数绝对值的加权均值"，即

$$MI_{L,2018,上海,A,S,C} = 0.4 \mid DI_{L,2018,上海,A,S,C} \mid + 0.3 \mid OI_{L,2018,上海,A,S,C} \mid + 0.3 \mid GI_{L,2018,上海,A,S,C} \mid$$
$$= 0.4 \mid 0.8916 \mid + 0.3 \mid -0.8582 \mid + 0.3 \mid -0.2518 \mid$$
$$= 0.6897$$

按照上述方法，计算 2018 年各省份竞猜型体育彩票的综合稳健指数，结果如表 6-10 所示。

表 6-10　各省份竞猜型体育彩票 2018 年综合稳健指数

省份	数值	省份	数值	省份	数值
北京	0.7034	福建	0.8117	云南	1.0500
天津	0.9111	江西	1.1868	西藏	0.5899
河北	0.7714	山东	0.9009	陕西	1.1417
山西	0.8535	河南	1.0052	甘肃	0.7486
内蒙古	1.0738	湖北	1.0616	青海	0.6529
辽宁	0.9407	湖南	1.0518	宁夏	0.7083
吉林	0.7464	广东	0.7245	新疆	0.7618
黑龙江	0.7839	广西	0.7469	均值	0.8695
上海	0.6897	海南	0.7262	最小值	0.5899
江苏	0.8280	重庆	1.1077	最大值	1.1868
浙江	0.9633	四川	0.7614		
安徽	1.0822	贵州	0.8705		

2. 合意指数

当年这个彩票综合适量指数为 1.7499，大于 0，故其综合合意指数为"综合

适量指数绝对值、综合公平指数绝对值和综合效率指数绝对的加权均值"，即

$$SI_{L,2018,A,S,C} = 0.4\,|\,AI_{L,2018,A,S,C}\,| + 0.3\,|\,FI_{L,2018,A,S,C}\,| + 0.3\,|\,EI_{L,2018,A,S,C}\,|$$
$$= 0.4\,|\,1.7499\,| + 0.3\,|\,0.0128\,| + 0.3\,|\,-0.2189\,|$$
$$= 0.7694$$

叁

应用篇

　　本篇作为"应用篇"，包括第七章至第十章。

　　本篇是对于本书构建的指数体系在中国体育彩票市场的应用，评价中国各类型体育彩票福利效果，分析体育彩票与福利彩票的关系，考察2015年"互联网彩票禁售"和2019年"新兴类彩票调整"两项重大政策对于体育彩票社会福利效果的影响，并总结本书基本结论，提出相关政策性建议，介绍未来后续性研究的若干初步设想。

第七章 各类型体育彩票福利效果的评价

本章是对中国体育彩票福利效果的评价。首先介绍本书对中国体育彩票社会福利效果的评价方法。其次从销售适量水平、销售公平状况、资金筹集效率以及整体合意状态 4 个方面，以全国总体角度评价各类型体育彩票历年的社会福利效果。再次，从市场开发程度、机构运营方式、资金盈利能力以及整体稳健态势 4 个方面，以各省份角度评价各类型体育彩票历年的社会福利效果。最后总结得出，当前中国体育彩票整体上各方面的社会福利效果较好，但在各类型以及各省份间差异很大。

第一节 社会福利效果评价方法

一、不同主体的不同观点

对于本书指数体系的各项指数，不同主体必然有着不同的主观评价，甚至截然相反。例如，彩票购买者希望得到更丰厚的奖金，偏好更小的盈利指数或效率指数；但各级财政部门为筹集更多资金兴办公益事业，偏好更大的盈利指数或效率指数。再如，彩票销售部门为获得更多佣金，偏好更大的开发指数，但政法部门为减少因过度购买彩票而导致的恶性案件，偏好更小的开发指数。

特别是一些经济水平相对落后的省份财政压力较大，更希望通过销售更多彩票来筹集更多体育或福利等方面的财政资金，因此这些省份彩票发行机构认为部分类型尤其是销售比例较大类型的彩票，销售状况"累退"是正常的，这恰恰体现出彩票对于当地公益事业的重大意义和贡献。例如，某西部省份体育彩票中心主任告诉我们，"北京上海等经济发达省份，体育彩票销售相对不多，是因为当地财政部门资金充裕，不看重彩票公益金，但它对于我们却是非常重要的"。

二、本书的评价方法

我们充分尊重彩票各方主体的正常合理利益，本书的各类指数也可分别满足不同主体的侧重需求。但如果只是展示各项指标结果，不加以"主观"价值判断，即"只述不评"，那就成为简单的数据罗列，那本书就丧失了"灵魂"。

我们构建并完善中国体育彩票销售综合指数，并非为追求盈利，或依附听命于某一机构，而是致力于超出利益羁绊，一方面科学、全面、准确和完善地描述中国体育彩票乃至中国公立彩票销售的实际情况，另一方面独立、客观、中立和公正地解读这些结果。

盈利或效率指数过大，意味着奖金不丰厚，这会减少民众购买彩票的社会福利；过小又会减少一些公益事业的社会福利。开发或适量指数过大，会增加彩票销售部门的社会福利；过小又会增加政法部门的社会福利。因此，基于整体的社会福利视角，我们认为，本书中的除地位指数外的各项指数，都是以 0 为最佳点对称分布的"中性指标"，即绝对值越小，某个方面的社会福利效果就越好，反之越差。

三、开发指数的核心意义

本书中各项指数都可以在某个方面反映中国体育彩票的销售情况，但与此前成果一致，我们认为，开发指数最为核心，理由如下。

1. 秉要执本

本书第二章第一节的理论分析和第三章第三节的现实情况都显示，经济水平是影响彩票销售的重要因素，基础指数包括这个因素，因此它只是构建其他指数的基础，本身并不能反映彩票市场的社会福利效果。而开发指数扣除这个因素，也是构建除地位指数以外其他个体指数以及所有总体指数和整体指数的基础。

同时，彩票各方面的社会福利效果，最关键的是"市场开发程度"。如果某个类型彩票在各省份都市场开发适度，其他问题再严重，如机构运营激进或资金盈利低能，全国销售状况累退或资金筹集高效等，也都局限在一个很小的范围，毕竟茶杯里掀不起大风暴。反之，若是市场开发过度，其他问题再小，也会被开发指数所放大。

2. 提纲挈领

开发指数是改善甚至解决彩票业其他方面社会福利效果的抓手。如果实现某个彩票在各省份都市场开发适度，即开发指数为0，会引发社会福利效果的系列改善：①此时适量指数为0，实现全国总体销售水平适量；②各省份运营指数为0，实现各省份机构运营中性；③各维度开发指数与对应维度经济基础指数相关系数即公平指数为0，实现全国总体销售状况公平；④开发指数筹资维度与规模维度之差2倍即盈利指数为0，实现各省份资金盈利中能；⑤各省份盈利指数均值即效率指数为0，实现全国总体资金筹集中效；⑥各项个体指数为0，稳健指数亦为0，实现各省份整体态势稳健；⑦各项总体指数为0，合意指数亦为0，实现全国整体状态合意。

此外，即使某个彩票在某个省份运营指数较大，但开发指数较小，只能说明当地彩票机构运营方式激进，但对全国总体彩票市场社会福利效果并不能带来很大影响。反之，如果某个彩票在某个省份运营指数较小，但开发指数较大，这说明此时全国总体彩票市场处于销售水平过量的状态，当地这个彩票市场受全国彩票环境影响而水涨船高，背后潜藏的问题相对其他省份可能较小，但绝对数量并不能被忽视。

3. 按图索骥

在以下各章，我们会显示，虽然目前中国体育彩票业整体上社会福利效果较好，但不够均衡，在部分类型和部分省份存在较大问题。基于开发指数，我们就可以"按图索骥"式地找到问题较为严重的彩票类型以及省份，从而对这些彩票和省份采取精准的对策。

类比足球联赛排名，开发指数和适量指数相当于胜平场数，运营指数和公平指数相当于进失球数，盈利指数和效率指数相当于红黄牌数。因此，本书以下部分，对中国体育彩票社会福利效果各方面的评价，在各省份角度，主要侧重于开发指数，辅之以运营指数和盈利指数；在全国层面，主要侧重于适量指数，辅之以公平指数和效率指数。

4. 波动差异程度的划分

本书各项指数的阈值统一为±0.4。如果某个彩票在"某个省份的各个年份"或者"某个年份的各个省份"的某项指数都均匀分布在±0.4，根据均匀分布标准差计算公式，其理论标准差 $\sigma_T = \sqrt{\dfrac{0.4-(-0.4)^2}{12}} = 0.2309$，它的一半为0.1155，2倍为0.4619，4倍为0.9238。根据上述标准，我们根据某项指数的"某个省份在各年份间"或者"某个年份在各省份间"的实际标准差 σ_R，划分为5个等级，以考察综合基础指数在"某一省份在各个年份间的波动"或"某一年份在各个省份间的差异"。

具体标准是：①若 $\sigma_R \leqslant \dfrac{\sigma_T}{2}$，即小于 0.1155，为"波动（差异）很小"；②若 $\dfrac{\sigma_T}{2} < \sigma_R \leqslant \sigma_T$，即在 0.1155~0.2309，为"波动（差异）较小"；③若 $\sigma_T < \sigma_R \leqslant 2\sigma_T$，即在 0.2309 ~ 0.4619，为"波动（差异）较大"；④若 $2\sigma_T < \sigma_R \leqslant 4\sigma_T$，即在 0.4619~0.9238，为"波动（差异）很大"；⑤若 $\sigma_R > 4\sigma_T$，即大于 0.9238，为"波动（差异）很大"。

第二节　全国历年总体情况

一、销售适量水平

如表 7-1 和图 7-1 所示，历年中国各类型体育彩票综合适量指数情况如下。

表 7-1　历年中国各类型体育彩票综合适量指数

项目	即开型	乐透型	数字型	快速型	扩展类	全部类型
均值	−0.3751	−0.1102	−0.0052	0.2423	0.2844	0.0152
销售年份数	19	20	16	12	19	20
标准差	0.2286	0.1932	0.5511	0.7964	0.5869	0.1666
波动情况	较小	较小	很大	很大	很大	较小
最小年份	2018	2012	2003	2007	2000	2004
最小值	−0.6865	−0.3140	−0.5209	−0.6263	−0.4869	−0.2344
次小年份	2019	2013	2002	2006	2008	2007
次小值	−0.6546	−0.3109	−0.5032	−0.5894	−0.2952	−0.1383
次大年份	2009	2002	2006	2017	2019	2014
次大值	−0.0460	0.2688	1.0021	1.2924	1.2113	0.2537
最大年份	2008	2001	2005	2014	2018	2018
最大值	0.2208	0.3752	1.3309	1.3269	1.7499	0.4726
欠缺年份数	9	0	6	8	1	0
适量年份数	11	20	10	4	12	19

续表

项目	即开型	乐透型	数字型	快速型	扩展类	全部类型
过量年份数	0	0	4	8	7	1
2000 年至 2004 年	−0.3101	0.1754	−0.4105	−0.5103	0.0103	−0.0803
2005 年至 2009 年	−0.2940	−0.1306	0.8094	−0.3955	−0.2027	−0.0909
2010 年至 2014 年	−0.2895	−0.2502	−0.0412	0.7182	0.2357	0.0143
2015 年至 2019 年	−0.6068	−0.2354	−0.3785	1.1569	1.0941	0.2177
趋势	倒 U 型	U 型	倒 U 型	变大	U 型	U 型

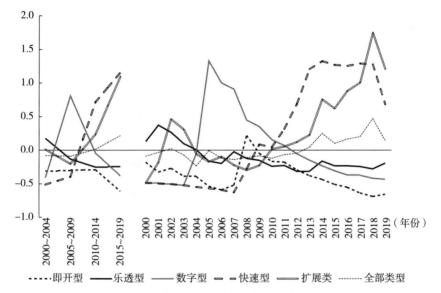

图 7-1　历年中国各类型体育彩票综合适量指数

1. 即开型体育彩票

历年均值为 −0.3751，其中 2018 年最小，为 −0.6865；2019 年次小，为 −0.6546；2009 年次大，为 −0.0460；2008 年最大，为 0.2208。标准差为 0.2286，各年份间波动较小。各阶段呈倒 U 型趋势，即 4 个阶段先提高再降低。2000 年至 2019 年共 20 年间，这个彩票的销售适量水平欠缺年份数 9 年，适量年份数 11 年，过量年份数 0 年。

2. 乐透型体育彩票

历年均值为 −0.1102，其中 2012 年最小，为 −0.3140；2013 年次小，为 −0.3109；2002 年次大，为 0.2688；2001 年最大，为 0.3752。标准差为 0.1932，

各年份间波动较小。各阶段呈 U 型趋势，即 4 个阶段先降低再提高。2000 年至 2019 年共 20 年间，这个彩票的销售适量水平欠缺年份数 0 年，适量年份数 20 年，过量年份数 0 年。

3. 数字型体育彩票

历年均值为 - 0.0052，其中 2003 年最小，为 - 0.5209；2002 年次小，为 - 0.5032；2006 年次大，为 1.0021；2005 年最大，为 1.3309。标准差为 0.5511，各年份间波动很大。各阶段呈倒 U 型趋势，即 4 个阶段先提高再降低。2000 年至 2019 年共 20 年间，这个彩票的销售适量水平欠缺年份数 6 年，适量年份数 10 年，过量年份数 4 年。

4. 快速型体育彩票

历年均值为 0.2423，其中 2007 年最小，为 - 0.6263；2006 年次小，为 - 0.5894；2017 年次大，为 1.2924；2014 年最大，为 1.3269。标准差为 0.7964，各年份间波动很大。各阶段呈变大趋势，即 4 个阶段依次提高。2000 年至 2019 年共 20 年间，这个彩票的销售适量水平欠缺年份数 8 年，适量年份数 4 年，过量年份数 8 年。

5. 扩展类体育彩票

历年均值为 0.2844，其中 2000 年最小，为 - 0.4869；2008 年次小，为 - 0.2952；2019 年次大，为 1.2113；2018 年最大，为 1.7499。标准差为 0.5869，各年份间波动很大。各阶段呈 U 型趋势，即 4 个阶段先降低再提高。2000 年至 2019 年共 20 年间，这个彩票的销售适量水平欠缺年份数 1 年，适量年份数 12 年，过量年份数 7 年。

6. 全部类型体育彩票

历年均值为 0.0152，其中 2004 年最小，为 - 0.2344；2007 年次小，为 - 0.1383；2014 年次大，为 0.2537；2018 年最大，为 0.4726。标准差为 0.1666，各年份间波动较小。各阶段呈 U 型趋势，即 4 个阶段先降低再提高。2000 年至 2019 年共 20 年间，这个彩票的销售适量水平欠缺年份数 0 年，适量年份数 19 年，过量年份数 1 年。

二、销售公平状况

如表 7-2 和图 7-2 所示，历年中国各类型体育彩票综合公平指数情况如下。

表 7-2　历年中国各类型体育彩票综合公平指数

项目	即开型	乐透型	数字型	快速型	扩展类	全部类型
均值	-0.1008	-0.0041	-0.0523	-0.0448	0.0536	-0.0146
销售年份数	19	20	16	12	19	20
标准差	0.0401	0.0896	0.0608	0.0423	0.0904	0.0530
波动情况	很小	很小	很小	很小	很小	很小
最小年份	2019	2017	2016	2005	2000	2008
最小值	-0.1580	-0.0911	-0.1202	-0.0884	-0.0855	-0.0967
次小年份	2016	2014	2018	2000	2009	2009
次小值	-0.1444	-0.0813	-0.1189	-0.0855	-0.0594	-0.0798
次大年份	2007	2002	2007	2012	2003	2014
次大值	-0.0316	0.1808	0.0693	0.0239	0.1806	0.0519
最大年份	2005	2000	2006	2008	2002	2002
最大值	0.0026	0.1880	0.0767	0.0709	0.2885	0.1354
累退年份数	0	0	0	0	0	0
公平年份数	20	20	20	20	20	20
累进年份数	0	0	0	0	0	0
2000~2004 年	-0.0809	0.1259	-0.0796	-0.0787	0.1208	0.0402
2005~2009 年	-0.0744	-0.0091	0.0356	-0.0434	-0.0345	-0.0550
2010~2014 年	-0.1059	-0.0606	-0.0518	-0.0147	0.0900	0.0045
2015~2019 年	-0.1420	-0.0725	-0.1135	-0.0423	0.0382	-0.0480
趋势	倒 U 型	变小	倒 U 型	倒 U 型	反 N 型	反 N 型

1. 即开型体育彩票

历年均值为 -0.1008，其中 2019 年最小，为 -0.1580；2016 年次小，为 -0.1444；2007 年次大，为 -0.0316；2005 年最大，为 0.0026。标准差为 0.0401，各年份间波动很小。各阶段呈倒 U 型趋势，即 4 个阶段先提高再降低。2000 年至 2019 年共 20 年间，这个彩票的销售公平状况累退年份数 0 年，公平年份数 20 年，累进年份数 0 年。

2. 乐透型体育彩票

历年均值为 -0.0041，其中 2017 年最小，为 -0.0911；2014 年次小，为 -0.0813；2002 年次大，为 0.1808；2000 年最大，为 0.1880。标准差为 0.0896，

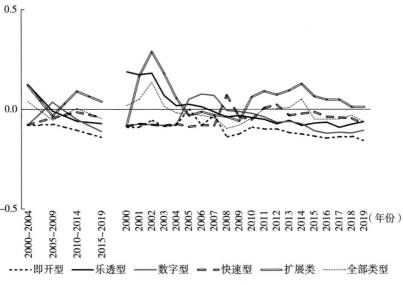

图 7-2　历年中国各类型体育彩票综合公平指数

各年份间波动很小。各阶段呈变小趋势，即 4 个阶段依次降低。2000 年至 2019 年共 20 年间，这个彩票的销售公平状况累退年份数 0 年，公平年份数 20 年，累进年份数 0 年。

3. 数字型体育彩票

历年均值为 - 0.0523，其中 2016 年最小，为 - 0.1202；2018 年次小，为 - 0.1189；2007 年次大，为 0.0693；2006 年最大，为 0.0767。标准差为 0.0608，各年份间波动很小。各阶段呈倒 U 型趋势，即 4 个阶段先提高再降低。2000 年至 2019 年共 20 年间，这个彩票的销售公平状况累退年份数 0 年，公平年份数 20 年，累进年份数 0 年。

4. 快速型体育彩票

历年均值为 - 0.0448，其中 2005 年最小，为 - 0.0884；2000 年次小，为 - 0.0855；2012 年次大，为 0.0239；2008 年最大，为 0.0709。标准差为 0.0423，各年份间波动很小。各阶段呈倒 U 型趋势，即 4 个阶段先提高再降低。2000 年至 2019 年共 20 年间，这个彩票的销售公平状况累退年份数 0 年，公平年份数 20 年，累进年份数 0 年。

5. 扩展类体育彩票

历年均值为 0.0536，其中 2000 年最小，为 - 0.0855；2009 年次小，为

-0.0594；2003 年次大，为 0.1806；2002 年最大，为 0.2885。标准差为 0.0904，各年份间波动很小。各阶段呈反 N 型趋势，即 4 个阶段先降低，再提高，最后又降低。2000 年至 2019 年共 20 年间，这个彩票的销售公平状况累退年份数 0 年，公平年份数 20 年，累进年份数 0 年。

6. 全部类型体育彩票

历年均值为 -0.0146，其中 2008 年最小，为 -0.0967；2009 年次小，为 -0.0798；2014 年次大，为 0.0519；2002 年最大，为 0.1354。标准差为 0.0530，各年份间波动很小。各阶段呈反 N 型趋势，即 4 个阶段先降低，再提高，最后又降低。2000 年至 2019 年共 20 年间，这个彩票的销售公平状况累退年份数 0 年，公平年份数 20 年，累进年份数 0 年。

三、资金筹集效率

如表 7-3 和图 7-3 所示，历年中国各类型体育彩票综合效率指数情况如下。

表 7-3 历年中国各类型体育彩票综合效率指数

项目	即开型	乐透型	数字型	快速型	扩展类	全部类型
均值	0.0061	0.0061	-0.0084	-0.2091	-0.0042	-0.0346
销售年份数	19	20	16	12	19	20
标准差	0.0120	0.0206	0.0137	0.2353	0.1691	0.1245
波动情况	很小	很小	很小	较大	较小	较小
最小年份	2015	2000	2019	2014	2015	2018
最小值	-0.0060	-0.0435	-0.0341	-0.5452	-0.3692	-0.3710
次小年份	2008	2001	2018	2018	2018	2017
次小值	-0.0012	0.0000	-0.0321	-0.5287	-0.2189	-0.1900
次大年份	2002	2018	2000	2000	2002	2005
次大值	0.0331	0.0418	0.0000	0.0000	0.2661	0.0914
最大年份	2000	2019	2000	2000	2003	2007
最大值	0.0363	0.0454	0.0000	0.0000	0.3421	0.0960
低效年份数	0	0	0	7	0	0
中效年份数	20	20	20	13	20	20

续表

项目	即开型	乐透型	数字型	快速型	扩展类	全部类型
高效年份数	0	0	0	0	0	0
2000 年至 2004 年	0.0247	-0.0087	0.0000	0.0000	0.1790	0.0508
2005 年至 2009 年	-0.0002	0.0000	0.0000	-0.0125	0.0510	0.0707
2010 年至 2014 年	0.0000	0.0000	-0.0024	-0.3216	-0.0550	-0.0503
2015 年至 2019 年	0.0001	0.0331	-0.0310	-0.5023	-0.1918	-0.2093
趋势	U 型	变大	变小	变小	变小	倒 U 型

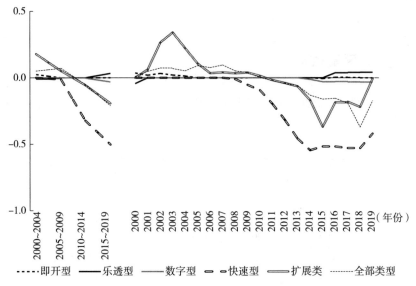

图 7-3　历年中国各类型体育彩票综合效率指数

1. 即开型体育彩票

历年均值为 0.0061，其中 2015 年最小，为 -0.0060；2008 年次小，为 -0.0012；2002 年次大，为 0.0331；2000 年最大，为 0.0363。标准差为 0.0120，各年份间波动很小。各阶段呈 U 型趋势，即 4 个阶段先降低再提高。2000 年至 2019 年共 20 年间，这个彩票的资金筹集效率低效年份数 0 年，中效年份数 20 年，高效年份数 0 年。

2. 乐透型体育彩票

历年均值为 0.0061，其中 2000 年最小，为 -0.0435；2001 年次小，为 0.0000；2018 年次大，为 0.0418；2019 年最大，为 0.0454。标准差为 0.0206，

各年份间波动很小。各阶段呈变大趋势，即4个阶段依次提高。2000年至2019年共20年间，这个彩票的资金筹集效率低效年份数0年，中效年份数20年，高效年份数0年。

3. 数字型体育彩票

历年均值为 -0.0084，其中2019年最小，为 -0.0341；2018年次小，为 -0.0321；2000年至2003年均为0.0000，且同为最大值。标准差为0.0137，各年份间波动很小。各阶段呈变低趋势，即4个阶段依次降低。2000年至2019年共20年间，这个彩票的资金筹集效率低效年份数0年，中效年份数20年，高效年份数0年。

4. 快速型体育彩票

历年均值为 -0.2091，其中2014年最小，为 -0.5452；2018年次小，为 -0.5287；2000年至2006年均为0.0000，且同为最大值。标准差为0.2353，各年份间波动较大。各阶段呈变小趋势，即4个阶段依次降低。2000年至2019年共20年间，这个彩票的资金筹集效率低效年份数7年，中效年份数13年，高效年份数0年。

5. 扩展类体育彩票

历年均值为 -0.0042，其中2015年最小，为 -0.3692；2018年次小，为 -0.2189；2002年次大，为0.2661；2003年最大，为0.3421。标准差为0.1691，各年份间波动较小。各阶段呈变小趋势，即4个阶段依次降低。2000年至2019年共20年间，这个彩票的资金筹集效率低效年份数0年，中效年份数20年，高效年份数0年。

6. 全部类型体育彩票

历年均值为 -0.0346，其中2018年最小，为 -0.3710；2017年次小，为 -0.1900；2005年次大，为0.0914；2007年最大，为0.0960。标准差为0.1245，各年份间波动较小。各阶段呈倒U型趋势，即4个阶段先提高再降低。2000年至2019年共20年间，这个彩票的资金筹集效率低效年份数0年，中效年份数20年，高效年份数0年。

四、整体合意状态

如表7-4和图7-4所示，历年中国各类型体育彩票综合合意指数情况如下。

表7-4　历年中国各类型体育彩票综合合意指数

项目	即开型	乐透型	数字型	快速型	扩展类	全部类型
均值	-0.1782	-0.0483	-0.0180	0.1544	0.1432	0.0168
销售年份数	19	20	16	12	19	20
标准差	0.1036	0.1056	0.2403	0.4037	0.2805	0.1131
波动情况	很小	很小	较大	较大	较大	很小
最小年份	2018	2012	2003	2007	2000	2004
最小值	-0.3150	-0.1475	-0.2333	-0.2750	-0.2204	-0.1150
次小年份	2019	2018	2002	2006	2001	2007
次小值	-0.3092	-0.1462	-0.2247	-0.2599	-0.1410	-0.0969
次大年份	2009	2002	2006	2017	2019	2014
次大值	-0.0556	0.1618	0.4238	0.6878	0.4910	0.1563
最大年份	2008	2001	2005	2014	2018	2018
最大值	0.1303	0.2021	0.5474	0.7009	0.7694	0.3093
低迷年份数	0	0	0	0	0	0
合意年份数	20	20	18	13	16	20
亢奋年份数	0	0	2	7	4	0
2000年至2004年	-0.1557	0.1105	-0.1881	-0.2277	0.0332	-0.0366
2005年至2009年	-0.1235	-0.0596	0.3366	-0.1726	-0.1067	-0.0741
2010年至2014年	-0.1476	-0.1183	-0.0256	0.3919	0.1395	0.0137
2015年至2019年	-0.2861	-0.1259	-0.1947	0.6261	0.5066	0.1643
趋势	倒U型	变小	倒U型	变大	U型	U型

1. 即开型体育彩票

历年均值为-0.1782，其中2018年最小，为-0.3150；2019年次小，为-0.3092；2009年次大，为-0.0556；2008年最大，为0.1303。标准差为0.1036，各年份间波动很小。各阶段呈倒U型趋势，即4个阶段先提高再降低。2000年至2019年共20年间，这个彩票的整体合意状态低迷年份数0年，合意年份数20年，亢奋年份数0年。

2. 乐透型体育彩票

历年均值为-0.0483，其中2012年最小，为-0.1475；2018年次小，为-0.1462；2002年次大，为0.1618；2001年最大，为0.2021。标准差0.1056，

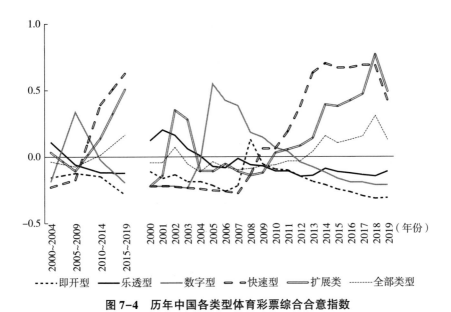

图 7-4　历年中国各类型体育彩票综合合意指数

各年份间波动很小。各阶段呈变小趋势，即 4 个阶段依次降低。2000 年至 2019 年共 20 年间，这个彩票的整体合意状态低迷年份数 0 年，合意年份数 20 年，亢奋年份数 0 年。

3. 数字型体育彩票

历年均值为 - 0.0180，其中 2003 年最小，为 - 0.2333；2002 年次小，为 - 0.2247；2006 年次大，为 0.4238；2005 年最大，为 0.5474。标准差为 0.2403，各年份间波动较大。各阶段呈倒 U 型趋势，即 4 个阶段先提高再降低。2000 年至 2019 年共 20 年间，这个彩票的整体合意状态低迷年份数 0 年，合意年份数 18 年，亢奋年份数 2 年。

4. 快速型体育彩票

历年均值为 0.1544，其中 2007 年最小，为 - 0.2750；2006 年次小，为 - 0.2599；2017 年次大，为 0.6878；2014 年最大，为 0.7009。标准差为 0.4037，各年份间波动较大。各阶段呈变大趋势，即 4 个阶段依次提高。2000 年至 2019 年共 20 年间，这个彩票的整体合意状态低迷年份数 0 年，合意年份数 13 年，亢奋年份数 7 年。

5. 扩展类体育彩票

历年均值为 0.1432，其中 2000 年最小，为 - 0.2204；2001 年次小，为

−0.1410；2019 年次大，为 0.4910；2018 年最大，为 0.7694。标准差为 0.2805，各年份间波动较大。各阶段呈 U 型趋势，即 4 个阶段先降低再提高。2000 年至 2019 年共 20 年间，这个彩票的整体合意状态低迷年份数 0 年，合意年份数 16 年，亢奋年份数 4 年。

6. 全部类型体育彩票

历年均值为 0.0168，其中 2004 年最小，为 −0.1150；2007 年次小，为 −0.0969；2014 年次大，为 0.1563；2018 年最大，为 0.3093。标准差为 0.1131，各年份间波动很小。各阶段呈 U 型趋势，即 4 个阶段先降低再提高。2000 年至 2019 年共 20 年间，这个彩票的整体合意状态低迷年份数 0 年，合意年份数 20 年，亢奋年份数 0 年。

第三节　各省份 2019 年情况

一、市场开发程度

如表 7-5 和图 7-5 所示，各省份 2019 年各类型体育彩票综合开发指数情况如下。

表 7-5　各省份 2019 年各类型体育彩票综合开发指数

项目	即开型	乐透型	数字型	快速型	扩展类	全部类型
均值	−0.6546	−0.1928	−0.4312	0.6853	1.2113	0.1435
销售省份数	31	31	31	31	31	31
标准差	0.3624	0.2706	0.3756	0.9255	0.4968	0.2897
差异情况	较大	较大	较大	极大	很大	较大
最小省份	江苏	湖南	广东	湖南	海南	上海
最小值	−1.3792	−0.6684	−1.1960	−1.0020	0.0216	−0.6080
次小省份	上海	上海	上海	四川	西藏	广西
次小值	−1.2215	−0.6212	−1.0922	−0.9680	0.0524	−0.3398
次大省份	云南	云南	云南	河北	江西	云南

项目	即开型	乐透型	数字型	快速型	扩展类	全部类型
次大值	-0.2149	0.3357	0.3168	1.9964	1.9461	0.5645
最大省份	西藏	福建	宁夏	西藏	重庆	西藏
最大值	0.3106	0.5742	0.3662	2.2859	1.9609	0.7283
不足省份数	23	7	15	4	0	1
适度省份数	8	23	16	9	3	23
过度省份数	0	1	0	18	28	7
西部	-0.4232	-0.1215	-0.1878	0.7582	1.1739	0.2227
中部	-0.6715	-0.2712	-0.4300	0.4892	1.5145	0.1629
东部	-0.8947	-0.2137	-0.6977	0.7484	1.0315	0.0431
趋势	变小	U 型	变小	U 型	倒 U 型	变小

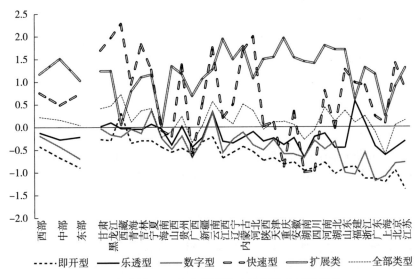

图 7-5　各省份 2019 年各类型体育彩票综合开发指数

注：各省份按经济综合基础指数从小到大排位。

1. 即开型体育彩票

各省份均值为 -0.6546，其中江苏最小，为 -1.3792；上海次小，为 -1.2215；云南次大，为 -0.2149；西藏最大，为 0.3106。标准差为 0.3624，各省份间差异较大。各地区呈变小趋势，即从东到西依次降低。全国 31 个省份，2019 年这个彩票的市场开发程度不足省份数 23 个，适度省份数 8 个，过度省份数 0 个。

2. 乐透型体育彩票

各省份均值为 -0.1928，其中湖南最小，为 -0.6684；上海次小，为 -0.6212；云南次大，为 0.3357；福建最大，为 0.5742。标准差为 0.2706，各省份间差异较大。各地区呈 U 型趋势，即中部最小。全国 31 个省份，2019 年这个彩票的市场开发程度不足省份数 7 个，适度省份数 23 个，过度省份数 1 个。

3. 数字型体育彩票

各省份均值为 -0.4312，其中广东最小，为 -1.1960；上海次小，为 -1.0922；云南次大，为 0.3168；宁夏最大，为 0.3662。标准差为 0.3756，各省份间差异较大。各地区呈变小趋势，即从东到西依次降低。全国 31 个省份，2019 年这个彩票的市场开发程度不足省份数 15 个，适度省份数 16 个，过度省份数 0 个。

4. 快速型体育彩票

各省份均值为 0.6853，其中湖南最小，为 -1.0020；四川次小，为 -0.9680；河北次大，为 1.9964；西藏最大，为 2.2859。标准差为 0.9255，各省份间差异极大。各地区呈 U 型趋势，即中部最小。全国 31 个省份，2019 年这个彩票的市场开发程度不足省份数 4 个，适度省份数 9 个，过度省份数 18 个。

5. 扩展类体育彩票

各省份均值为 1.2113，其中海南最小，为 0.0216；西藏次小，为 0.0524；江西次大，为 1.9461；重庆最大，为 1.9609。标准差为 0.4968，各省份间差异很大。各地区呈倒 U 型趋势，即中部最大。全国 31 个省份，2019 年这个彩票的市场开发程度不足省份数 0 个，适度省份数 3 个，过度省份数 28 个。

6. 全部类型体育彩票

各省份均值为 0.1435，其中上海最小，为 -0.6080；广西次小，为 -0.3398；云南次大，为 0.5645；西藏最大，为 0.7283。标准差为 0.2897，各省份间差异较大。各地区呈变小趋势，即从东到西依次降低。全国 31 个省份，2019 年这个彩票的市场开发程度不足省份数 1 个，适度省份数 23 个，过度省份数 7 个。

二、机构运营方式

如表 7-6 和图 7-6 所示，各省份 2019 年各类型体育彩票综合运营指数情况如下。

表 7-6 各省份 2019 年各类型体育彩票综合运营指数

项目	即开型	乐透型	数字型	快速型	扩展类	全部类型
均值	0.0000	0.0000	0.0000	0.0000	0.0000	0.0000
销售省份数	31	31	31	31	31	31
标准差	0.3624	0.2706	0.3756	0.9255	0.4968	0.2897
差异情况	较大	较大	较大	极大	很大	较大
最小省份	江苏	湖南	广东	湖南	海南	上海
最小值	−0.7246	−0.4755	−0.7648	−1.6873	−1.1897	−0.7515
次小省份	上海	上海	上海	四川	西藏	广西
次小值	−0.5669	−0.4284	−0.6610	−1.6533	−1.1589	−0.4833
次大省份	云南	云南	云南	河北	江西	云南
次大值	0.4397	0.5285	0.7481	1.3110	0.7348	0.4210
最大省份	西藏	福建	宁夏	西藏	重庆	西藏
最大值	0.9652	0.7670	0.7974	1.6006	0.7496	0.5848
保守省份数	4	2	4	12	6	3
中性省份数	25	27	24	8	19	26
激进省份数	2	2	3	11	6	2
西部	0.2314	0.0714	0.2435	0.0729	−0.0374	0.0791
中部	−0.0169	−0.0784	0.0012	−0.1961	0.3033	0.0194
东部	−0.2401	−0.0208	−0.2665	0.0631	−0.1798	−0.1004
趋势	变小	U 型	变小	U 型	倒 U 型	变小

1. 即开型体育彩票

各省份均值为 0.0000，其中江苏最小，为 −0.7246；上海次小，为 −0.5669；云南次大，为 0.4397；西藏最大，为 0.9652。标准差为 0.3624，各省份间差异较大。各地区呈变小趋势，即从东到西依次降低。全国 31 个省份，2019 年这个彩票机构的运营方式保守省份数 4 个，中性省份数 25 个，激进省份数 2 个。

2. 乐透型体育彩票

各省份均值为 0.0000，其中湖南最小，为 −0.4755；上海次小，为 −0.4284；云南次大，为 0.5285；福建最大，为 0.7670。标准差为 0.2706，各省份间差异较大。各地区呈 U 型趋势，即中部最小。全国 31 个省份，2019 年这个彩票机构的运营方式保守省份数 2 个，中性省份数 27 个，激进省份数 2 个。

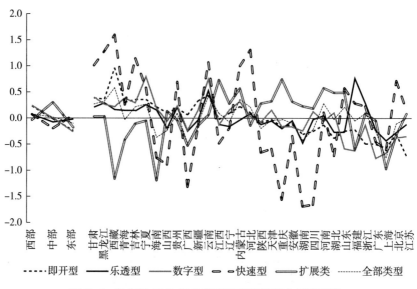

图 7-6　各省份 2019 年各类型体育彩票综合运营指数

注：各省份按经济综合基础指数从小到大排位。

3. 数字型体育彩票

各省份均值为 0.0000，其中广东最小，为 -0.7648；上海次小，为 -0.6610；云南次大，为 0.7481；宁夏最大，为 0.7974。标准差为 0.3756，各省份间差异较大。各地区呈变小趋势，即从东到西依次降低。全国 31 个省份，2019 年这个彩票机构的运营方式保守省份数 4 个，中性省份数 24 个，激进省份数 3 个。

4. 快速型体育彩票

各省份均值为 0.0000，其中湖南最小，为 -1.6873；四川次小，为 -1.6533；河北次大，为 1.3110；西藏最大，为 1.6006。标准差为 0.9255，各省份间差异极大。各地区呈 U 型趋势，即中部最小。全国 31 个省份，2019 年这个彩票机构的运营方式保守省份数 12 个，中性省份数 8 个，激进省份数 11 个。

5. 扩展类体育彩票

各省份均值为 0.0000，其中海南最小，为 -1.1897；西藏次小，为 -1.1589；江西次大，为 0.7348；重庆最大，为 0.7496。标准差为 0.4968，各省份间差异很大。各地区呈倒 U 型趋势，即中部最大。全国 31 个省份，2019 年这个彩票机构的运营方式保守省份数 6 个，中性省份数 19 个，激进省份数 6 个。

6. 全部类型体育彩票

各省份均值为 0.0000，其中上海最小，为 -0.7515；广西次小，为 -0.4833；云南次大，为 0.4210；西藏最大，为 0.5848。标准差为 0.2897，各省份间差异较大。各地区呈变小趋势，即从东到西依次降低。全国 31 个省份，2019 年这个彩票机构的运营方式保守省份数 3 个，中性省份数 26 个，激进省份数 2 个。

三、资金盈利能力

如表 7-7 和图 7-7 所示，各省份 2019 年各类型体育彩票综合盈利指数情况如下。

表 7-7　各省份 2019 年各类型体育彩票综合盈利指数

项目	即开型	乐透型	数字型	快速型	扩展类	全部类型
均值	0.0000	0.0454	-0.0341	-0.4201	-0.0077	-0.1720
销售省份数	31	31	31	31	31	31
标准差	0.0000	0.0307	0.0266	0.2114	0.0282	0.1501
差异情况	没有	很小	很小	较小	很小	较小
最小省份	北京	西藏	江苏	贵州	山西	湖北
最小值	0.0000	0.0036	-0.1062	-0.7140	-0.0443	-0.4956
次小省份	北京	青海	浙江	安徽	黑龙江	江西
次小值	0.0000	0.0062	-0.0851	-0.7049	-0.0420	-0.3941
次大省份	北京	山东	海南	湖南	广东	西藏
次大值	0.0000	0.0957	-0.0053	-0.0441	0.0612	-0.0001
最大省份	北京	河南	西藏	重庆	北京	福建
最大值	0.0000	0.1036	-0.0025	-0.0385	0.0748	0.1336
低能省份数	0	0	0	21	0	1
中能省份数	31	31	31	10	31	30
高能省份数	0	0	0	0	0	0
西部	0.0000	0.0304	-0.0270	-0.3533	-0.0141	-0.1308
中部	0.0000	0.0454	-0.0347	-0.4723	-0.0247	-0.2853
东部	0.0000	0.0619	-0.0415	-0.4550	0.0116	-0.1345
趋势	不变	变大	变小	U 型	U 型	U 型

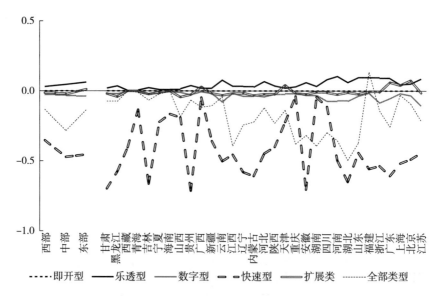

图 7-7　各省份 2019 年各类型体育彩票综合盈利指数

注：各省份按经济综合基础指数从小到大排位。

1. 即开型体育彩票

各省份间没有差异，都是 0.0000，均值和标准差都为 0.0000。各地区呈不变趋势，即 3 个地区完全一致。全国 31 个省份，2019 年这个彩票的资金盈利能力低能省份数 0 个，中能省份数 31 个，高能省份数 0 个。

2. 乐透型体育彩票

各省份均值为 0.0454，其中西藏最小，为 0.0036；青海次小，为 0.0062；山东次大，为 0.0957；河南最大，为 0.1036。标准差为 0.0307，各省份间差异很小。各地区呈变大趋势，即从西到东依次提高。全国 31 个省份，2019 年这个彩票的资金盈利能力低能省份数 0 个，中能省份数 31 个，高能省份数 0 个。

3. 数字型体育彩票

各省份均值为 -0.0341，其中江苏最小，为 -0.1062；浙江次小，为 -0.0851；海南次大，为 -0.0053；西藏最大，为 -0.0025。标准差为 0.0266，各省份间差异很小。各地区呈变小趋势，即从东到西依次降低。全国 31 个省份，2019 年这个彩票的资金盈利能力低能省份数 0 个，中能省份数 31 个，高能省份数 0 个。

4. 快速型体育彩票

各省份均值为 -0.4201，其中贵州最小，为 -0.7140；安徽次小，为 -0.7049；

湖南次大，为 -0.0441；重庆最大，为 -0.0385。标准差为 0.2114，各省份间差异较小。各地区呈 U 型趋势，即中部最小。全国 31 个省份，2019 年这个彩票的资金盈利能力低能省份数 21 个，中能省份数 10 个，高能省份数 0 个。

5. 扩展类体育彩票

各省份均值为 -0.0077，其中山西最小，为 -0.0443；黑龙江次小，为 -0.0420；广东次大，为 0.0612；北京最大，为 0.0748。标准差为 0.0282，各省份间差异很小。各地区呈 U 型趋势，即中部最小。全国 31 个省份，2019 年这个彩票的资金盈利能力低能省份数 0 个，中能省份数 31 个，高能省份数 0 个。

6. 全部类型体育彩票

各省份均值为 -0.1720，其中湖北最小，为 -0.4956；江西次小，为 -0.3941；西藏次大，为 -0.0001；福建最大，为 0.1336。标准差为 0.1501，各省份间差异较小。各地区呈 U 型趋势，即中部最小。全国 31 个省份，2019 年这个彩票的资金盈利能力低能省份数 1 个，中能省份数 30 个，高能省份数 0 个。

四、整体稳健态势

如表 7-8 和图 7-8 所示，各省份 2019 年各类型体育彩票综合稳健指数情况如下。

表 7-8　各省份 2019 年各类型体育彩票综合稳健指数

项目	即开型	乐透型	数字型	快速型	扩展类	全部类型
均值	-0.3307	-0.0982	-0.2402	0.4432	0.6019	0.0927
销售省份数	31	31	31	31	31	31
标准差	0.2043	0.1962	0.2339	0.6950	0.1839	0.2372
差异情况	较小	较小	较大	很大	较小	较大
最小省份	江苏	湖南	广东	湖南	海南	上海
最小值	-0.7691	-0.4197	-0.7240	-0.9202	0.3658	-0.4774
次小省份	上海	上海	上海	四川	西藏	湖南
次小值	-0.6587	-0.3905	-0.6408	-0.9171	0.3687	-0.3572
次大省份	云南	云南	云南	黑龙江	江西	内蒙古
次大值	-0.2179	0.3159	0.3749	1.3459	1.0042	0.3773

续表

项目	即开型	乐透型	数字型	快速型	扩展类	全部类型
最大省份	西藏	福建	宁夏	西藏	重庆	西藏
最大值	0.4138	0.4884	0.3901	1.5157	1.0145	0.4668
后进省份数	10	1	6	6	0	1
稳健省份数	20	29	25	6	3	29
冒进省份数	1	1	0	19	28	1
西部	-0.2152	-0.0448	-0.0978	0.4623	0.5807	0.1277
中部	-0.3357	-0.1571	-0.2321	0.2740	0.7122	0.1218
东部	-0.4531	-0.1135	-0.4013	0.5455	0.5447	0.0333
趋势	变小	U 型	变小	U 型	倒 U 型	变小

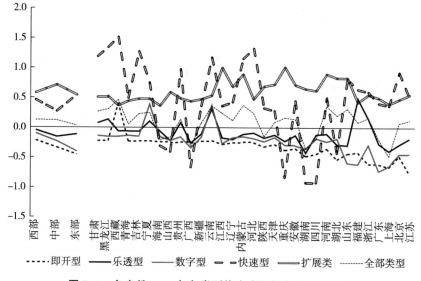

图 7-8　各省份 2019 年各类型体育彩票综合稳健指数

注：各省份按经济综合基础指数从小到大排位。

1. 即开型体育彩票

各省份均值为 -0.3307，其中江苏最小，为 -0.7691；上海次小，为 -0.6587；云南次大，为 -0.2179；西藏最大，为 0.4138。标准差为 0.2043，各省份间差异较小。各地区呈变小趋势，即从东到西依次降低。全国 31 个省份，2019 年这个彩票的整体稳健态势后进省份数 10 个，稳健省份数 20 个，冒进省份数 1 个。

2. 乐透型体育彩票

各省份均值为-0.0982，其中湖南最小，为-0.4197；上海次小，为-0.3905；云南次大，为0.3159；福建最大，为0.4884。标准差为0.1962，各省份间差异较小。各地区呈U型趋势，即中部最小。全国31个省份，2019年这个彩票的整体稳健态势后进省份数1个，稳健省份数29个，冒进省份数1个。

3. 数字型体育彩票

各省份均值为-0.2402，其中广东最小，为-0.7240；上海次小，为-0.6408；云南次大，为0.3749；宁夏最大，为0.3901。标准差为0.2339，各省份间差异较大。各地区呈变小趋势，即从东到西依次降低。全国31个省份，2019年这个彩票的整体稳健态势后进省份数6个，稳健省份数25个，冒进省份数0个。

4. 快速型体育彩票

各省份均值为0.4432，其中湖南最小，为-0.9202；四川次小，为-0.9171；黑龙江次大，为1.3459；西藏最大，为1.5157。标准差为0.6950，各省份间差异很大。各地区呈U型趋势，即中部最小。全国31个省份，2019年这个彩票的整体稳健态势后进省份数6个，稳健省份数6个，冒进省份数19个。

5. 扩展类体育彩票

各省份均值为0.6019，其中海南最小，为0.3658；西藏次小，为0.3687；江西次大，为1.0042；重庆最大，为1.0145。标准差为0.1839，各省份间差异较小。各地区呈倒U型趋势，即中部最大。全国31个省份，2019年这个彩票的整体稳健态势后进省份数0个，稳健省份数3个，冒进省份数28个。

6. 全部类型体育彩票

各省份均值为0.0927，其中上海最小，为-0.4774；湖南次小，为-0.3572；内蒙古次大，为0.3773；西藏最大，为0.4668。标准差为0.2372，各省份间差异较大。各地区呈变小趋势，即从东到西依次降低。全国31个省份，2019年这个彩票的整体稳健态势后进省份数1个，稳健省份数29个，冒进省份数1个。

第四节　进一步分析

一、彩票类型

如表 7-9 和图 7-9 所示，2019 年，中国各类型体育彩票各方面的福利效果情况如下。

表 7-9　各类型体育彩票 2019 年各方面的福利效果

指数	意义	项目	即开型	乐透型	数字型	快速型	扩展类	全部类型
适量指数	销售适量水平	数值	-0.6546	-0.1928	-0.4312	0.6853	1.2113	0.1435
		等级	欠缺	适量	欠缺	过量	过量	适量
公平指数	销售公平状况	数值	-0.1580	-0.0620	-0.1051	-0.0740	0.0140	-0.0631
		等级	公平	公平	公平	公平	公平	公平
效率指数	资金筹集效率	数值	0.0000	0.0454	-0.0341	-0.4201	-0.0077	-0.1720
		等级	中效	中效	中效	低效	中效	中效
合意指数	整体合意状态	数值	-0.3092	-0.1094	-0.2142	0.4224	0.4910	0.1279
		等级	合意	合意	合意	亢奋	亢奋	合意

销售适量水平是过量的，有 2 个类型，快速型体育彩票 0.6853，扩展类体育彩票 1.2113；是适量的，有 2 个类型，乐透型体育彩票 -0.1928，全部类型体育彩票 0.1435；是欠缺的，有 2 个类型，即开型体育彩票 -0.6546，数字型体育彩票 -0.4312。

销售公平状况是累进的，没有任何类型体育彩票；是公平的，各个类型体育彩票都如此，即开型体育彩票 -0.1580，乐透型体育彩票 -0.0620，数字型体育彩票 -0.1051，快速型体育彩票 -0.0740，扩展类体育彩票 0.0140，全部类型体育彩票 -0.0631；是累退的，没有任何类型体育彩票。

资金筹集效率是高效的，没有任何类型体育彩票；是中效的，有 5 个类型，即开型体育彩票 0.0000，乐透型体育彩票 0.0454，数字型体育彩票 -0.0341，扩展类体育彩票 -0.0077，全部类型体育彩票 -0.1720；是低效的，有 1 个类型，快速型体育彩票 -0.4201。

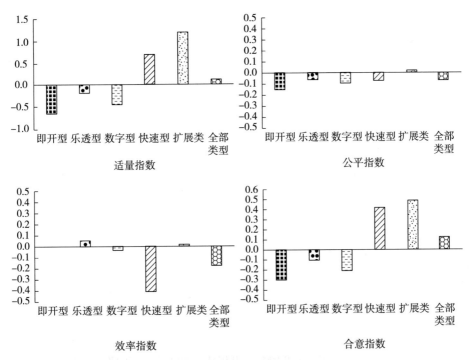

图 7-9　各类型体育彩票 2019 年各方面的福利效果

整体合意状态是亢奋的，有 2 个类型，快速型体育彩票 0.4224，扩展类体育彩票 0.4910；是合意的，有 4 个类型，即开型体育彩票-0.3092，乐透型体育彩票-0.1094，数字型体育彩票-0.2142，全部类型体育彩票 0.1279；是低迷的，没有任何类型体育彩票。

综上，从全国范围来看，目前乐透型体育彩票各项指数都处于得当等级，未来需要继续保持。

即开型和数字型体育彩票销售水平欠缺，销售状况公平，资金筹集中效。因此，未来需要在稳定其公益金率的基础上，采取措施促进它们的销售。此外，虽然仍为公平，但这个彩票的公平指数是最小的，因此发力点尤其要集中在经济水平相对发达省份。

快速型体育彩票销售水平过量，销售状况公平，资金筹集低效。因此，未来需要在增加其公益金率的基础上，采取措施在各省份都限制它的销售。

扩展类体育彩票销售水平过量，销售状况公平，资金筹集中效。因此，未来需要在稳定其公益金率的基础上，采取措施在各省份都限制它的销售。

二、重点地区

全部类型体育彩票，2019 年，23 个省份市场开发适度，即综合开发指数在 ±0.4。这些省份未来工作重点主要是调整彩票类型结构，稳定乐透型、促进即开型和数字型以及限制快速型和扩展类等。

市场开发不足即综合开发指数小于-0.4 的省份只有上海 1 个省份。如表 7-10 所示，当地快速型和扩展类体育彩票市场开发适度应当继续保持；而即开型、乐透型和数字型体育彩票市场开发不足，特别是即开型和数字型，都小于-1。因此应当大力促进这些彩票的销售。

表 7-10　全部类型体育彩票 2019 年市场开发不足或过度的省份

开发程度	省份	项目	即开型	乐透型	数字型	快速型	扩展类	全部类型
开发不足	上海	指数	−1.2215	−0.6212	−1.0922	0.0843	0.2438	−0.6080
		等级	不足	不足	不足	适度	适度	不足
开发过度	西藏	指数	0.3106	−0.0282	−0.2111	2.2859	0.0524	0.7283
		等级	适度	适度	适度	过度	适度	过度
	云南	指数	−0.2149	0.3357	0.3168	1.7548	1.2697	0.5645
		等级	适度	适度	适度	过度	过度	过度
	内蒙古	指数	−0.4294	−0.2294	−0.1121	1.6853	1.7829	0.5048
		等级	不足	适度	适度	过度	过度	过度
	黑龙江	指数	−0.2905	0.0995	−0.1664	1.9696	1.2484	0.4700
		等级	适度	适度	适度	过度	过度	过度
	河南	指数	−0.7803	−0.1431	−0.4889	0.8003	1.7923	0.4305
		等级	不足	适度	不足	过度	过度	过度
	甘肃	指数	−0.2660	0.0178	−0.0252	1.6962	1.2417	0.4152
		等级	适度	适度	适度	过度	过度	过度
	宁夏	指数	−0.2952	0.0659	0.3662	1.2696	1.1611	0.4143
		等级	适度	适度	适度	过度	过度	过度

市场开发过度即综合开发指数大于 0.4 的省份有 7 个，从大到小依次为西藏、云南、内蒙古、黑龙江、河南、甘肃和宁夏。它们的共性有两点：①都是经济相对落后的中西部省份；②都是快速型市场开发过度。

　　不同省份亦有差别：①云南、黑龙江、甘肃和宁夏 4 个省份，都是快速型和扩展类过度，其余类型适度。②西藏只有快速型过度，其余类型都适度。③内蒙古快速型和扩展类过度，乐透型和数字型适度，即开型不足。④河南快速型和扩展类过度，乐透型适度，即开型和数字型不足。

　　因此，针对全部类型体育彩票市场开发过度的 7 个省份，一方面，都要限制快速型体育彩票的销售；同时除西藏外，都要限制扩展类体育彩票的销售。另一方面，要继续稳定适度类型彩票的销售，同时适当促进不足类型彩票的销售。

第八章 体育彩票与福利彩票的竞合关系

本章考察体育彩票与福利彩票的关系。首先从纵向角度，考察同一个省份各类型体育彩票与对应类型福利彩票的各项综合个体指数在 2000 年至 2019 年各年份间的相关系数。其次从横向角度，考察同一个年份各类型体育彩票与对应类型福利彩票的各项综合个体指数在全国 31 个省的各省份间的相关系数。接下来从总体角度，考察全国范围各类型体育彩票与对应类型福利彩票的各项综合总体指数在 2000 年至 2019 年各年份间的相关系数。之后对比各类型体育彩票与对应类型福利彩票的各方面社会福利效果。最后总结得出，体育彩票与福利彩票之间是同进同退的"互补关系"，而不是此消彼长"竞争关系"。

第一节 纵向角度

本节从纵向角度考察同一个省份各类型体育彩票与对应类型福利彩票的各项综合个体指数在 2000 年至 2019 年各年份间的相关系数。

一、市场开发程度

如表 8-1 和图 8-1 所示，反映了彩票市场开发程度的开发指数。其中，各类型体育彩票与对应类型福利彩票的相关情况如下。

1. 即开型

各省份相关系数均值为 0.5348，其中吉林最小，为 -0.0603；黑龙江次小，为 -0.0102；四川次大，为 0.8379；山东最大，为 0.8948。全国 31 个省份，体育彩票与福利彩票在这个类型显著负相关的有 0 个省份；不显著相关的有 7 个省份；显著正相关的有 24 个省份。

表8-1　体育彩票与福利彩票综合开发指数在各省份间的相关系数

类型	即开型	乐透型	数字型	快速型	扩展类	全部类型
均值	0.5348	0.2249	0.8091	0.7850	0.3244	0.3390
最小省份	吉林	海南	上海	湖南	新疆	四川
最小值	−0.0603	−0.6315	0.1339	0.1142	−0.7803	−0.5412
次小省份	黑龙江	浙江	北京	重庆	北京	河南
次小值	−0.0102	−0.4612	0.5351	0.2359	−0.4642	−0.3602
次大省份	四川	吉林	天津	甘肃	云南	新疆
次大值	0.8379	0.7337	0.9579	0.9872	0.8096	0.8174
最大省份	山东	山西	新疆	江苏	安徽	西藏
最大值	0.8948	0.7677	0.9790	0.9907	0.8285	0.8645
负相关省份数	0	2	0	0	2	1
不相关省份数	7	18	1	4	11	13
正相关省份数	24	11	30	27	18	17

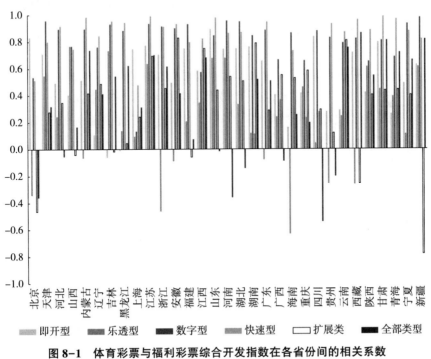

图8-1　体育彩票与福利彩票综合开发指数在各省份间的相关系数

2. 乐透型

各省份相关系数均值为 0.2249，其中海南最小，为 -0.6315；浙江次小，为 -0.4612；吉林次大，为 0.7337；山西最大，为 0.7677。全国 31 个省份，体育彩票与福利彩票在这个类型显著负相关的有 2 个省份；不显著相关的有 18 个省份；显著正相关的有 11 个省份。

3. 数字型

各省份相关系数均值为 0.8091，其中上海最小，为 0.1339；北京次小，为 0.5351；天津次大，为 0.9579；新疆最大，为 0.9790。全国 31 个省份，体育彩票与福利彩票在这个类型显著负相关的有 0 个省份；不显著相关的有 1 个省份；显著正相关的有 30 个省份。

4. 快速型

各省份相关系数均值为 0.7850，其中湖南最小，为 0.1142；重庆次小，为 0.2359；甘肃次大，为 0.9872；江苏最大，为 0.9907。全国 31 个省份，体育彩票与福利彩票在这个类型显著负相关的有 0 个省份；不显著相关的有 4 个省份；显著正相关的有 27 个省份。

5. 扩展类

各省份相关系数均值为 0.3244，其中新疆最小，为 -0.7803；北京次小，为 -0.4642；云南次大，为 0.8096；安徽最大，为 0.8285。全国 31 个省份，体育彩票与福利彩票在这个类型显著负相关的有 2 个省份；不显著相关的有 11 个省份；显著正相关的有 18 个省份。

6. 全部类型

各省份相关系数均值为 0.3390，其中四川最小，为 -0.5412；河南次小，为 -0.3602；新疆次大，为 0.8174；西藏最大，为 0.8645。全国 31 个省份，体育彩票与福利彩票在这个类型显著负相关的有 1 个省份；不显著相关的有 13 个省份；显著正相关的有 17 个省份。

综上，体育彩票与福利彩票在上述 6 个类型显著负相关的比例为 2.69%；不显著相关的比例为 29.03%；显著正相关的比例为 68.28%。

二、机构运营方式

表 8-2 和图 8-2 反映了彩票机构运营方式的运营指数。其中，各类型体育彩

票与对应类型福利彩票的相关情况如下。

表8-2　体育彩票与福利彩票综合运营指数在各省份间相关系数

类型	即开型	乐透型	数字型	快速型	扩展类	全部类型
均值	0.3340	0.2311	0.6047	0.2712	0.1031	0.2083
最小省份	贵州	湖南	山西	天津	天津	河北
最小值	-0.3145	-0.5591	-0.5008	-0.5640	-0.7474	-0.6130
次小省份	陕西	北京	陕西	河南	广西	山东
次小值	-0.2025	-0.4982	-0.2269	-0.4884	-0.4345	-0.5796
次大省份	甘肃	河南	云南	江苏	湖南	内蒙古
次大值	0.7719	0.8179	0.9472	0.9257	0.7635	0.7444
最大省份	江苏	江苏	重庆	甘肃	安徽	江苏
最大值	0.7843	0.8815	0.9584	0.9554	0.8647	0.7832
负相关省份数	0	3	1	3	2	3
不相关省份数	17	16	5	14	20	20
正相关省份数	14	12	25	14	9	8

1. 即开型

各省份相关系数均值为0.3340，其中贵州最小，为-0.3145；陕西次小，为-0.2025；甘肃次大，为0.7719；江苏最大，为0.7843。全国31个省份，体育彩票与福利彩票在这个类型显著负相关的有0个省份；不显著相关的有17个省份；显著正相关的有14个省份。

2. 乐透型

各省份相关系数均值为0.2311，其中湖南最小，为-0.5591；北京次小，为-0.4982；河南次大，为0.8179；江苏最大，为0.8815。全国31个省份，体育彩票与福利彩票在这个类型显著负相关的有3个省份；不显著相关的有16个省份；显著正相关的有12个省份。

3. 数字型

各省份相关系数均值为0.6047，其中山西最小，为-0.5008；陕西次小，为-0.2269；云南次大，为0.9472；重庆最大，为0.9584。全国31个省份，体育彩票与福利彩票在这个类型显著负相关的有1个省份；不显著相关的有5个省份；显著正相关的有25个省份。

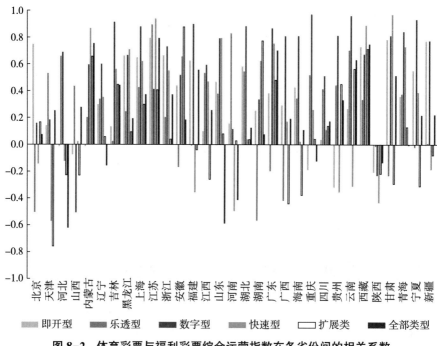

图 8-2　体育彩票与福利彩票综合运营指数在各省份间的相关系数

4. 快速型

各省份相关系数均值为 0.2712，其中天津最小，为 -0.5640；河南次小，为 -0.4884；江苏次大，为 0.9257；甘肃最大，为 0.9554。全国 31 个省份，体育彩票与福利彩票在这个类型显著负相关的有 3 个省份；不显著相关的有 14 个省份；显著正相关的有 14 个省份。

5. 扩展类

各省份相关系数均值为 0.1031，其中天津最小，为 -0.7474；广西次小，为 -0.4345；湖南次大，为 0.7635；安徽最大，为 0.8647。全国 31 个省份，体育彩票与福利彩票在这个类型显著负相关的有 2 个省份；不显著相关的有 20 个省份；显著正相关的有 9 个省份。

6. 全部类型

各省份相关系数均值为 0.2083，其中河北最小，为 -0.6130；山东次小，为 -0.5796；内蒙古次大，为 0.7444；江苏最大，为 0.7832。全国 31 个省份，体育彩票与福利彩票在这个类型显著负相关的有 3 个省份；不显著相关的有 20 个省份；显著正相关的有 8 个省份。

综上，体育彩票与福利彩票在上述 6 个类型显著负相关比例为 6.45%；不显著相关比例为 49.46%；显著正相关比例为 44.09%。

三、资金盈利能力

表 8-3 和图 8-3 反映了彩票资金盈利能力的盈利指数。其中，各类型体育彩票与对应类型福利彩票的相关情况如下。

表 8-3　体育彩票与福利彩票综合盈利指数在各省份间的相关系数

类型	即开型	乐透型	数字型	快速型	扩展类	全部类型
均值	0.7914	0.9293	0.9858	0.9112	-0.1651	0.0284
最小省份	山西	天津	海南	新疆	贵州	北京
最小值	0.4573	0.6156	0.7641	0.6424	-0.6770	-0.7721
次小省份	河北	北京	江西	重庆	云南	广西
次小值	0.4642	0.7123	0.9629	0.7822	-0.5650	-0.5023
次大省份	重庆	山西	浙江	湖北	西藏	海南
次大值	0.9585	0.9964	0.9993	0.9921	0.0466	0.7747
最大省份	江西	陕西	贵州	江苏	山东	山东
最大值	0.9974	0.9975	0.9997	0.9996	0.0890	0.8106
负相关省份数	0	0	0	0	4	7
不相关省份数	0	0	0	0	27	18
正相关省份数	31	31	31	31	0	6

1. 即开型

各省份相关系数均值为 0.7914，其中山西最小，为 0.4573；河北次小，为 0.4642；重庆次大，为 0.9585；江西最大，为 0.9974。全国 31 个省份，体育彩票与福利彩票在这个类型显著负相关的有 0 个省份；不显著相关的有 0 个省份；显著正相关的有 31 个省份。

2. 乐透型

各省份相关系数均值为 0.9293，其中天津最小，为 0.6156；北京次小，为 0.7123；山西次大，为 0.9964；陕西最大，为 0.9975。全国 31 个省份，体育彩票与福利彩票在这个类型显著负相关的有 0 个省份；不显著相关的有 0 个省份；显

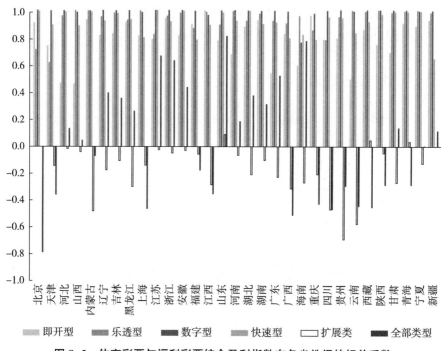

图 8-3　体育彩票与福利彩票综合盈利指数在各省份间的相关系数

著正相关的有 31 个省份。

3. 数字型

各省份相关系数均值为 0.9858，其中海南最小，为 0.7641；江西次小，为 0.9629；浙江次大，为 0.9993；贵州最大，为 0.9997。全国 31 个省份，体育彩票与福利彩票在这个类型显著负相关的有 0 个省份；不显著相关的有 0 个省份；显著正相关的有 31 个省份。

4. 快速型

各省份相关系数均值为 0.9112，其中新疆最小，为 0.6424；重庆次小，为 0.7822；湖北次大，为 0.9921；江苏最大，为 0.9996。全国 31 个省份，体育彩票与福利彩票在这个类型显著负相关的有 0 个省份；不显著相关的有 0 个省份；显著正相关的有 31 个省份。

5. 扩展类

各省份相关系数均值为 -0.1651，其中贵州最小，为 -0.6770；云南次小，为 -0.5650；西藏次大，为 0.0466；山东最大，为 0.0890。全国 31 个省份，体育彩票与福利彩票在这个类型显著负相关的有 4 个省份；不显著相关的有 27 个省份；

显著正相关的有 0 个省份。

6. 全部类型

各省份相关系数均值为 0.0284，其中北京最小，为 -0.7721；广西次小，为 -0.5023；海南次大，为 0.7747；山东最大，为 0.8106。全国 31 个省份，体育彩票与福利彩票在这个类型显著负相关的有 7 个省份；不显著相关的有 18 个省份；显著正相关的有 6 个省份。

综上，体育彩票与福利彩票在上述 6 个类型显著负相关比例为 5.91%；不显著相关比例为 24.19%；显著正相关比例为 69.89%。

四、整体稳健态势

表 8-4 和图 8-4 反映了彩票整体稳健态势的稳健指数。其中，各类型体育彩票与对应类型福利彩票的相关情况如下。

表 8-4 体育彩票与福利彩票综合稳健指数在各省份间的相关系数

类型	即开型	乐透型	数字型	快速型	扩展类	全部类型
均值	0.4938	0.2403	0.7206	0.6566	0.2414	0.2559
最小省份	辽宁	海南	上海	广西	新疆	四川
最小值	-0.0449	-0.4183	-0.2068	-0.4115	-0.7044	-0.4716
次小省份	吉林	北京	重庆	重庆	黑龙江	河南
次小值	0.0203	-0.3858	0.1003	-0.3394	-0.5050	-0.4551
次大省份	山东	江苏	湖北	江苏	安徽	甘肃
次大值	0.8928	0.6962	0.9525	0.9875	0.8620	0.7847
最大省份	甘肃	山西	新疆	甘肃	云南	西藏
最大值	0.9033	0.8390	0.9677	0.9884	0.8645	0.8303
负相关省份数	0	1	0	1	2	2
不相关省份数	13	17	3	5	17	15
正相关省份数	18	13	28	25	12	14

1. 即开型

各省份相关系数均值为 0.4938，其中辽宁最小，为 -0.0449；吉林次小，为 0.0203；山东次大，为 0.8928；甘肃最大，为 0.9033。全国 31 个省份，体育彩票

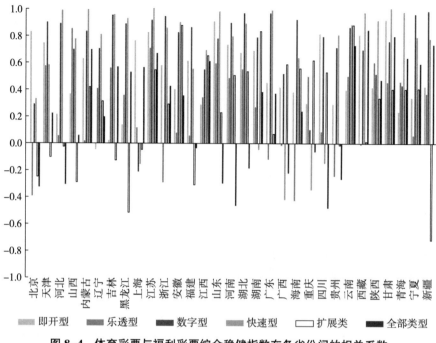

图 8-4 体育彩票与福利彩票综合稳健指数在各省份间的相关系数

与福利彩票在这个类型显著负相关的有 0 个省份；不显著相关的有 13 个省份；显著正相关的有 18 个省份。

2. 乐透型

各省份相关系数均值为 0.2403，其中海南最小，为 -0.4183；北京次小，为 -0.3858；江苏次大，为 0.6962；山西最大，为 0.8390。全国 31 个省份，体育彩票与福利彩票在这个类型显著负相关的有 1 个省份；不显著相关的有 17 个省份；显著正相关的有 13 个省份。

3. 数字型

各省份相关系数均值为 0.7206，其中上海最小，为 -0.2068；重庆次小，为 0.1003；湖北次大，为 0.9525；新疆最大，为 0.9677。全国 31 个省份，体育彩票与福利彩票在这个类型显著负相关的有 0 个省份；不显著相关的有 3 个省份；显著正相关的有 28 个省份。

4. 快速型

各省份相关系数均值为 0.6566，其中广西最小，为 -0.4115；重庆次小，为 -0.3394；江苏次大，为 0.9875；甘肃最大，为 0.9884。全国 31 个省份，体育彩票与福利彩票在这个类型显著负相关的有 1 个省份；不显著相关的有 5 个省份；显著正相关的有 25 个省份。

5. 扩展类

各省份相关系数均值为 0.2414，其中新疆最小，为 -0.7044；黑龙江次小，为 -0.5050；安徽次大，为 0.8620；云南最大，为 0.8645。全国 31 个省份，体育彩票与福利彩票在这个类型显著负相关的有 2 个省份；不显著相关的有 17 个省份；显著正相关的有 12 个省份。

6. 全部类型

各省份相关系数均值为 0.2559，其中四川最小，为 -0.4716；河南次小，为 -0.4551；甘肃次大，为 0.7847；西藏最大，为 0.8303。全国 31 个省份，体育彩票与福利彩票在这个类型显著负相关的有 2 个省份；不显著相关的有 15 个省份；显著正相关的有 14 个省份。

综上，体育彩票与福利彩票在上述 6 个类型显著负相关比例为 3.23%；不显著相关比例为 37.63%；显著正相关比例为 59.14%。

第二节　横向角度

本节从横向角度考察同一个年份各类型体育彩票与对应类型福利彩票的各项综合个体指数在全国 31 个省的各省份间的相关系数。

一、市场开发程度

表 8-5 和图 8-5 反映了彩票市场开发程度的开发指数。其中，各类型体育彩票与对应类型福利彩票的相关情况如下。

1. 即开型

各年份相关系数均值为 0.5462，其中 2002 年最小，为 -0.0648；2004 年次小，为 -0.0482；2019 年次大，为 0.8541；2018 年最大，为 0.8993。2000 年至 2019 年共 20 年间，体育彩票与福利彩票在这个类型显著负相关的有 0 个年份；不显著相关的有 5 个年份；显著正相关的有 15 个年份。

表 8-5　各年份体育彩票与福利彩票开发指数在各省份间的相关系数

类型	即开型	乐透型	数字型	快速型	扩展类	全部类型
均值	0.5462	−0.0282	0.5638	0.4485	−0.0955	0.1037
最小年份	2002	2003	2002	2008	2001	2003
最小值	−0.0648	−0.5867	−0.3042	−0.3870	−0.7396	−0.4812
次小年份	2004	2004	2001	2007	2002	2004
次小值	−0.0482	−0.5479	−0.2478	−0.2037	−0.4993	−0.3640
次大年份	2019	2018	2016	2000	2018	2016
次大值	0.8541	0.3778	0.8312	1.0000	0.5237	0.4011
最大年份	2018	2016	2000	2003	2000	2005
最大值	0.8993	0.3860	1.0000	1.0000	1.0000	0.4454
负相关年份数	0	4	0	0	5	1
不相关年份数	5	16	4	13	13	17
正相关年份数	15	0	16	7	2	2

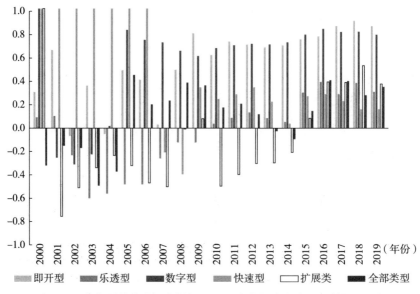

图 8-5　各年份体育彩票与福利彩票开发指数在各省份间的相关系数

2. 乐透型

各年份相关系数均值为-0.0282，其中 2003 年最小，为-0.5867；2004 年次小，为-0.5479；2018 年次大，为 0.3778；2016 年最大，为 0.3860。2000 年至

2019 年共 20 年间，体育彩票与福利彩票在这个类型显著负相关的有 4 个年份；不显著相关的有 16 个年份；显著正相关的有 0 个年份。

3. 数字型

各年份相关系数均值为 0.5638，其中 2002 年最小，为 −0.3042；2001 年次小，为 −0.2478；2016 年次大，为 0.8312；2000 年最大，为 1.0000。2000 年至 2019 年共 20 年间，体育彩票与福利彩票在这个类型显著负相关的有 0 个年份；不显著相关的有 4 个年份；显著正相关的有 16 个年份。

4. 快速型

各年份相关系数均值为 0.4485，其中 2008 年最小，为 −0.3870；2007 年次小，为 −0.2037；2000 年至 2006 年都为 1.0000，且同为最大值。2000 年至 2019 年共 20 年间，体育彩票与福利彩票在这个类型显著负相关的有 0 个年份；不显著相关的有 13 个年份；显著正相关的有 7 个年份。

5. 扩展类

各年份相关系数均值为 −0.0955，其中 2001 年最小，为 −0.7396；2002 年次小，为 −0.4993；2018 年次大，为 0.5237；2000 年最大，为 1.0000。2000 年至 2019 年共 20 年间，体育彩票与福利彩票在这个类型显著负相关的有 5 个年份；不显著相关的有 13 个年份；显著正相关的有 2 个年份。

6. 全部类型

各年份相关系数均值为 0.1037，其中 2003 年最小，为 −0.4812；2004 年次小，为 −0.3640；2016 年次大，为 0.4011；2005 年最大，为 0.4454。2000 年至 2019 年共 20 年间，体育彩票与福利彩票在这个类型显著负相关的有 1 个年份；不显著相关的有 17 个年份；显著正相关的有 2 个年份。

综上，体育彩票与福利彩票在上述 6 个类型显著负相关比例为 8.33%；不显著相关比例为 56.67%；显著正相关比例为 35.00%。

二、机构运营方式

表 8-6 和图 8-6 反映了彩票机构运营方式的运营指数。其中，各类型体育彩票与对应类型福利彩票的相关情况如下。

表8-6　各年份体育彩票与福利彩票运营指数在各省份间的相关系数

类型	即开型	乐透型	数字型	快速型	扩展类	全部类型
均值	0.5462	-0.0282	0.5638	0.4485	-0.0955	0.1037
最小年份	2002	2003	2002	2008	2001	2003
最小值	-0.0648	-0.5867	-0.3042	-0.3870	-0.7396	-0.4812
次小年份	2004	2004	2001	2007	2002	2004
次小值	-0.0482	-0.5479	-0.2478	-0.2037	-0.4993	-0.3640
次大年份	2019	2018	2016	2000	2018	2016
次大值	0.8541	0.3778	0.8312	1.0000	0.5237	0.4011
最大年份	2018	2016	2000	2001	2000	2005
最大值	0.8993	0.3860	1.0000	1.0000	1.0000	0.4454
负相关年份数	0	4	0	0	5	1
不相关年份数	5	16	4	13	13	17
正相关年份数	15	0	16	7	2	2

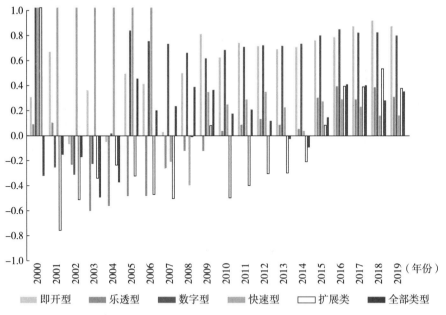

图8-6　各年份体育彩票与福利彩票运营指数在各省份间的相关系数

1. 即开型

各年份相关系数均值为0.5462，其中2002年最小，为-0.0648；2004年次小，为-0.0482；2019 年次大，为 0.8541；2018 年最大，为 0.8993。2000 年至 2019 年共 20 年间，体育彩票与福利彩票在这个类型显著负相关的有 0 个年份；不显著相关的有 5 个年份；显著正相关的有 15 个年份。

2. 乐透型

各年份相关系数均值为-0.0282，其中 2003 年最小，为-0.5867；2004 年次小，为-0.5479；2018 年次大，为 0.3778；2016 年最大，为 0.3860。2000 年至 2019 年共 20 年间，体育彩票与福利彩票在这个类型显著负相关的有 4 个年份；不显著相关的有 16 个年份；显著正相关的有 0 个年份。

3. 数字型

各年份相关系数均值为 0.5638，其中 2002 年最小，为-0.3042；2001 年次小，为-0.2478；2016 年次大，为 0.8312；2000 年最大，为 1.0000。2000 年至 2019 年共 20 年间，体育彩票与福利彩票在这个类型显著负相关的有 0 个年份；不显著相关的有 4 个年份；显著正相关的有 16 个年份。

4. 快速型

各年份相关系数均值为 0.4485，其中 2008 年最小，为-0.3870；2007 年次小，为-0.2037；2000 年至 2006 年均为 1.0000，且同为最大值。2000 年至 2019 年共 20 年间，体育彩票与福利彩票在这个类型显著负相关的有 0 个年份；不显著相关的有 13 个年份；显著正相关的有 7 个年份。

5. 扩展类

各年份相关系数均值为-0.0955，其中 2001 年最小，为-0.7396；2002 年次小，为-0.4993；2018 年次大，为 0.5237；2000 年最大，为 1.0000。2000 年至 2019 年共 20 年间，体育彩票与福利彩票在这个类型显著负相关的有 5 个年份；不显著相关的有 13 个年份；显著正相关的有 2 个年份。

6. 全部类型

各年份相关系数均值为 0.1037，其中 2003 年最小，为-0.4812；2004 年次小，为-0.3640；2016 年次大，为 0.4011；2005 年最大，为 0.4454。2000 年至 2019 年共 20 年间，体育彩票与福利彩票在这个类型显著负相关的有 1 个年份；不显著相关的有 17 个年份；显著正相关的有 2 个年份。

综上，体育彩票与福利彩票在上述 6 个类型显著负相关比例为 8.33%；不显著相关比例为 56.67%；显著正相关比例为 35.00%。

三、资金盈利能力

表 8-7 和图 8-7 反映了彩票资金盈利能力的盈利指数。其中，各类型体育彩票与对应类型福利彩票的相关情况如下。

表 8-7　各年份体育彩票与福利彩票盈利指数在各省份间的相关系数

类型	即开型	乐透型	数字型	快速型	扩展类	全部类型
均值	0.4995	0.1775	0.2063	0.2074	-0.0740	0.1773
最小年份	2005	2001	2000	2000	2016	2010
最小值	0.0000	0.0000	0.0000	0.0000	-0.7591	-0.3255
次小年份	2005	2001	2000	2000	2017	2014
次小值	0.0000	0.0000	0.0000	0.0000	-0.7061	-0.3171
次大年份	2017	2018	2016	2014	2007	2007
次大值	1.0000	0.7806	0.7028	0.7142	0.1610	0.5963
最大年份	2016	2019	2019	2009	2008	2005
最大值	1.0000	0.8644	0.7113	0.7363	0.3356	0.6343
负相关年份数	0	0	0	0	2	0
不相关年份数	9	16	14	16	18	13
正相关年份数	11	4	6	4	0	7

1. 即开型

各年份相关系数均值为 0.4995，其中 2005 年至 2007 年、2009 年、2011 年至 2013 年以及 2019 年均为 0.0000，同为最小值；2015 年至 2016 年均为 1.0000，同为最大值。2000 年至 2019 年共 20 年间，体育彩票与福利彩票在这个类型显著负相关的有 0 个年份；不显著相关的有 9 个年份；显著正相关的有 11 个年份。

2. 乐透型

各年份相关系数均值为 0.1775，其中 2001 年至 2015 年均为 0.000，同为最小值；2018 年次大，为 0.7806；2019 年最大，为 0.644。2000 年至 2019 年共 20 年间，体育彩票与福利彩票在这个类型显著负相关的有 0 个年份；不显著相关的有 16 个年份；显著正相关的有 4 个年份。

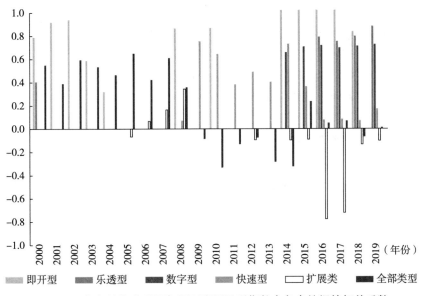

图 8-7 各年份体育彩票与福利彩票盈利指数在各省份间的相关系数

3. 数字型

各年份相关系数均值为 0.2063，其中 2000 年至 2013 年均为 0.0000，同为最小值；2016 年次大，为 0.7023；2019 年最大，为 0.713。2000 年至 2019 年共 20 年间，体育彩票与福利彩票在这个类型显著负相关的有 0 个年份；不显著相关的有 14 个年份；显著正相关的有 6 个年份。

4. 快速型

各年份相关系数均值为 0.2074，其中 2000 年至 2007 年均为 0.0000，同为最小值；2014 年次大，为 0.7142；2009 年最大，为 0.7363。2000 年至 2019 年共 20 年间，体育彩票与福利彩票在这个类型显著负相关的有 0 个年份；不显著相关的有 16 个年份；显著正相关的有 4 个年份。

5. 扩展类

各年份相关系数均值为 -0.0740，其中 2016 年最小，为 -0.7591；2017 年次小，为 -0.7061；2007 年次大，为 0.1610；2008 年最大，为 0.3356。2000 年至 2019 年共 20 年间，体育彩票与福利彩票在这个类型显著负相关的有 2 个年份；不显著相关的有 18 个年份；显著正相关的有 0 个年份。

6. 全部类型

各年份相关系数均值为 0.1773，其中 2010 年最小，为 -0.3255；2014 年次小,为-0.3171;2007年次大,为0.5963;2005年最大,为0.6343。2000年至2019年共20年间,体育彩票与福利彩票在这个类型显著负相关的有0个年份;不显著相关的有13个年份;显著正相关的有7个年份。

综上,体育彩票与福利彩票在上述6个类型显著负相关比例为1.67%;不显著相关比例为71.67%;显著正相关比例为26.67%。

四、整体稳健态势

表8-8和图8-8反映了彩票整体稳健态势的稳健指数。其中,各类型体育彩票与对应类型福利彩票的相关情况如下。

表8-8 各年份体育彩票与福利彩票稳健指数在各省份间的相关系数

类型	即开型	乐透型	数字型	快速型	扩展类	全部类型
均值	0.5700	-0.0610	0.5406	0.4784	-0.1222	0.0493
最小年份	2002	2003	2002	2008	2001	2003
最小值	0.0686	-0.6365	-0.3480	-0.3423	-0.7283	-0.4523
次小年份	2007	2004	2001	2007	2002	2000
次小值	0.0991	-0.5957	-0.3136	-0.1353	-0.7111	-0.3323
次大年份	2017	2018	2016	2000	2018	2008
次大值	0.8980	0.3353	0.7799	1.0000	0.5250	0.3900
最大年份	2018	2016	2000	2000	2000	2005
最大值	0.9421	0.3354	1.0000	1.0000	1.0000	0.4133
负相关年份数	0	4	0	0	7	1
不相关年份数	6	16	4	12	9	18
正相关年份数	14	0	16	8	4	1

1. 即开型

各年份相关系数均值为0.5700,其中2002年最小,为0.0686;2007年次小,为0.0991;2017年次大,为0.8980;2018年最大,为0.9421。2000年至2019年共20年间,体育彩票与福利彩票在这个类型显著负相关的有0个年份;不显著相关的有6个年份;显著正相关的有14个年份。

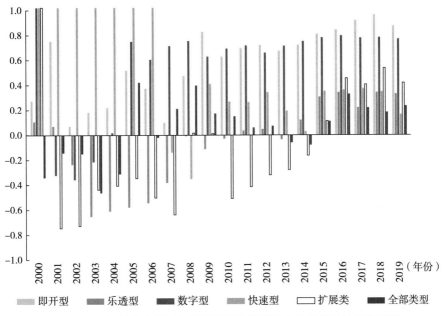

图 8-8 各年份体育彩票与福利彩票稳健指数在各省份间的相关系数

2. 乐透型

各年份相关系数均值为 -0.0610，其中 2003 年最小，为 -0.6365；2004 年次小，为 -0.5957；2018 年次大，为 0.3353；2016 年最大，为 0.3354。2000 年至 2019 年共 20 年间，体育彩票与福利彩票在这个类型显著负相关的有 4 个年份；不显著相关的有 16 个年份；显著正相关的有 0 个年份。

3. 数字型

各年份相关系数均值为 0.5406，其中 2002 年最小，为 -0.3480；2001 年次小，为 -0.3136；2016 年次大，为 0.7799；2000 年最大，为 1.0000。2000 年至 2019 年共 20 年间，体育彩票与福利彩票在这个类型显著负相关的有 0 个年份；不显著相关的有 4 个年份；显著正相关的有 16 个年份。

4. 快速型

各年份相关系数均值为 0.4784，其中 2008 年最小，为 -0.3423；2007 年次小，为 -0.1353；2000 年至 2006 年均为 1.0000，同为最大值。2000 年至 2019 年共 20 年间，体育彩票与福利彩票在这个类型显著负相关的有 0 个年份；不显著相关的有 12 个年份；显著正相关的有 8 个年份。

5. 扩展类

各年份相关系数均值为-0.1222，其中2001年最小，为-0.7283；2002年次小，为-0.7111；2018年次大，为0.5250；2000年最大，为1.0000。2000年至2019年共20年间，体育彩票与福利彩票在这个类型显著负相关的有7个年份；不显著相关的有9个年份；显著正相关的有4个年份。

6. 全部类型

各年份相关系数均值为0.0493，其中2003年最小，为-0.4523；2000年次小，为-0.3323；2008年次大，为0.3900；2005年最大，为0.4133。2000年至2019年共20年间，体育彩票与福利彩票在这个类型显著负相关的有1个年份；不显著相关的有18个年份；显著正相关的有1个年份。

综上，体育彩票与福利彩票在上述6个类型显著负相关比例为10.00%；不显著相关比例为54.17%；显著正相关比例为35.83%。

第三节　总体角度

本节从总体角度考察全国范围各类型体育彩票与对应类型福利彩票的各项综合总体指数在2000年至2019年共20年的各年份间的相关系数。

如表8-9和图8-9所示，各类型体育彩票与对应类型福利彩票的各项综合总体指数相关情况如下。

表8-9　体育彩票与福利彩票各项总体指数在各年份间的相关系数

指数	项目	即开型	乐透型	数字型	快速型	扩展类	全部类型
适量指数	数值	0.6883	0.2037	0.8823	0.9866	0.5614	0.6142
	相关性	正相关	不相关	正相关	正相关	正相关	正相关
公平指数	数值	0.5060	0.3700	0.0853	0.1110	-0.1941	0.4467
	相关性	正相关	不相关	不相关	不相关	不相关	正相关
效率指数	数值	0.8961	0.9749	0.9993	0.9986	-0.1582	0.1704
	相关性	正相关	正相关	正相关	正相关	不相关	不相关
合意指数	数值	0.7084	0.1832	0.8027	0.9904	0.5025	0.5039
	相关性	正相关	不相关	正相关	正相关	正相关	正相关

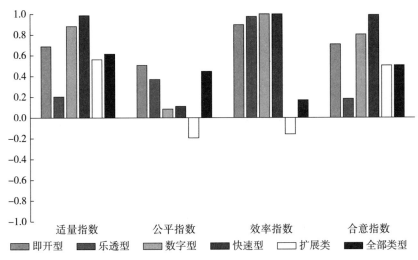

图8-9　体育彩票与福利彩票各项总体指数在各年份间的相关系数

一、销售适量水平

反映销售适量水平的适量指数，各类型体育彩票与对应类型福利彩票，显著负相关的有 0 个类型；不显著相关的有 1 个类型：乐透型 0.2037；显著正相关的有 5 个类型：即开型 0.6883，数字型 0.8823，快速型 0.9866，扩展类 0.5614，全部类型 0.6142。

二、销售公平状况

反映销售公平状况的公平指数，各类型体育彩票与对应类型福利彩票，显著负相关的有 0 个类型；不显著相关的有 4 个类型：乐透型 0.3700，数字型 0.0853，快速型 0.1110，扩展类 -0.1941；显著正相关的有 2 个类型：即开型 0.5060，全部类型 0.4467。

三、资金筹集效率

反映资金筹集效率的效率指数，各类型体育彩票与对应类型福利彩票，显著负相关的有 0 个类型；不显著相关的有 2 个类型：扩展类 -0.1582，全部类型 0.1704；显著正相关的有 4 个类型：即开型 0.8961，乐透型 0.9749，数字型

0.9993，快速型 0.9986。

四、整体合意状态

反映整体合意状态的合意指数，各类型体育彩票与对应类型福利彩票，显著负相关的有 0 个类型；不显著相关的有 1 个类型：乐透型 0.1832；显著正相关的有 5 个类型：即开型 0.7084，数字型 0.8027，快速型 0.9904，扩展类 0.5025，全部类型 0.5039。

第四节　社会福利效果对比

一、全国历年对比

比较体育彩票和福利彩票 2000 年至 2019 年共 20 年间，全国总体各方面社会福利效果异同以及处于得当等级的年份，结果如表 8-10 和图 8-10 所示。

表 8-10　体育彩票与福利彩票历年总体各方面社会福利效果对比

指数	项目	彩票	即开型	乐透型	数字型	快速型	扩展类	全部类型
适量指数	同年份等级较优	两者相同	15	13	13	20	8	18
		体育彩票	1	7	5	0	6	1
		福利彩票	4	0	2	0	6	1
		差额	-3	7	3	0	0	0
	同年份指数值较优	两者相同	0	0	1	7	1	0
		体育彩票	5	15	9	8	8	13
		福利彩票	15	5	10	5	11	7
		差额	-10	10	-1	3	-3	6
公平指数	同年份等级较优	两者相同	20	20	20	20	20	20
		体育彩票	0	0	0	0	0	0
		福利彩票	0	0	0	0	0	0
		差额	0	0	0	0	0	0

指数	项目	彩票	即开型	乐透型	数字型	快速型	扩展类	全部类型
公平指数	同年份指数值较优	两者相同	0	0	1	7	1	0
		体育彩票	5	9	16	6	6	19
		福利彩票	15	11	3	7	13	1
		差额	−10	−2	13	−1	−7	18
效率指数	同年份等级较优	两者相同	20	20	20	20	19	20
		体育彩票	0	0	0	0	1	0
		福利彩票	0	0	0	0	0	0
		差额	0	0	0	0	1	0
	同年份指数值较优	两者相同	8	15	14	7	1	0
		体育彩票	7	4	6	11	6	10
		福利彩票	5	1	0	2	13	10
		差额	2	3	6	9	−7	0
合意指数	同年份等级较优	两者相同	20	20	19	20	16	20
		体育彩票	0	0	0	0	0	0
		福利彩票	0	0	1	0	4	0
		差额	0	0	−1	0	−4	0
	同年份指数值较优	两者相同	0	0	1	7	1	0
		体育彩票	3	12	11	10	6	14
		福利彩票	17	8	8	3	13	6
		差额	−14	4	3	7	−7	8

1. 销售适量水平

在等级上，①即开型，体育彩票较逊；②乐透型，体育彩票较优；③数字型，体育彩票较优；④快速型，两者一致；⑤扩展类，两者一致；⑥全部类型，两者一致。在指数值上，①即开型，体育彩票较逊；②乐透型，体育彩票较优；③数字型，体育彩票较逊；④快速型，体育彩票较优；⑤扩展类，体育彩票较逊；⑥全部类型，体育彩票较优。

2. 销售公平状况

在等级上，①即开型，两者一致；②乐透型，两者一致；③数字型，两者一致；④快速型，两者一致；⑤扩展类，两者一致；⑥全部类型，两者一致。在指

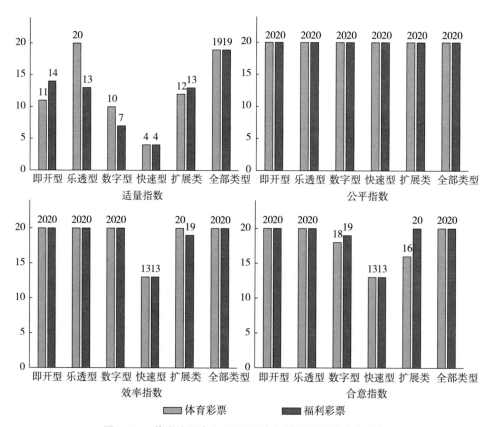

图 8-10　体育彩票与福利彩票社会福利效果得当年份数

数值上，①即开型，体育彩票较逊；②乐透型，体育彩票较逊；③数字型，体育彩票较优；④快速型，体育彩票较逊；⑤扩展类，体育彩票较逊；⑥全部类型，体育彩票较优。

3. 资金筹集效率

在等级上，①即开型，两者一致；②乐透型，两者一致；③数字型，两者一致；④快速型，两者一致；⑤扩展类，体育彩票较优；⑥全部类型，两者一致。在指数值上，①即开型，体育彩票较优；②乐透型，体育彩票较优；③数字型，体育彩票较优；④快速型，体育彩票较优；⑤扩展类，体育彩票较逊；⑥全部类型，两者一致。

4. 整体合意状态

在等级上，①即开型，两者一致；②乐透型，两者一致；③数字型，体育彩票较逊；④快速型，两者一致；⑤扩展类，体育彩票较逊；⑥全部类型，两者一致。在指数值上，①即开型，体育彩票较逊；②乐透型，体育彩票较优；③数字型，体育彩票较优；④快速型，体育彩票较优；⑤扩展类，体育彩票较逊；⑥全部类型，体育彩票较优。

二、各省份 2019 年对比

比较体育彩票和福利彩票在 2019 年全国 31 个省份个体各方面社会福利效果异同以及处于得当等级的省份，结果如表 8-11 和图 8-11 所示。

表 8-11　体育彩票与福利彩票各省份 2019 年各方面社会福利效果对比

指数	项目	彩票	即开型	乐透型	数字型	快速型	扩展类	全部类型
开发指数	同省份等级较优	两者相同	28	22	14	16	9	19
		体育彩票	1	1	8	9	4	8
		福利彩票	2	8	9	6	18	4
		差额	−1	−7	−1	3	−14	4
	同省份指数值较优	两者相同	0	0	0	0	0	0
		体育彩票	15	11	14	18	4	14
		福利彩票	16	20	17	13	27	17
		差额	−1	−9	−3	5	−23	−3
运营指数	同省份等级较优	两者相同	25	26	23	11	11	20
		体育彩票	3	1	7	10	12	8
		福利彩票	3	4	1	10	8	3
		差额	0	−3	6	0	4	5
	同省份指数值较优	两者相同	0	0	0	0	0	0
		体育彩票	12	11	24	14	14	19
		福利彩票	19	20	7	17	17	12
		差额	−7	−9	17	−3	−3	7
盈利指数	同省份等级较优	两者相同	31	31	31	21	31	30
		体育彩票	0	0	0	7	0	0
		福利彩票	0	0	0	3	0	1
		差额	0	0	0	4	0	−1
	同省份指数值较优	两者相同	31	0	0	0	0	0
		体育彩票	0	25	27	19	27	13

续表

指数	项目	彩票	即开型	乐透型	数字型	快速型	扩展类	全部类型
盈利指数	同省份指数值较优	福利彩票	0	6	4	12	4	18
		差额	0	19	23	7	23	-5
稳健指数	同省份等级较优	两者相同	27	28	23	16	7	23
		体育彩票	1	1	6	10	5	7
		福利彩票	3	2	2	5	19	1
		差额	-2	-1	4	5	-14	6
稳健指数	同省份指数值较优	两者相同	0	0	0	0	0	0
		体育彩票	11	9	16	17	6	14
		福利彩票	20	22	15	14	25	17
		差额	-9	-13	1	3	-19	-3

1. 市场开发程度

在等级上，①即开型，体育彩票较逊；②乐透型，体育彩票较逊；③数字型，体育彩票较逊；④快速型，体育彩票较优；⑤扩展类，体育彩票较逊；⑥全部类型，体育彩票较优。在指数值上，①即开型，体育彩票较逊；②乐透型，体育彩票较逊；③数字型，体育彩票较逊；④快速型，体育彩票较优；⑤扩展类，体育彩票较逊；⑥全部类型，体育彩票较逊。

2. 机构运营方式

在等级上，①即开型，两者一致；②乐透型，体育彩票较逊；③数字型，体育彩票较优；④快速型，两者一致；⑤扩展类，体育彩票较优；⑥全部类型，体育彩票较优。在指数值上，①即开型，体育彩票较逊；②乐透型，体育彩票较逊；③数字型，体育彩票较优；④快速型，体育彩票较逊；⑤扩展类，体育彩票较逊；⑥全部类型，体育彩票较优。

3. 资金盈利能力

在等级上，①即开型，两者一致；②乐透型，两者一致；③数字型，两者一致；④快速型，体育彩票较优；⑤扩展类，两者一致；⑥全部类型，体育彩票较逊。在指数值上，①即开型，两者一致；②乐透型，体育彩票较优；③数字型，体育彩票较优；④快速型，体育彩票较优；⑤扩展类，体育彩票较优；⑥全部类型，体育彩票较逊。

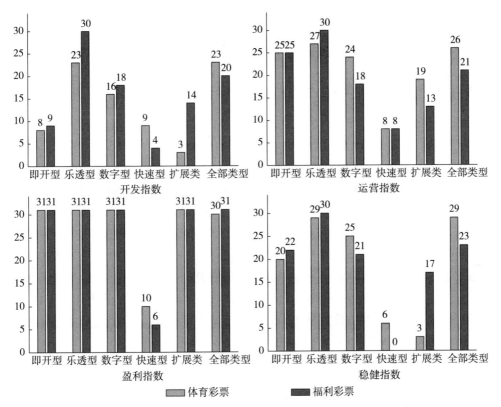

图 8-11 体育彩票与福利彩票 2019 年社会福利效果得当省份数

4. 整体稳健态势

在等级上，①即开型，体育彩票较逊；②乐透型，体育彩票较逊；③数字型，体育彩票较优；④快速型，体育彩票较优；⑤扩展类，体育彩票较逊；⑥全部类型，体育彩票较优。在指数值上，①即开型，体育彩票较逊；②乐透型，体育彩票较逊；③数字型，体育彩票较优；④快速型，体育彩票较优；⑤扩展，体育彩票较逊；⑥全部类型，体育彩票较逊。

三、小结

综上所述，无论是 2000 年至 2019 年全国总体的各方面社会福利效果，还是 2019 年全国各省份的各方面社会福利效果，各类型体育彩票与对应类型福利彩票的社会福利效果在等级上基本一致，只是在指数值上有所差异。

这进一步证实了体育彩票与福利彩票的同进同退的互补关系。

第九章 重大政策对体育彩票市场的影响

本章考察 2015 年"互联网彩票禁售"和 2019 年"新兴类彩票调整"两项重大政策对中国体育彩票社会福利效果的影响。首先，介绍社会福利效果变化的分类，以及考察这两项重大政策的原因。其次，分别从全国总体、各省份和各类型彩票三个方面，分别考察上述两项政策的社会福利效果变化情况。接下来，对比两项政策的效果，发现无论是从全国层面还是各省份层面，两项政策基本都在各方面改善体育彩票销售的社会福利效果，因此作用是有效的，并且后一政策的效果更好一些，对彩票市场的影响以全国性为主，地区性为辅，而前者刚好相反。最后，进一步发现，两项政策推出时间滞后，导致市场动荡，政策力度不足以及配套措施缺失，因此作用又是有限的。

第一节 评价方法

一、社会福利效果变化的分类

本书中各项指数都是以 0 为最佳点的中性指标，各项指数反映的某个方面社会福利效果，都以 ±0.4 为阈值分为不及、得当和过正三个等级。如图 9-1 所示，根据当年指数绝对值与上年同项指数绝对值之差，将社会福利效果分为三大类：若小于 0，为"效果有改善"；若等于 0，为"效果无变化"；若大于 0，为"效果有恶化"。各大类又进一步细分各小类和各细类。

第一，效果有改善，分为三小类：①若前后两年等级不变，为"同级内改善"。②若从其他等级转至得当，为"晋级式改善"。它又分为两细类：若从不及转至得当，为"上浮式改善"；若从过正转至得当，为"下沉式改善"。③若前后两年等级互换，为"跨级式改善"。它又分为两细类：若从不及转至过正，为"上蹿式改善"；若从过正转至不及，为"下跳式改善"。

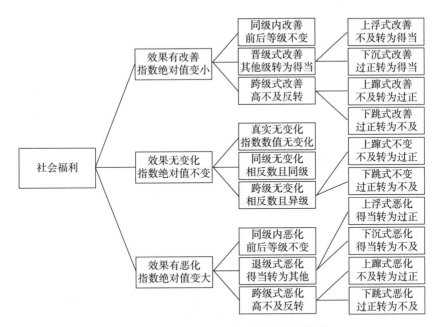

图 9-1　社会福利效果各种变化情况分类

注：在本报告结果中，"效果无变化"大类，只有"真实无变化"这个小类，而没有其余各小类或细类。

第二，效果无变化，分为三小类：①指数值前后两年相同，为"真实无变化"。②前后两年指数值互为相反数，且都在得当，为"同级无变化"。③前后两年指数值互为相反数，且等级不同，为"跨级无变化"。它又分为两细类：若从不及转至过正，为"上蹿式不变"；若从过正转至不及，为"下跳式不变"。

第三，效果有恶化，分为三小类：①若前后两年等级不变，为"同级内恶化"。②若从得当转至其他等级，为"降级式改善"。它又分为两细类：若从得当转至过正，为"上浮式恶化"；若从得当转至不及，为"下沉式恶化"。③若前后两年等级互换，为"跨级式恶化"。它又分为两细类：若从不及转至过正，为"上蹿式恶化"；若从过正转至不及，为"下跳式恶化"。

需要强调的是，以上各种情况只是理论上的，但在现实中，至少是本书内，第二大类"效果无变化"只有"真实无变化"这个小类，而没有其余各小类或细类。因此下文也不再对这个大类进行细分，而统称为"效果无变化"。

另外强调，如第七章第一节所述，开发指数最为核心，因此在各省份层面，本书重点分析两项政策对各省份这项指数的影响。

二、考察两项重大政策的原因

如本书第一章第一节所述，自 20 世纪 80 年代中国彩票业解禁至今，彩票的监管者和管理者曾出台多项政策，本书分析 2015 年 2 月实施的"互联网彩票禁售"和 2019 年 2 月实施的"新兴类彩票调整"两项政策的社会福利效果，原因如下。

首先，这两项政策对彩票销售影响巨大。如表 9-1 所示，从全国范围全部类型体育彩票来看，互联网彩票禁售实施的 2015 年，同比-5.69%，这也是自 2005年以来，它的销售规模首次减少；作为对比，在这一政策尚未实施的当年 1 月，同比 72.64%。同样，新兴彩票调整实施的 2019 年，同比-19.56%，这也是它的销售规模再次减少；作为对比，在这个政策尚未实施的当年 1 月，同比 40.76%。

表 9-1　两项重大政策对体育彩票销售的影响

政策	时段	即开型	乐透型	数字型	快速型	扩展类	全部类型
互联网彩票禁售	2014 年 1 月销量	13.04	21.07	7.86	44.32	26.94	113.23
	2015 年 1 月销量	12.25	29.50	8.15	59.59	85.98	195.47
	2015 年同比	-6.11	40.01	3.77	34.46	219.20	72.64
	2014 年全年销量	157.53	307.12	89.12	595.41	614.80	1763.99
	2015 年全年销量	139.72	304.39	83.60	546.70	589.30	1663.70
	2015 年同比	-11.31	-0.89	-6.20	-8.18	-4.15	-5.69
新兴类彩票调整	2018 年 1 月销量	9.46	33.08	8.25	57.40	81.75	189.94
	2019 年 1 月销量	10.42	31.16	8.57	53.06	164.14	267.36
	2019 年同比	10.25	-5.81	3.90	-7.55	100.77	40.76
	2018 年全年销量	111.00	374.99	90.43	637.62	1655.12	2869.16
	2019 年全年销量	135.58	451.96	94.90	406.26	1219.32	2308.02
	2019 年同比	22.15	20.52	4.94	-36.29	-26.33	-19.56

注：范围为全国总体。同比单位为%，销售单位为亿元。

其次，这两项政策在业界争议很大。①互联网彩票，即以互联网为渠道来销售彩票，有诸多优势：消费者购买彩票便捷，购彩人群会更加广泛，购彩数量也会增加，可以减少发行费用，等等。目前一些发达国家如英国、法国、加拿大、日本以及北欧国家允许互联网彩票。如日本足球彩票通过互联网销售比例在 2017

年为 75%。在中国，台湾、香港和澳门三地都允许互联网彩票。但是，它也有不少弊端：一些彩票机构恶意跨地域倾销；售彩网站做大后反向要挟彩票机构；监管难度大，容易滋生私彩庄家；部分人群尤其是弱势群体过度投注；实体店销售受冲击巨大；等等。因此，也有一些国家如罗马尼亚和马来西亚等一直禁止互联网彩票；而美国只有少数州允许，但开展最早的伊利诺伊州，2016 年互联网彩票销售比例只有 0.5953%。目前中国互联网彩票没有任何放松迹象，也主要是基于上述原因。②快速型和竞猜型等新兴类彩票，在不少国家被归为"博彩"而非"彩票"，在被归为"彩票"的国家或地区，它们的销售比例也不大。例如，日本宝签彩票有快速型，但在 2018 年销售比例只有 1.45%。日本文部科学省发行足球彩票（该国称为体育振兴签，スポーツ振興くじ），目前销售比例最大的品种是虚拟式（ランダム式），2018 年其比例为 60.85%。这个彩票与目前中国江苏省发行的虚拟足球彩票相近，竞猜对象为虚拟比赛，实质上更接近乐透型彩票。中国台湾也发行快速型福利彩票，当地称为"宾果"，2018 年其销售比例为 12.07%。而在中国大陆，2018 年快速型和竞猜型体育彩票销售比例分别为 22.22% 和 57.68%，都大于各自的基准比例 10% 和 20% 两倍以上。

第二节 互联网彩票禁售

2015 年 2 月，财政部、民政部和国家体育总局三部委联合下发《关于开展擅自利用互联网销售彩票行为自查自纠工作有关问题的通知》，同年 4 月，财政部、公安部、国家工商行政管理总局、工业和信息化部、民政部、人民银行、体育总局和银监会八部委联合下发公告，"坚决制止擅自利用互联网销售彩票的行为"和"严厉查处非法彩票"。这等于在"事实上"禁售互联网彩票。随后五年，尽管传闻不断，但互联网彩票一直没有被公开解禁。

2018 年 8 月，财政部、中央文明办、国家发展改革委、工业和信息化部、公安部、民政部、文化和旅游部、人民银行、市场监管总局、体育总局、国家网信办和银保监会十二部委联合下发公告，"坚决禁止擅自利用互联网销售彩票行为""严肃查处企业或个人违法违规网络售彩等行为"和"加大实施失信联合惩戒力度"。

下面从三个角度来分析实施这一政策的 2015 年，相对于 2014 年，中国体育彩票各方面的社会福利效果变化情况。

一、全国总体变化情况

如表 9-2 和图 9-2 所示，"互联网彩票禁售"政策出台的 2015 年，相对于 2014 年，各类型体育彩票各方面社会福利效果的变化情况如下。

表 9-2 体育彩票社会福利效果 2015 年相对 2014 年的变化情况

指数	年份	项目	即开型	乐透型	数字型	快速型	扩展类	全部类型
适量指数	2014	数值	−0.4342	−0.1613	−0.2320	1.3269	0.7577	0.2537
		等级	欠缺	适量	适量	过量	过量	适量
	2015	数值	−0.5073	−0.2314	−0.3049	1.2715	0.6217	0.1012
		等级	欠缺	适量	适量	过量	过量	适量
	效果	定性	恶化	恶化	恶化	改善	改善	改善
		形式	同级内恶化	同级内恶化	同级内恶化	同级内改善	同级内改善	同级内改善
公平指数	2014	数值	−0.1243	−0.0813	−0.0725	−0.0220	0.1286	0.0519
		等级	公平	公平	公平	公平	公平	公平
	2015	数值	−0.1349	−0.0694	−0.1080	−0.0139	0.0655	−0.0495
		等级	公平	公平	公平	公平	公平	公平
	效果	定性	恶化	改善	恶化	改善	改善	改善
		形式	同级内恶化	同级内改善	同级内恶化	同级内改善	同级内改善	同级内改善
效率指数	2014	数值	0.0002	0.0000	−0.0120	−0.5452	−0.1682	−0.1309
		等级	中效	中效	中效	低效	中效	中效
	2015	数值	−0.0060	0.0000	−0.0296	−0.5170	−0.3692	−0.1599
		等级	中效	中效	中效	低效	中效	中效
	效果	定性	恶化	不变	恶化	改善	恶化	恶化
		形式	同级内恶化	效果无变化	同级内恶化	同级内改善	同级内恶化	同级内恶化
合意指数	2014	数值	−0.2110	−0.0889	−0.1182	0.7009	0.3921	0.1563
		等级	合意	合意	合意	亢奋	合意	合意
合意指数	2015	数值	−0.2452	−0.1134	−0.1632	0.6678	0.3791	0.1033
		等级	合意	合意	合意	亢奋	合意	合意
	效果	定性	恶化	恶化	恶化	改善	改善	改善
		形式	同级内恶化	同级内恶化	同级内恶化	同级内改善	同级内改善	同级内改善

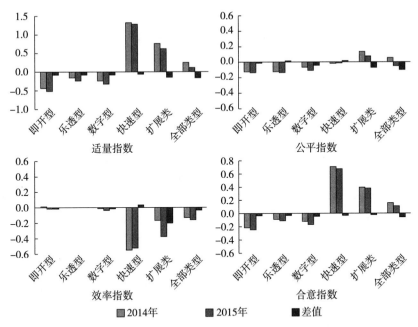

图 9-2 体育彩票社会福利效果 2015 年相对 2014 年的变化情况

1. 销售适量水平

反映销售适量水平的综合适量指数：①即开型体育彩票 2014 年-0.4342，为欠缺，2015 年-0.5073，亦为欠缺，社会福利同级内恶化；②乐透型体育彩票 2014 年-0.1613，为适量，2015 年-0.2314，亦为适量，社会福利同级内恶化；③数字型体育彩票 2014 年-0.2320，为适量，2015 年-0.3049，亦为适量，社会福利同级内恶化；④快速型体育彩票 2014 年 1.3269，为过量，2015 年 1.2715，亦为过量，社会福利同级内改善；⑤扩展类体育彩票 2014 年 0.7577，为过量，2015 年 0.6217，亦为过量，社会福利同级内改善；⑥全部类型体育彩票 2014 年 0.2537，为适量，2015 年 0.1012，亦为适量，社会福利同级内改善。

2. 销售公平状况

反映销售公平状况的综合公平指数：①即开型体育彩票 2014 年-0.1243，为公平，2015 年-0.1349，亦为公平，社会福利同级内恶化；②乐透型体育彩票 2014 年-0.0813，为公平，2015 年-0.0694，亦为公平，社会福利同级内改善；③数字型体育彩票 2014 年-0.0725，为公平，2015 年-0.1080，亦为公平，社会福利同级内恶化；④快速型体育彩票 2014 年-0.0220，为公平，2015 年-0.0139，亦为公平，社会福利同级内改善；⑤扩展类体育彩票 2014 年 0.1286，为公平，

2015 年 0.0655，亦为公平，社会福利同级内改善；⑥全部类型体育彩票 2014 年 0.0519，为公平，2015 年 -0.0495，亦为公平，社会福利同级内改善。

3. 资金筹集效率

反映资金筹集效率的综合效率指数：①即开型体育彩票 2014 年 0.0002，为中效，2015 年 -0.0060，亦为中效，社会福利同级内恶化；②乐透型体育彩票 2014 年 0.0000，为中效，2015 年 0.0000，亦为中效，社会福利效果无变化；③数字型体育彩票 2014 年 -0.0120，为中效，2015 年 -0.0296，亦为中效，社会福利同级内恶化；④快速型体育彩票 2014 年 -0.5452，为低效，2015 年 -0.5170，亦为低效，社会福利同级内改善；⑤扩展类体育彩票 2014 年 -0.1682，为中效，2015 年 -0.3692，亦为中效，社会福利同级内恶化；⑥全部类型体育彩票 2014 年 -0.1309，为中效，2015 年 -0.1599，亦为中效，社会福利同级内恶化。

4. 整体合意状态

反映整体合意状态的综合合意指数：①即开型体育彩票 2014 年 -0.2110，为合意，2015 年 -0.2452，亦为合意，社会福利同级内恶化；②乐透型体育彩票 2014 年 -0.0889，为合意，2015 年 -0.1134，亦为合意，社会福利同级内恶化；③数字型体育彩票 2014 年 -0.1182，为合意，2015 年 -0.1632，亦为合意，社会福利同级内恶化；④快速型体育彩票 2014 年 0.7009，为亢奋，2015 年 0.6678，亦为亢奋，社会福利同级内改善；⑤扩展类体育彩票 2014 年 0.3921，为合意，2015 年 0.3791，亦为合意，社会福利同级内改善；⑥全部类型体育彩票 2014 年 0.1563，为合意，2015 年 0.1033，亦为合意，社会福利同级内改善。

二、各省份变化情况

如表 9-3 和图 9-3 所示，"互联网彩票禁售"政策出台的 2015 年，相对于 2014 年，各类型体育彩票市场开发程度方面社会福利效果的变化情况如下。

表 9-3　体育彩票市场开发程度 2015 年相对 2014 年的变化情况

类型	即开型	乐透型	数字型	快速型	扩展类	全部类型
均值	-0.0731	-0.0701	-0.0729	-0.0554	-0.1360	-0.1525
最小省份	北京	湖南	天津	上海	宁夏	上海
最小值	-0.3006	-1.0638	-0.3791	-1.0647	-1.9288	-1.0921
次小省份	西藏	江西	上海	江西	上海	天津

类型	即开型	乐透型	数字型	快速型	扩展类	全部类型
次小值	−0.1579	−0.6408	−0.3414	−0.7444	−1.5298	−0.7405
次大省份	海南	新疆	新疆	内蒙古	河南	内蒙古
次大值	0.0022	0.0675	0.0538	0.4677	1.2563	0.1890
最大省份	甘肃	西藏	青海	北京	海南	海南
最大值	0.0026	0.0721	0.0660	2.0799	1.4935	0.2264
效果无变化	0	0	0	0	0	0
效果有改善	4	16	9	19	20	20
同级内改善	4	13	8	17	14	14
上浮式改善	0	1	1	1	1	0
下沉式改善	0	1	0	1	5	6
上蹿式改善	0	0	0	0	0	0
下跳式改善	0	1	0	0	0	0
效果有恶化	27	15	22	12	11	11
同级内恶化	24	12	16	9	5	9
上浮式恶化	0	0	0	2	5	2
下沉式恶化	3	3	6	1	0	0
上蹿式恶化	0	0	0	0	1	0
下跳式恶化	0	0	0	0	0	0

1. 即开型体育彩票

各省份综合开发指数 2015 年减去 2014 年之差的均值为 −0.0731，其中北京最小，为 −0.3006；西藏次小，为 −0.1579；海南次大，为 0.0022；甘肃最大，为 0.0026。社会福利效果变化情况：①效果无变化共有 0 个省份；②效果有改善共有 4 个省份，其中同级内改善 4 个，上浮式改善 0 个，下沉式改善 0 个，上蹿式改善 0 个，下跳式改善 0 个；③效果有恶化共有 27 个省份，其中同级内恶化 24 个，上浮式恶化 0 个，下沉式恶化 3 个，上蹿式恶化 0 个，下跳式恶化 0 个。

2. 乐透型体育彩票

各省份综合开发指数 2015 年减去 2014 年之差的均值为 −0.0701，其中湖南最小，为 −1.0638；江西次小，为 −0.6408；新疆次大，为 0.0675；西藏最大，为 0.0721。社会福利效果变化情况：①效果无变化共有 0 个省份；②效果有改善共

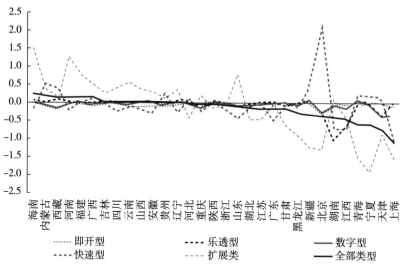

图 9-3 体育彩票市场开发程度 2015 年相对 2014 年的变化情况

注：各省份按全部类型体育彩票综合开发指数变化值从大到小排位。

有 16 个省份，其中同级内改善 13 个，上浮式改善 1 个，下沉式改善 1 个，上蹿式改善 0 个，下跳式改善 1 个；③效果有恶化共有 15 个省份，其中同级内恶化 12 个，上浮式恶化 0 个，下沉式恶化 3 个，上蹿式恶化 0 个，下跳式恶化 0 个。

3. 数字型体育彩票

各省份综合开发指数 2015 年减去 2014 年之差的均值为 -0.0729，其中天津最小，为 -0.3791；上海次小，为 -0.3414；新疆次大，为 0.0538；青海最大，为 0.0660。社会福利效果变化情况：①效果无变化共有 0 个省份；②效果有改善共有 9 个省份，其中同级内改善 8 个，上浮式改善 1 个，下沉式改善 0 个，上蹿式改善 0 个，下跳式改善 0 个；③效果有恶化共有 22 个省份，其中同级内恶化 16 个，上浮式恶化 0 个，下沉式恶化 6 个，上蹿式恶化 0 个，下跳式恶化 0 个。

4. 快速型体育彩票

各省份综合开发指数 2015 年减去 2014 年之差的均值为 -0.0554，其中上海最小，为 -1.0647；江西次小，为 -0.7444；内蒙古次大，为 0.4677；北京最大，为 2.0799。社会福利效果变化情况：①效果无变化共有 0 个省份；②效果有改善共有 19 个省份，其中同级内改善 17 个，上浮式改善 1 个，下沉式改善 1 个，上蹿式改善 0 个，下跳式改善 0 个；③效果有恶化共有 12 个省份，其中同级内恶化 9 个，上浮式恶化 2 个，下沉式恶化 1 个，上蹿式恶化 0 个，下跳式恶化 0 个。

5. 扩展类体育彩票

各省份综合开发指数 2015 年减去 2014 年之差的均值为-0.1360，其中宁夏最小，为-1.9288；上海次小，为-1.5298；河南次大，为 1.2563；海南最大，为 1.4935。社会福利效果变化情况：①效果无变化共有 0 个省份；②效果有改善共有 20 个省份，其中同级内改善 14 个，上浮式改善 1 个，下沉式改善 5 个，上蹿式改善 0 个，下跳式改善 0 个；③效果有恶化共有 11 个省份，其中同级内恶化 5 个，上浮式恶化 5 个，下沉式恶化 0 个，上蹿式恶化 1 个，下跳式恶化 0 个。

6. 全部类型体育彩票

各省份综合开发指数 2015 年减去 2014 年之差的均值为-0.1525，其中上海最小，为-1.0921；天津次小，为-0.7405；内蒙古次大，为 0.1890；海南最大，为 0.2264。社会福利效果变化情况：①效果无变化共有 0 个省份；②效果有改善共有 20 个省份，其中同级内改善 14 个，上浮式改善 0 个，下沉式改善 6 个，上蹿式改善 0 个，下跳式改善 0 个；③效果有恶化共有 11 个省份，其中同级内恶化 9 个，上浮式恶化 2 个，下沉式恶化 0 个，上蹿式恶化 0 个，下跳式恶化 0 个。

三、各类型彩票变化情况

进一步地，通过计算得出的各类型体育彩票相应指标前后两年的计量回归和统计分析的结果如表 9-4 和图 9-4 所示。

表 9-4　互联网彩票禁售政策实施前后体育彩票开发指数计量统计结果

指标	项目	即开型	乐透型	数字型	快速型	扩展类	全部类型
Y 为 2015 年指数值	常数	-0.0855	-0.1446	-0.0802	0.1388	0.4279	0.0105
	斜率	0.9715	0.5380	0.9684	0.8537	0.2558	0.3575
	显著性	(27.98) ***	(4.26) ***	(17.01) ***	(7.89) ***	(2.58) **	(2.75) **
	拟合度	0.9643	0.3851	0.9089	0.6822	0.1870	0.2069
	相关系数	0.9820	0.6206	0.9533	0.8259	0.4325	0.4548
	相关程度	正相关	正相关	正相关	正相关	正相关	正相关
Y 为 2015 年相对 2014 年变化值	常数	-0.0855	-0.1446	-0.0802	0.1388	0.4279	0.0105
	斜率	-0.0285	-0.4620	-0.0316	-0.1463	-0.7442	-0.6425
	显著性	(0.82)	(3.66) ***	(0.56)	(1.35)	(7.51) ***	(4.94) ***

续表

指标	项目	即开型	乐透型	数字型	快速型	扩展类	全部类型
Y 为 2015 年相对 2014 年变化值	拟合度	0.0227	0.3160	0.0105	0.0593	0.6606	0.4571
	相关系数	−0.1507	−0.5621	−0.1025	−0.2436	−0.8128	−0.6761
	相关程度	不相关	负相关	不相关	不相关	负相关	负相关

注：*** 表示 1% 以下置信区间；** 表示 1% 至 5% 置信区间；* 表示 5% 至 10% 置信区间。

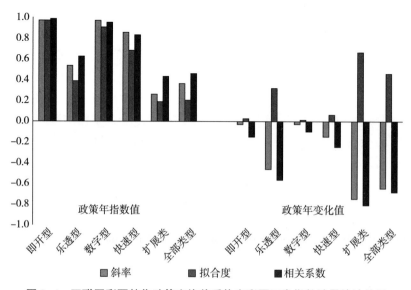

图 9-4 互联网彩票禁售政策实施前后体育彩票开发指数计量统计结果

1. 当年开发指数与上年开发指数的关系

以各省份各类型体育彩票综合开发指数 2015 年数值为 Y，2014 年数值为 X，则：①即开型，回归结果为 Y = 0.9715X − 0.0855，斜率显著异于 0，拟合度 0.9643。相关系数 0.9820，为正相关。②乐透型，回归结果为 Y = 0.5380X − 0.1446，斜率显著异于 0，拟合度 0.3851。相关系数 0.6206，为正相关。③数字型，回归结果为 Y = 0.9684X − 0.0802，斜率显著异于 0，拟合度 0.9089。相关系数 0.9533，为正相关。④快速型，回归结果为 Y = 0.8537X + 0.1388，斜率显著异于 0，拟合度 0.6822。相关系数 0.8259，为正相关。⑤扩展类，回归结果为 Y = 0.2558X + 0.4279，斜率显著异于 0，拟合度 0.1870。相关系数 0.4325，为正相关。⑥全部类型，回归结果为 Y = 0.3575X + 0.0105，斜率显著异于 0，拟合度 0.2069。相关系数 0.4548，为正相关。

2. 当年开发指数变化值与上年开发指数的关系

以各省份各类型体育彩票综合开发指数 2015 年变化值为 Y，2014 年数值为 X，则：①即开型，回归结果为 Y = -0.0285X-0.0855，斜率不显著异于 0，拟合度 0.0227。相关系数-0.1507，为不相关。②乐透型，回归结果为 Y = -0.4620X-0.1446，斜率显著异于 0，拟合度 0.3160。相关系数-0.5621，为负相关。③数字型，回归结果为 Y=-0.0316X-0.0802，斜率不显著异于 0，拟合度 0.0105。相关系数-0.1025，为不相关。④快速型，回归结果为 Y=-0.1463X+0.1388，斜率不显著异于 0，拟合度 0.0593。相关系数-0.2436，为不相关。⑤扩展类，回归结果为 Y=-0.7442X+0.4279，斜率显著异于 0，拟合度 0.6606。相关系数-0.8128，为负相关。⑥全部类型，回归结果为 Y = -0.6425X+0.0105，斜率显著异于 0，拟合度 0.4571。相关系数-0.6761，为负相关。

第三节　新兴类彩票调整

2019 年 1 月 28 日，财政部、民政部和国家体育总局三部委联合下发《关于调整高频快开彩票游戏和竞猜彩票游戏规则加强彩票市场监管的通知》，对体育彩票高频型和竞猜型以及福利彩票快开型等彩票（即本书中的新兴类彩票）的游戏规则做出重大调整。该政策于当年 2 月 11 日起正式实施。

这一政策要点如下：①快速型彩票，拉长每期销售时间，增加公益金率 1%，调节基金结余不再用于派奖，信息和宣传内容从严。②竞猜型彩票，单场竞猜品种返奖率从 73% 调为 71%，严格控制竞猜开售比赛数量。③这些彩票单张彩票的投注倍数都减少，加强销售终端管理，停止派奖和促销活动。

下面从三个角度来分析实施这一政策的 2019 年，相对于 2018 年，中国体育彩票各方面的社会福利效果变化情况。

一、全国总体变化情况

如表 9-5 和图 9-5 所示，"新兴类彩票调整"政策出台的 2019 年，相对于上年 2018 年，各类型体育彩票各方面社会福利效果的变化情况如下。

表 9-5 体育彩票社会福利效果 2019 年相对 2018 年的变化情况

指数	年份	项目	即开型	乐透型	数字型	快速型	扩展类	全部类型
适量指数	2018	数值	−0.6865	−0.2781	−0.4169	1.2784	1.7499	0.4726
		等级	欠缺	适量	欠缺	过量	过量	过量
	2019	数值	−0.6546	−0.1928	−0.4312	0.6853	1.2113	0.1435
		等级	欠缺	适量	欠缺	过量	过量	适量
	效果	定性	改善	改善	恶化	改善	改善	改善
		形式	同级内改善	同级内改善	同级内恶化	同级内改善	同级内改善	下沉式改善
公平指数	2018	数值	−0.1346	−0.0748	−0.1189	−0.0455	0.0128	−0.0298
		等级	公平	公平	公平	公平	公平	公平
	2019	数值	−0.1580	−0.0620	−0.1051	−0.0740	0.0140	−0.0631
		等级	公平	公平	公平	公平	公平	公平
	效果	定性	恶化	改善	改善	恶化	恶化	恶化
		形式	同级内恶化	同级内改善	同级内改善	同级内恶化	同级内恶化	同级内恶化
效率指数	2018	数值	0.0000	0.0418	−0.0321	−0.5287	−0.2189	−0.3710
		等级	中效	中效	中效	低效	中效	中效
	2019	数值	0.0000	0.0454	−0.0341	−0.4201	−0.0077	−0.1720
		等级	中效	中效	中效	低效	中效	中效
	效果	定性	不变	恶化	恶化	改善	改善	改善
		形式	效果无变化	同级内恶化	同级内恶化	同级内改善	同级内改善	同级内改善
合意指数	2018	数值	−0.3150	−0.1462	−0.2121	0.6836	0.7694	0.3093
		等级	合意	合意	合意	亢奋	亢奋	合意
	2019	数值	−0.3092	−0.1094	−0.2142	0.4224	0.4910	0.1279
		等级	合意	合意	合意	亢奋	亢奋	合意
	效果	定性	改善	改善	恶化	改善	改善	改善
		形式	同级内改善	同级内改善	同级内恶化	同级内改善	同级内改善	同级内改善

1. 销售适量水平

反映销售适量水平的综合适量指数：①即开型体育彩票 2018 年 −0.6865，为欠缺，2019 年 −0.6546，亦为欠缺，社会福利同级内改善；②乐透型体育彩票 2018 年 −0.2781，为适量，2019 年 −0.1928，亦为适量，社会福利同级内改善；

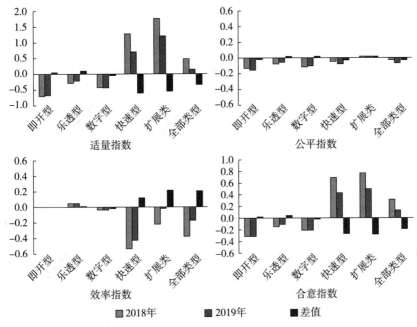

图 9-5 体育彩票社会福利效果 2019 年相对 2018 年的变化情况

③数字型体育彩票 2018 年 -0.4169，为欠缺，2019 年 -0.4312，亦为欠缺，社会福利同级内恶化；④快速型体育彩票 2018 年 1.2784，为过量，2019 年 0.6853，亦为过量，社会福利同级内改善；⑤扩展类体育彩票 2018 年 1.7499，为过量，2019 年 1.2113，亦为过量，社会福利同级内改善；⑥全部类型体育彩票 2018 年 0.4726，为过量，2019 年 0.1435，为适量，社会福利下沉式改善。

2. 销售公平状况

反映销售公平状况的综合公平指数：①即开型体育彩票 2018 年 -0.1346，为公平，2019 年 -0.1580，亦为公平，社会福利同级内恶化；②乐透型体育彩票 2018 年 -0.0748，为公平，2019 年 -0.0620，亦为公平，社会福利同级内改善；③数字型体育彩票 2018 年 -0.1189，为公平，2019 年 -0.1051，亦为公平，社会福利同级内改善；④快速型体育彩票 2018 年 -0.0455，2019 年 -0.0740，亦为公平，社会福利同级内恶化；⑤扩展类体育彩票 2018 年 0.0128，为公平，2019 年 0.0140，亦为公平，社会福利同级内恶化；⑥全部类型体育彩票 2018 年 -0.0298，为公平，2019 年 -0.0631，亦为公平，社会福利同级内恶化。

3. 资金筹集效率

反映资金筹集效率的综合效率指数：①即开型体育彩票 2018 年 0.0000，为中效，2019 年 0.0000，亦为中效，社会福利效果无变化；②乐透型体育彩票 2018 年 0.0418，为中效，2019 年 0.0454，亦为中效，社会福利同级内恶化；③数字型体育彩票 2018 年 -0.0321，为中效，2019 年 -0.0341，亦为中效，社会福利同级内恶化；④快速型体育彩票 2018 年 -0.5287，为低效，2019 年 -0.4201，亦为低效，社会福利同级内改善；⑤扩展类体育彩票 2018 年 -0.2189，为中效，2019 年 -0.0077，亦为中效，社会福利同级内改善；⑥全部类型体育彩票 2018 年 -0.3710，为中效，2019 年 -0.1720，亦为中效，社会福利同级内改善。

4. 整体合意状态

反映整体合意状态的综合合意指数：①即开型体育彩票 2018 年 -0.3150，为合意，2019 年 -0.3092，亦为合意，社会福利同级内改善；②乐透型体育彩票 2018 年 -0.1462，为合意，2019 年 -0.1094，亦为合意，社会福利同级内改善；③数字型体育彩票 2018 年 -0.2121，为合意，2019 年 -0.2142，亦为合意，社会福利同级内恶化；④快速型体育彩票 2018 年 0.6836，为亢奋，2019 年 0.4224，亦为亢奋，社会福利同级内改善；⑤扩展类体育彩票 2018 年 0.7694，为亢奋，2019 年 0.4910，亦为亢奋，社会福利同级内改善；⑥全部类型体育彩票 2018 年 0.3093，为合意，2019 年 0.1279，亦为合意，社会福利同级内改善。

二、各省份变化情况

如表 9-6 和图 9-6 所示，"新兴类彩票调整"政策出台的 2019 年，相对于 2018 年，各类型体育彩票市场开发程度方面社会福利效果的变化情况如下。

表 9-6　体育彩票市场开发程度 2019 年相对 2018 年的变化情况

类型	即开型	乐透型	数字型	快速型	扩展类	全部类型
均值	0.0319	0.0853	-0.0143	-0.5931	-0.5386	-0.3291
最小省份	湖北	湖南	云南	湖北	海南	海南
最小值	-0.1655	-0.3008	-0.2042	-1.2422	-1.5047	-0.6214
次小省份	湖南	广西	福建	海南	福建	福建
次小值	-0.1138	-0.0828	-0.1630	-1.2250	-1.1969	-0.6144
次大省份	天津	山东	山东	吉林	黑龙江	黑龙江
次大值	0.2414	0.2946	0.1496	-0.1573	-0.2084	-0.0889
最大省份	西藏	天津	天津	天津	甘肃	吉林

类型	即开型	乐透型	数字型	快速型	扩展类	全部类型
最大值	0.2734	0.3957	0.2821	−0.0969	−0.1870	0.0236
效果无变化	0	0	0	0	0	0
效果有改善	18	20	15	27	31	28
同级内改善	16	15	12	20	28	18
上浮式改善	2	5	2	0	0	0
下沉式改善	0	0	1	7	3	10
上蹿式改善	0	0	0	0	0	0
下跳式改善	0	0	0	0	0	0
效果有恶化	13	11	16	4	0	3
同级内恶化	13	8	16	3	0	2
上浮式恶化	0	1	0	0	0	0
下沉式恶化	0	2	0	1	0	1
上蹿式恶化	0	0	0	0	0	0
下跳式恶化	0	0	0	0	0	0

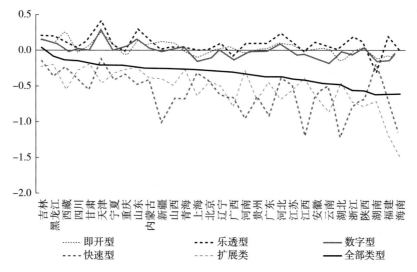

图 9-6 体育彩票市场开发程度 2019 年相对 2018 年的变化情况

注：各省份按全部类型体育彩票开发指数变化数值排位。

1. 即开型体育彩票

各省份综合开发指数 2019 年减去 2018 年之差的均值为 0.0319，其中湖北最小，为 -0.1655；湖南次小，为 -0.1138；天津次大，为 0.2414；西藏最大，为 0.2734。社会福利效果变化情况：①效果无变化共有 0 个省份；②效果有改善共有 18 个省份，其中同级内改善 16 个，上浮式改善 2 个，下沉式改善 0 个，上蹿式改善 0 个，下跳式改善 0 个；③效果有恶化共有 13 个省份，其中同级内恶化 13 个，上浮式恶化 0 个，下沉式恶化 0 个，上蹿式恶化 0 个，下跳式恶化 0 个。

2. 乐透型体育彩票

各省份综合开发指数 2019 年减去 2018 年之差的均值为 0.0853，其中湖南最小，为 -0.3008；广西次小，为 -0.0828；山东次大，为 0.2946；天津最大，为 0.3957。社会福利效果变化情况：①效果无变化共有 0 个省份；②效果有改善共有 20 个省份，其中同级内改善 15 个，上浮式改善 5 个，下沉式改善 0 个，上蹿式改善 0 个，下跳式改善 0 个；③效果有恶化共有 11 个省份，其中同级内恶化 8 个，上浮式恶化 1 个，下沉式恶化 2 个，上蹿式恶化 0 个，下跳式恶化 0 个。

3. 数字型体育彩票

各省份综合开发指数 2019 年减去 2018 年之差的均值为 -0.0143，其中云南最小，为 -0.2042；福建次小，为 -0.1630；山东次大，为 0.1496；天津最大，为 0.2821。社会福利效果变化情况：①效果无变化共有 0 个省份；②效果有改善共有 15 个省份，其中同级内改善 12 个，上浮式改善 2 个，下沉式改善 1 个，上蹿式改善 0 个，下跳式改善 0 个；③效果有恶化共有 16 个省份，其中同级内恶化 16 个，上浮式恶化 0 个，下沉式恶化 0 个，上蹿式恶化 0 个，下跳式恶化 0 个。

4. 快速型体育彩票

各省份综合开发指数 2019 年减去 2018 年之差的均值为 -0.5931，其中湖北最小，为 -1.2422；海南次小，为 -1.2250；吉林次大，为 -0.1573；天津最大，为 -0.0969。社会福利效果变化情况：①效果无变化共有 0 个省份；②效果有改善共有 27 个省份，其中同级内改善 20 个，上浮式改善 0 个，下沉式改善 7 个，上蹿式改善 0 个，下跳式改善 0 个；③效果有恶化共有 4 个省份，其中同级内恶化 3 个，上浮式恶化 0 个，下沉式恶化 1 个，上蹿式恶化 0 个，下跳式恶化 0 个。

5. 扩展类体育彩票

各省份综合开发指数 2019 年减去 2018 年之差的均值为 -0.5386，其中海南最小，为 -1.5047；福建次小，为 -1.1969；黑龙江次大，为 -0.2084；甘肃最大，为-0.1870。社会福利效果变化情况：①效果无变化共有 0 个省份；②效果有改善共有 31 个省份，其中同级内改善 28 个，上浮式改善 0 个，下沉式改善 3 个，上蹿式改善 0 个，下跳式改善 0 个；③效果有恶化共有 0 个省份，其中同级内恶化 0 个，上浮式恶化 0 个，下沉式恶化 0 个，上蹿式恶化 0 个，下跳式恶化 0 个。

6. 全部类型体育彩票

各省份综合开发指数 2019 年减去 2018 年之差的均值为-0.3291，其中海南最小，为-0.6214；福建次小，为-0.6144；黑龙江次大，为-0.0889；吉林最大，为 0.0236。社会福利效果变化情况：①效果无变化共有 0 个省份；②效果有改善共有 28 个省份，其中同级内改善 18 个，上浮式改善 0 个，下沉式改善 10 个，上蹿式改善 0 个，下跳式改善 0 个；③效果有恶化共有 3 个省份，其中同级内恶化 2 个，上浮式恶化 0 个，下沉式恶化 1 个，上蹿式恶化 0 个，下跳式恶化 0 个。

三、各类型彩票变化情况

进一步地，通过计算得出的各类型体育彩票相应指标前后两年的计量回归和统计分析的结果如表 9-7 和图 9-7 所示。

表 9-7　新兴类彩票玩法政策实施前后体育彩票开发指数计量统计结果

指标	项目	即开型	乐透型	数字型	快速型	扩展类	全部类型
Y 为 2019 年数值	常数	0.1074	0.0771	-0.0217	-0.5493	-0.4354	-0.2668
	斜率	1.1100	0.9705	0.9822	0.9658	0.9410	0.8682
	显著性	(21.21)***	(10.42)***	(18.13)***	(15.49)***	(7.45)***	(8.29)***
	拟合度	0.9394	0.7892	0.9189	0.8921	0.6569	0.7031
	相关系数	0.9692	0.8884	0.9586	0.9445	0.8105	0.8385
	相关程度	正相关	正相关	正相关	正相关	正相关	正相关
Y 为 2019 年相对 2018 年变化值	常数	0.1074	0.0771	-0.0217	-0.5493	-0.4354	-0.2668
	斜率	0.1100	-0.0295	-0.0178	-0.0342	-0.0590	-0.1318
	显著性	(2.10)**	(0.32)	(0.33)	(0.55)	(0.47)	(1.26)
	拟合度	0.1321	0.0034	0.0037	0.0103	0.0075	0.0517
	相关系数	0.3635	-0.0587	-0.0607	-0.1014	-0.0864	-0.2274
	相关程度	不相关	不相关	不相关	不相关	不相关	不相关

注：***表示1%以下置信区间；**表示1%至5%置信区间；*表示5%至10%置信区间。

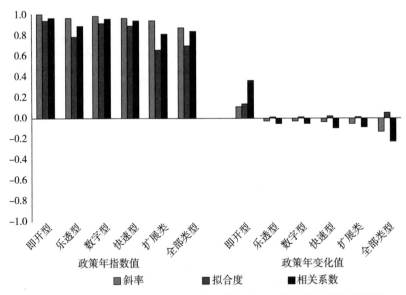

图9-7 新兴类彩票玩法政策实施前后体育彩票开发指数计量统计结果

1. 当年开发指数与上年开发指数的关系

以各省份各类型体育彩票综合开发指数 2019 年数值为 Y，2018 年数值为 X，则：①即开型，回归结果为 Y = 1.1100X + 0.1074，斜率显著异于 0，拟合度 0.9394。相关系数 0.9692，为正相关。②乐透型，回归结果为 Y = 0.9705X + 0.0771，斜率显著异于 0，拟合度 0.7892。相关系数 0.8884，为正相关。③数字型，回归结果为 Y = 0.9822X − 0.0217，斜率显著异于 0，拟合度 0.9189。相关系数 0.9586，为正相关。④快速型，回归结果为 Y = 0.9658X − 0.5493，斜率显著异于 0，拟合度 0.8921。相关系数 0.9445，为正相关。⑤扩展类，回归结果为 Y = 0.9410X − 0.4354，斜率显著异于 0，拟合度 0.6569。相关系数 0.8105，为正相关。⑥全部类型，回归结果为 Y = 0.8682X − 0.2668，斜率显著异于 0，拟合度 0.7031。相关系数 0.8385，为正相关。

2. 当年开发指数变化值与上年开发指数的关系

以各省份各类型体育彩票综合开发指数 2019 年变化值为 Y，2018 年数值为 X，则：①即开型，回归结果为 Y = 0.1100X + 0.1074，斜率显著异于 0，拟合度 0.1321。相关系数 0.3635，为不相关。②乐透型，回归结果为 Y = − 0.0295X + 0.0771，斜率不显著异于 0，拟合度 0.0034。相关系数 − 0.0587，为不相关。③数字型，回归结果为 Y = − 0.0178X − 0.0217，斜率不显著异于 0，拟合度 0.0037。相关系数-0.0607，为不相关。④快速型，回归结果为 Y＝-0.0342X-0.5493，斜率不显著异于 0，拟合度 0.0103。相关系数-0.1014，为不相关。⑤扩展类，回归结果为 Y＝-0.0590X-0.4354，斜率不显著异于 0，拟合度 0.0075。相关系数-0.0864，为不相关。⑥全部类型，回归结果为 Y＝-0.1318X-0.2668，斜率不显著异于 0，拟合度 0.0517。相关系数-0.2274，为不相关。

第四节　两项政策社会福利效果的有效性

一、全国层面

如表9-8所示，各类型体育彩票社会福利效果情况如下。

表9-8　两项政策对于全国总体各方面社会福利效果的影响对比

政策	政策	项目	即开型	乐透型	数字型	快速型	扩展类	全部类型
适量指数	互联网彩票禁售	定性	恶化	恶化	恶化	改善	改善	改善
		细分	同级内恶化	同级内恶化	同级内恶化	同级内改善	同级内改善	同级内改善
	新兴类彩票调整	定性	改善	改善	恶化	改善	改善	改善
		细分	同级内改善	同级内改善	同级内恶化	同级内改善	同级内改善	下沉式改善
公平指数	互联网彩票禁售	定性	恶化	改善	恶化	改善	改善	改善
		细分	同级内恶化	同级内改善	同级内恶化	同级内改善	同级内改善	同级内改善
	新兴类彩票调整	定性	恶化	改善	改善	恶化	恶化	恶化
		细分	同级内恶化	同级内改善	同级内改善	同级内恶化	同级内恶化	同级内恶化
效率指数	互联网彩票禁售	定性	恶化	不变	恶化	改善	恶化	恶化
		细分	同级内恶化	效果无变化	同级内恶化	同级内改善	同级内恶化	同级内恶化
	新兴类彩票调整	定性	不变	恶化	恶化	改善	改善	改善
		细分	效果无变化	同级内恶化	同级内恶化	同级内改善	同级内改善	同级内改善
合意指数	互联网彩票禁售	定性	恶化	恶化	恶化	改善	改善	改善
		细分	同级内恶化	同级内恶化	同级内恶化	同级内改善	同级内改善	同级内改善
	新兴类彩票调整	定性	改善	改善	恶化	改善	改善	改善
		细分	同级内改善	同级内改善	同级内恶化	同级内改善	同级内改善	同级内改善

1. 销售适量水平

因互联网彩票禁售政策改善 3 个、不变 0 个、恶化 3 个；因新兴类彩票调整政策改善 5 个、不变 0 个、恶化 1 个。后一政策与前一政策相对应的三种情况之差分别为 2 个、0 个和 -2 个。

2. 销售公平状况

因互联网彩票禁售政策改善 4 个、不变 0 个、恶化 2 个；因新兴类彩票调整政策改善 2 个、不变 0 个、恶化 4 个。后一政策与前一政策相对应的三种情况之差分别为 -2 个、0 个和 2 个。

3. 资金筹集效率

因互联网彩票禁售政策改善 1 个、不变 1 个、恶化 4 个；因新兴类彩票调整政策改善 3 个、不变 1 个、恶化 2 个。后一政策与前一政策相对应的三种情况之差分别为 2 个、0 个和 -2 个。

4. 整体合意状态

因互联网彩票禁售政策改善 3 个、不变 0 个、恶化 3 个；因新兴类彩票调整政策改善 5 个、不变 0 个、恶化 1 个。后一政策与前一政策相对应的三种情况之差分别为 2 个、0 个和 -2 个。

综上，在全国层面，两项政策大体上在各方面尤其是最重要的销售适量水平方面，都改善了全部类型体育彩票，也即体育彩票整体销售的社会福利效果，这意味着基本实现了制订这些政策的初衷。同时，新兴类彩票调整政策比互联网彩票禁售政策的效果更好一些，特别是在彩票销售适量水平方面，前者效果是"下沉式改善"，即从过量回归至适量，而后者效果只是"同级内改善"。

二、各省份层面

全国 31 个省份 6 个类型彩票，构成 31×6＝186 个数据，归纳两项政策前后各省份以开发指数来衡量的彩票市场开发程度方面社会福利效果变化情况，结果如表 9-9 所示。

1. 社会福利效果改善情况

①互联网彩票禁售政策，效果有改善共 88 个，占总量的 47.31%。其中晋级式改善 17 个，占总量和改善量的比例分别为 9.14% 和 19.32%；同级内改善 70 个，分别为 37.63% 和 79.55%；跨级式改善 1 个，占总量和改善量的比例分别为

0.54%和1.14%。②新兴类彩票调整政策，效果有改善共139个，占总量的74.73%。其中晋级式改善30个，占总量和改善量的比例分别为16.13%和21.58%；同级内改善109个，占总量和改善量的比例分别为58.60%和78.42%；跨级式改善0个，占总量和改善量的比例分别为0.00%和0.00%。③新兴类彩票调整政策与互联网彩票禁售政策相对应的各项目之差如下：效果有改善的数量为51个，占总量的27.42%。其中晋级式改善的数量、占总量比例和占改善量比例三项指标分别为13个、6.99%和2.26%；同级内改善分别为39个、20.97%和−1.13%；跨级式改善分别为−1个、−0.54%和−1.14%。

表9-9　两项政策对于各省份彩票市场开发程度的影响对比

效果	政策	项目	即开型	乐透型	数字型	快速型	扩展类	全部类型	数量	比总量（%）	比改善/恶化量（%）
改善	互联网彩票禁售	效果有改善	4	16	9	19	20	20	88	47.31	
		晋级式改善	0	2	1	2	6	6	17	9.14	19.32
		同级内改善	4	13	8	17	14	14	70	37.63	79.55
		跨级式改善	0	1	0	0	0	0	1	0.54	1.14
	新兴类彩票调整	效果有改善	18	20	15	27	31	28	139	74.73	
		晋级式改善	2	5	3	7	3	10	30	16.13	21.58
		同级内改善	16	15	12	20	28	18	109	58.60	78.42
		跨级式改善	0	0	0	0	0	0	0	0.00	0.00
改善	两项政策效果对比	效果有改善	14	4	6	8	11	8	51	27.42	
		晋级式改善	2	3	2	5	−3	4	13	6.99	2.26
		同级内改善	12	2	4	3	14	4	39	20.97	−1.13
		跨级式改善	0	−1	0	0	0	0	−1	−0.54	−1.14
恶化	互联网彩票禁售	效果有恶化	27	15	22	12	11	11	98	52.69	
		退级式恶化	3	3	6	3	5	2	22	11.83	22.45
		同级内恶化	24	12	16	5	5	9	75	40.32	76.53
		跨级式恶化	0	0	0	0	1	0	1	0.54	1.02
	新兴类彩票调整	效果有恶化	13	11	16	4	0	3	47	25.27	
		退级式恶化	0	3	0	1	0	1	5	2.69	10.64
		同级内恶化	13	8	16	3	0	2	42	22.58	89.36
		跨级式恶化	0	0	0	0	0	0	0	0.00	0.00

效果	政策	项目	即开型	乐透型	数字型	快速型	扩展类	全部类型	数量	比总量（%）	比改善/恶化量（%）
恶化	两项政策效果对比	效果有恶化	−14	−4	−6	−8	−11	−8	−51	−27.42	
		退级式恶化	−3	0	−6	−2	−5	−1	−17	−9.14	−11.81
		同级内恶化	−11	−4	0	−6	−5	−7	−33	−17.74	12.83
		跨级式恶化	0	0	0	0	−1	0	−1	−0.54	−1.02

2. 社会福利效果恶化情况

①互联网彩票禁售政策，效果有恶化共 98 个，占总量的 52.69%。其中退级式恶化 22 个，占总量和恶化量的比例分别为 11.83% 和 22.45%；同级内恶化 75 个，占总量和恶化量的比例分别为 40.32% 和 76.53%；跨级式恶化 1 个，占总量和恶化量的比例分别为 0.54% 和 1.02%。②新兴类彩票调整政策，效果有恶化共 47 个，占总量的 25.27%。其中退级式恶化 5 个，占总量和恶化量的比例分别为 2.69% 和 10.64%；同级内恶化 42 个，占总量和恶化量的比例分别为 22.58% 和 89.36%；跨级式恶化 0 个，占总量和恶化量的比例分别为 0.00% 和 0.00%。③新兴类彩票调整政策与互联网彩票禁售政策相对应的各项目之差如下：效果有恶化的数量为−51 个，占总量的−27.42%。其中退级式恶化的数量、占总量比例和占恶化量比例三项指标分别为−17 个、−9.14% 和−11.81%；同级内恶化分别为−33 个、−17.74% 和 12.83%；跨级式恶化分别为−1 个、−0.54% 和−1.02%。

综上，在各省份层面，两项政策在彩票市场开发程度方面，都改善了大部分省份全部类型体育彩票，也即体育彩票整体的社会福利效果，这意味着这些政策基本实现了制订的初衷。同样，新兴类彩票调整政策比互联网彩票禁售政策的效果更好一些，前者改善的省份数有 28 个，其中晋级式改善即从过度转向适度有 10 个，后者分别只有 20 个和 6 个。

三、代表性类型彩票层面

互联网彩票禁售政策，对于乐透型和扩展类彩票影响最大，新兴类彩票调整政策，对于快速型和扩展类彩票影响最大。本书绘制了实施两项政策时，上述各类型彩票当年与上年相关指标各省份散点图。

1. 互联网彩票禁售政策

各指标与 2014 年指数值 X 的关系如图 9-8 所示，若 Y 值为 2015 年指数值，两个彩票的斜率显著大于 0，拟合度和相关系数绝对值也都并不大；若 Y 值为 2015 年指数变化值，两个彩票的斜率显著小于 0，拟合度和相关系数绝对值也都较大，特别是扩展类彩票，这一现象更为突出。

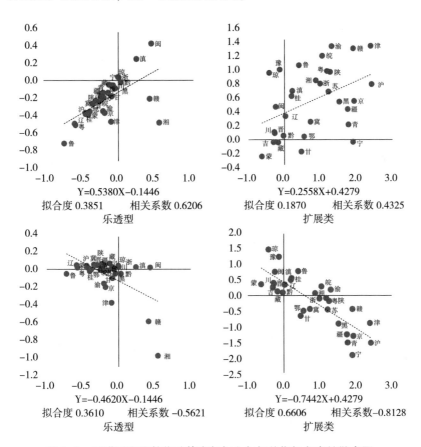

图 9-8　互联网彩票禁售政策当年与上年相关指标各省份散点图

注：上下两图中的 X 都为 2014 年指数值；上边两图中 Y 值为 2015 年指数值，下边两图中 Y 值为 2015 年指数变化值。

互联网彩票禁售政策实施后，此前互联网彩票开展较多的省份受到的冲击最大。例如，从全国来看，乐透型和扩展类体育彩票 2014 年综合适量指数分别为 -0.1613 和 0.7577，2015 年分别为 -0.2314 和 0.6217，各自降低 0.0701 和 0.1360。从各省份来看，两个彩票综合开发指数降低的省份数分别为 14 个和 15

个。乐透型湖南降低最多，为 1.0638。扩展类宁夏降低最多，为 1.9288。不过它们还各自都分别为 17 个和 16 个省份综合开发指数提高，其中乐透型西藏提高最多，为 0.0721。扩展类海南提高最多，为 1.4935。可见，这一政策的影响以地区性为主，全国性为辅。

2. 新兴类彩票调整政策

各指标与 2018 年指数值 X 的关系如图 9-9 所示，若 Y 值为 2019 年指数值，两个彩票的斜率显著大于 0，且非常接近于 1，拟合度和相关系数绝对值也都如此，特别是扩展类彩票，这一现象更为突出；若 Y 值为 2019 年指数变化值，两个彩票的斜率都接近于 0，拟合度和相关系数绝对值同样如此。

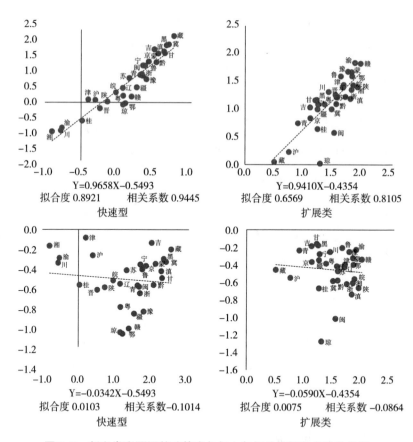

图 9-9 新兴类彩票调整政策当年与上年相关指标各省份散点图

注：上下两图中的 X 都为 2018 年指数值；上边两图中 Y 为 2019 年指数值，下边两图中 Y 为 2019 年指数变化值。

新兴类彩票调整政策实施后，全国各省份都无一例外地受到了很大的冲击。例如，从全国来看，快速型和扩展类体育彩票 2018 年综合适量指数分别为 1.2784 和 2.5008，2019 年分别为 0.6853 和 1.2113，各自降低 0.5931 和 1.2895。从各省份来看，两个彩票综合开发指数降低的省份都是 31 个。其中快速型湖北最多，为 1.2422；天津最少，为 0.0969。扩展类海南最多，为 1.5047；甘肃最少，为 0.1870。可见，这一政策的影响以全国性为主，地区性为辅。

第五节　两项政策社会福利效果的有限性

两项政策，虽然改善了中国体育彩票的社会福利效果，但仍然存在如下四个问题，因此其作用是有限的。

一、推出滞后性

如图 9-10 所示，快速型和扩展类体育彩票分别从 2012 年和 2014 年起，综合适量指数一直大于 0.4，即全国总体销售水平过量；同期，一直有一半以上省份的市场开发过度。可见，互联网彩票禁售政策至少晚 2 年，新兴类彩票政策至少晚 5 年。因此它对于中国彩票各方面的社会福利效果虽有所改善，但却只是亡羊补牢式的事后补救。

二、市场动荡性

如图 9-11 所示，2014 年相对于 2011 年，乐透型体育彩票综合适量指数提高 0.0652，综合开发指数提高幅度最多的两个省份是湖南和江西，分别为 0.9386 和 0.5969；扩展类体育彩票综合适量指数提高 0.7034，综合开发指数提高幅度最多的两个省份是上海和宁夏，分别为 2.4231 和 2.2369。2015 年相对于 2014 年，乐透型体育彩票综合适量指数降低 -0.0701，综合开发指数降低幅度最多的两个省份也是湖南和江西，分别为 1.0638 和 0.6408；扩展类体育彩票综合适量指数降低 0.1360，综合开发指数降低幅度最多的两个省份是上海和宁夏，分别为 1.5298 和 1.9288。进一步地，如果以 X 为 2014 年相对 2011 年各省份综合开发指数变化值，Y 为 2015 年相对 2014 年变化值，则乐透型体育彩票计量回归方程 $Y = -0.9664X - 0.0071$，拟合度 0.8038，两者相关系数 -0.8965；扩展类体育彩票计量回归方程

$Y=-0.9037X+0.4997$，拟合度 0.6000，两者相关系数 -0.7746。

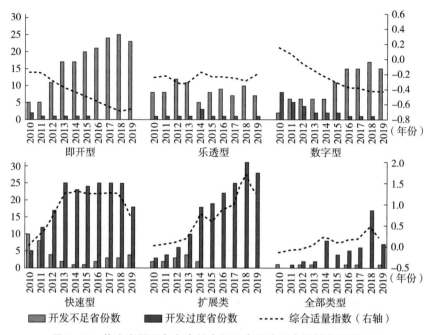

开发不足省份数 ■ 开发过度省份数 ----- 综合适量指数（右轴）

图 9-10　体育彩票历年各省份市场开发程度和全国销售适量水平

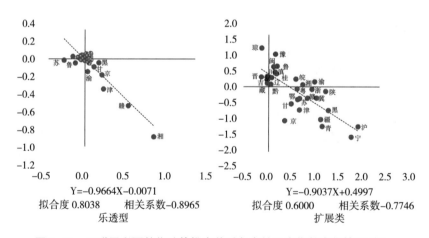

$Y=-0.9664X-0.0071$
拟合度 0.8038　　相关系数 -0.8965
乐透型

$Y=-0.9037X+0.4997$
拟合度 0.6000　　相关系数 -0.7746
扩展类

图 9-11　互联网彩票禁售政策推出前后各省份开发指数变化情况对比

注：横轴 X 为 2014 年相对于 2011 年的各省份综合开发指数变化值，纵轴 Y 为 2015 年相对于 2014 年的各省份综合开发指数变化值。

同样，在新兴类彩票调整政策推出的 2019 年，全国 31 个省份的两个彩票综合开发指数都无一例外地降低。快速型体育彩票最少的两个省份是天津和吉林，分别为 0.0969 和 0.1573，最多的两个省份是海南和湖北，分别为 1.2250 和 1.2422。扩展类体育彩票最少的两个省份是甘肃和黑龙江，分别为 0.1870 和 0.2084；最多的两个省份是福建和海南，分别为 1.1969 和 1.5047。

可见，两项政策都导致了中国体育彩票，尤其是扩展类彩票的大幅动荡。

三、力度不足性

2019 年快速型和扩展类体育彩票在全国的销售水平仍然过量，各自仍分别为 18 个和 28 个省份市场开发过度。根据我们实地调研，发现仍有部分省份为追求彩票公益金而默许甚至暗自支持互联网彩票。

进一步地，考察 2019 年相对 2018 年各省份综合开发指数变化值与 2018 年相对 2015 年变化值的关系。快速型体育彩票计量回归方程 $Y = -0.1563X - 0.5920$，拟合度 0.0457，相关系数 -0.2139；扩展类体育彩票计量回归方程 $Y = 0.0818X - 0.6309$，拟合度 0.0215，相关系数 0.1468。两个彩票都未出现如互联网彩票禁售政策推出当年的情况。但是，如图 9-12 所示，两个彩票 2019 年的各省份综合运营指数与 2018 年的对应指数高度一致，快速型体育彩票计量回归方程 $Y = 0.9658X$，拟合度 0.8921，相关系数 0.9445；扩展类体育彩票计量回归方程 $Y = 0.9410X$，拟合度 0.6569，相关系数 0.8105。它们几乎都是在一、三象限角平分线附近。这说明，各省份体育彩票中心的机构运营方式没有变化，在主观上仍然高度依赖这两个彩票，本身并没有调整意愿。可见，两项政策实施力度是不足的。

四、配套缺失性

2015 年相对于 2014 年，各类型体育彩票综合适量指数都降低了，即开型、乐透型、数字型、快速型、扩展类和全部类型分别降低 0.0731、0.0701、0.0729、0.0554、0.1360 和 0.1525。2019 年相对于 2018 年，即开型和乐透型各自提高 0.0319 和 0.0853，数字型、快速型、扩展类和全部类型各自降低 0.0143、0.5931、0.5386 和 0.3291。可见，因上述两项政策而导致的部分类型体育彩票销售减少的资金，并没有转移到其他类型彩票，而是流向公立彩票市场以外。如果是流入购买其他正常消费品中，这些政策的社会福利效果会进一步改善；但若流入参与其他非法博彩品中，其效果就反而会恶化。

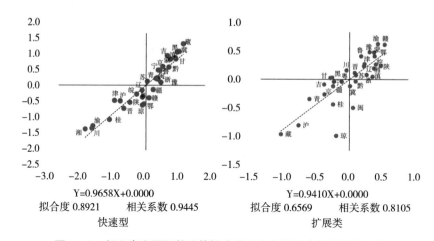

$$Y=0.9658X+0.0000$$

拟合度 0.8921　　　相关系数 0.9445

快速型

$$Y=0.9410X+0.0000$$

拟合度 0.6569　　　相关系数 0.8105

扩展类

图 9-12　新兴类彩票调整政策推出前后各省份运营指数数值对比

注：横轴 X 为 2018 年各省份综合运营指数数值，纵轴 Y 为 2019 年各省份综合运营指数数值。

根据我们的调查，至少是在部分地区有部分彩票购买者的确发生了后一情况。但截至目前没有迹象表明，相关部门已采取必要的配套防范措施。

第十章 结论与建议

本章是结论与建议。首先，综合前文结果，总结出如下结论：①本书构建的中国体育彩票销售综合指数框架体系科学全面准确和完善；②当前中国体育彩票社会福利效果不均衡；③体育彩票与福利彩票基本上是互补关系；④2015 年"互联网彩票禁售"和 2019 年"新兴类彩票调整"两项重大彩票政策兼具有效性和有限性。其次，基于社会福利角度，为实现中国体育彩票更加健康和稳定地发展，以中国国家体育总局体育彩票管理中心及各省份体育彩票管理中心为能动主体，提出如下建议：①要树立社会福利效果最优化的发行目标；②确定扭转社会福利效果不均衡的抓手；③事前建立防范机制，事中建立调节机制；④联合福利彩票做优中国公立彩票产业；⑤会同政府其他部门打击非法博彩活动；⑥积极主动参与国际彩票业多方面合作等。最后，从探讨深入、空间扩展、时频细化和框架复制四个方面，介绍未来后续性研究的若干初步设想。

第一节 结论

一、本书指数框架体系科学全面准确完善

在构建思路上，本书基于度量单位无关、个体结果独立、极端数值免扰、信息最大保全、同类方法一致、样本组合便捷、区间范围稳定以及正负程度相同 8 项原则，构建的结果具有横纵皆可比较、各维均得体现、计算简单迅速以及结果取值统一 4 个特点，从而实现纳入多方诉求、结果客观准确以及应用价值很强 3 项构建目标。在构建方法上，本书基于世界彩票业各项指标状况，并结合中国实际情况适当调整，设置"基准省份"，完满解决了此前研究导致的值域锁定和指数失真等缺陷，还消除了公平指数计算方法不当和各项指数阈值区间不统一等问题，并且指数称谓更加恰当，基准数值更加合理，结果也更便于业界解读。

本书各项结果，可以精确地描述中国各类型体育彩票销售的发展趋势，并有效评估体育彩票业的多个方面的社会福利效果。基于科学分析提出的建议，可为增强体育彩票竞争力而确定可行性的着力点，为提升中国彩票销售社会福利效果提供思路，也能为业界理性投资中国彩票业提供参考。同时，本书构建的指数体系，在世界彩票研究领域处于"领跑地位"，相关框架和方法可复制应用到国际领域，指导其他国家或地区尤其是发展中国家的彩票业的发展。

二、当前中国体育彩票社会福利效果不均衡

基于第七章分析，可以发现，中国体育彩票在销售适量水平、销售公平状态、资金筹集效率以及整体合意状态4个方面的社会福利效果都较好，但在各类型以及各省份间差异巨大。全国层面，只有乐透型彩票各方面的效果都较好；即开型与数字型销售水平欠缺，销售状况累退；快速型彩票销售水平过量，资金筹资低效；扩展类彩票销售水平过量。各省份层面，一些经济水平相对较低的中西部省份彩票市场开发过度，且主要表现在快速型和扩展类彩票上；而经济水平相对较高的省份，如上海，彩票市场开发不足，且主要表现在即开型、乐透型和数字型上。

三、体育彩票与福利彩票基本上是互补关系

基于第八章分析，可以发现，尽管体育彩票与福利彩票发行的类型高度重叠，但在纵向和横向角度的市场开发程度、机构运营方式、资金盈利能力以及整体稳健态度4个方面，在整体角度销售适量水平、销售公平状态、资金筹集效率以及整体合意状态4个方面，相应结果都无一例外地显示，从2000年至2019年共20年间的绝大多数年份，在绝大多数省份以及全国总体范围，各类型体育彩票与对应类型福利彩票，都显著地正相关。同时，尽管在指数值上有所差异，但在等级上两者的各方面社会福利效果也基本一致。这说明，体育彩票与福利彩票之间是同进同退的"互补关系"，而不是此消彼长的"竞争关系"。

四、两项重大彩票政策兼具有效性和有限性

基于第九章分析，可以发现，2015年"互联网彩票禁售"和2019年"新兴类彩票调整"两项重大政策，无论是在全国层面还是各省份层面，基本在各方面

都改善了体育彩票销售的社会福利效果，作用是有效的，并且后一政策的效果更好一些，且对彩票市场的影响以全国性为主，地区性为辅，而前者刚好相反。但是，两项政策推出时间滞后，导致市场动荡，政策力度不足以及配套措施缺失，作用又是有限的。因此，从社会福利角度，这些政策应当继续坚持，并要从严，而绝对不能因彩票销售规模减少就加以放松甚至废止。

第二节　政策性建议

以中国国家体育总局体育彩票管理中心及各省份体育彩票管理中心为能动主体，为实现中国体育彩票更加健康和平稳地发展，我们提出如下建议。

一、树立社会福利效果最优化的发行目标

彩票同时具有"娱乐性"与"博彩性"。一方面，大部分民众通过购买彩票，获得一定的正常娱乐效用；另一方面，少部分民众会过度购买彩票，给自身、家庭以及社会都带来严重的危害。因此，全世界各个国家和地区，尽管在具体经营上有所差异，但彩票发行权都无一例外地由政府垄断，并对其销售加以严格限制，专项使用筹集资金，从而将人性的一夜暴富心理与社会的公益事业相结合。但是，政府垄断发行彩票，又将彩票行业与自身捆绑在了一起。彩票业如果出现负面问题，因为其被政府所背书，这些问题会被放大，由此政府形象又严重受损。

如第七章第二节所述，2000年至2019年，中国体育彩票在销售规模取得高速增长的同时，各方面的社会福利效果在绝大多数年份也都处于得当等级。这是来之不易的优秀成绩，值得肯定。但需要注意的是，相对于2000年，2019年的各方面社会福利效果都表现为"同级内恶化"，2018年最重要的销售适量水平方面，还表现为"上浮式恶化"。

中国彩票业同样也已进入"新常态"，未来"不应当"也"不能够"再像此前那样野蛮式生长。因此，体育彩票的发行目标要从"规模或公益金最大化"转向"社会福利效果最优化"，并以此为出发点，借鉴和吸取国际彩票业经验和教训，基于中国现实加以必要的调整和消化，进一步提升其社会福利效果，更好地发挥其在社会经济当中的独特而又重要的作用，从而实现中国彩票业更加健康和平稳地发展。

二、确定扭转社会福利效果不均衡的抓手

2019 年中国体育彩票在各类型以及各省份的各方面社会福利效果很不均衡，本书第七章第四节为扭转这一局面，提供了抓手。

全国层面，中国体育彩票中心要继续稳定乐透型彩票；在稳定公益金率基础上，促进即开型和数字型彩票；在增加公益金率基础上，限制快速型彩票；在稳定公益金率基础上，限制扩展类彩票。

各省份层面，当地体育彩票中心要根据自身经济发展水平以及各类型彩票比例结构，因地而异，因彩而异。特别强调，一些经济相对落后的省份，要严格限制快速型彩票；而经济相对发达的省份，要大力促进即开型和数字型彩票。

如本书第三章第二节所述，即开型彩票目前在相当多的国家或地区都有较大的销售比例。例如，中国台湾的即开型彩票也叫"刮刮乐"，2008 年销售比例只有 16.24%，当地彩票发行机构随后加强了这个彩票的营销，此后其销售比例逐年增加。从 2013 年起，都大于 30% 的基准值，其中 2019 年为 35.15%，2013 年更是高达 42.35%。当地即开型彩票主题多元，票面设计和视觉色彩精致，单张彩票涵盖多种玩法，游戏丰富有趣味。特别是春节期间，当地很多民众会购买一张票面很大（2000 新台币）的彩票，当作礼物送人。这样其每年 1 月至 2 月的销售规模占全年的一半，2015 年更是多达 81.69%。台湾省的即开型彩票的营销方式，对于中国大陆其他省份尤其是经济相对发达省份的彩票机构，有很强的借鉴意义。

三、事前建立防范机制，事中建立调节机制

2011 年，互联网彩票处在起始阶段，快速型和扩展类体育彩票都销售水平适量，相对于 2010 年，两个彩票综合适量指数分别提高了 0.2762 和 0.0379，各自分别有 11 个和 4 个省份的综合开发指数提高幅度大于 0.4，前者有 5 个省份提高幅度大于 1。2014 年，快速型和扩展类体育彩票销售水平都已过量，相对于 2013 年，两个彩票综合适量指数分别提高了 0.1174 和 0.5285，各自分别有 8 个和 14 个省份的综合开发指数提高幅度大于 0.4，后者有 5 个省份提高幅度大于 1。

考虑到从发现问题到采取对策需要时间，在 2012 年，彩票监管者就应当对 2011 年这些彩票提高幅度过大的省份采取限制措施；在 2015 年，就应当对这些彩票在全国范围采取限制措施。

这进一步验证本书第九章第五节的观点，互联网彩票禁售和新兴类彩票调整

两项政策只是亡羊补牢式的事后补救。实际上，本书第一章第二节所介绍的几项因过度购买彩票而导致的恶性案例，也主要是在互联网渠道购买或是投注新兴类彩票。例如，浙江杭州某银行个私客户经理葛某某，从 2012 年底开始，把向社会借来的资金转投到互联网购买彩票，至案发其因购彩而亏损 8000 余万元。

因此，在事前建立防范机制，在事中建立调节机制，避免彩票相关问题积累到严重程度而集中爆发，意义重大。本书构建的中国体育彩票销售综合指数，恰好为之提供了准确和及时的制订政策的依据。

四、联合福利彩票做优中国公立彩票产业

体育彩票与福利彩票都是政府所垄断发行的公立彩票，筹集的公益金在中央层面 60%以上用于补充社会保障基金，30%由财政部统一使用。本书第八章也从多方面显示两者的互补而非竞争关系。因此，体育彩票与福利彩票两家发行机构，应当基于社会福利效果最优化原则，携手打压规模可能极为庞大的非法博彩市场，共同做大、做强进而做优中国公立彩票产业。

目前体育彩票在销售规模上暂时处于相对优势地位，但从 2003 年至 2017 年曾连续 15 年综合适量指数小于福利彩票，2012 年两者差值最大，为 0.3017。此后因竞猜型的"竞彩"品种增长迅速，差距逐年缩小，并在 2018 年实现逆转。但要强调的是，"竞彩"品种在国际上许多国家或地区被归为其他博彩而非彩票，在中国它也没有很好替代非法赌球，甚至还可能为后者进行免费的购买者培训和资讯宣传，其自身也引发了一些恶性案件，因此被政法部门高度关注。特别是，目前这个彩票的竞猜对象主要是境外联赛，更容易受到不可控因素的影响。例如，2020 年 3 月 9 日至 15 日单周，竞彩全国销售规模 1.7162 亿元，相对于 2019 年 3 月 11 日至 17 日单周减少 19.29 亿元，下降 91.83%。背后原因在于受新冠疫情影响，欧洲多国足球联赛延期。

因此，各级体育彩票发行机构需要向福利彩票学习其优秀之处。例如，本书第八章第四节指出，目前体育彩票在即开型、乐透型和数字型等彩票的市场开发程度方面，以及整体的资金筹集方面，要逊于福利彩票，需要向后者学习，同时也要主动向后者介绍自身在销售公平状况等方面的经验。

五、会同政府其他部门打击非法博彩活动

本书第九章指出互联网彩票禁售和新兴类彩票调整两项政策的社会福利效果

的有限性。但是，要进一步提升这些政策的有效性，并非中国体育彩票管理机构单独所能实现的。

例如，中国互联网经济在全球处于绝对"领跑"地位，公立彩票机构不开展互联网渠道销售彩票，在监管措施不力的情况下，彩票投注资金就会转向非法博彩，导致的问题更严重，代价更巨大。一个事例是，中国澳门彩票有限公司于2000年6月起开展互联网彩票，根据工作人员介绍，目前这家机构有一半以上的投注资金源自中国内地。另一个事例是，根据台湾省运动彩票一位经理介绍，当地一家赌球集团，每年从大陆获取利润千亿元人民币，而2019年中国竞猜型体育彩票公益金为243.17亿元，不及前者的1/4。相关部门拥有世界最为"强大"和"先进"的网络监管技术和设备，但各家非法博彩网站却一直是"化外之地"。政法部门长期对于非法博彩打击不力，《刑法》和《治安管理处罚法》关于非法博彩的处罚力度非常轻。

因此中国体育彩票管理机构应联合财政和民政部等彩票监督和管理部门，会同公安、市场监督和网络管理等其他部门，深入进行信息和人员的沟通与交流。如基于本书综合开发指数，及时向相关部门通报彩票市场开发程度异常地区，以加强对非法博彩打击的精准性。特别强调，要及时完善《彩票管理条例》，尽早出台《彩票法》，采取"正面清单"形式列出被允许的博彩品，且规定其余均为违法，并大幅提升非法博彩的打击力度。

六、积极主动参与国际彩票业多方面合作

不少国家或地区彩票业起步也较晚，美国1990年以前只有8个州发行彩票，至今仍有6个州不发行；英国国家彩票于1994年底发行；日本足球彩票于2001年发行；中国台湾福利彩票和运动彩票分别于1999年和2008年发行。这些国家和地区彩票业也存在许多问题，但亦有不少经验值得借鉴。

例如，日本足球彩票与中国竞猜型体育彩票同步推出，在2003年至2006年也同样经历了销售规模大幅下降的情况，2006年仅为134.71亿日元，只是2001年的20.96%。与中国体育彩票大幅增加返奖率推出"竞彩"不同，日本足球彩票的做法是在2007年推出虚拟竞猜彩票玩法，当年销售规模就增长了372.96%，随后至今该国足球彩票年销售规模都大于1000亿日元，并且返奖率一直保持在50%。目前中国只在江苏有虚拟竞猜玩法，2019年占当地竞猜型彩票的27.98%，但返奖率为69%。又如，日本彩票机构会及时发布详细的彩票销售规模和公益金数据，在网站上展示彩票公益金每一年在每个项目的使用情况，其细致、准确和

详细程度，亟待中国体育彩票相关部门认真学习。

最后强调，2018 年起，中国国家体育总局体育彩票管理中心已经是世界销售规模最大的机构，未来在国际彩票领域的工作，不能仅是顺利获得世界彩票协会的第四级最高级认证，还要在国际彩票市场发出应有的声音。本书构建的彩票销售综合指数体系，中国国家体育总局体育彩票管理中心可以向各国推广，并努力在全世界彩票的理论研究和丰富责任彩票内涵等诸多方面做出杰出贡献，获得与自身销售规模相匹配的话语权威。

第三节　后续研究

完善中国体育彩票"省际和年度"销售综合指数，只是万里长征的一小步，有大量后续性工作要研究，这里提出一些设想。

一、探讨深入

本书第三篇的第七章至第九章，阐述了各类型体育彩票的社会福利效果、体育彩票与福利彩票的竞合关系以及两项重大政策对体育彩票市场的影响 3 个问题，它们是重要问题，但却不是中国彩票业的全部重要问题。我们计划基于本书构建的指标体系，重点深入探讨如下问题：①结合各省份经济和人口统计学指标，找到各项指数尤其是开发指数的影响因素，特别是各地财政压力与彩票销售的关系；②采用面板数据计量方法，考察各类型体育彩票之间的关系，特别是找出提升即开型彩票销售的有效方法；③采用空间计量方法，探索各省份彩票销售的空间关联性；④采用反事实研究法，分析互联网禁售之前，各省份的跨区域彩票销售情况，并找出目前仍然暗自开展互联网彩票销售的省份和主要彩票类型。

二、空间扩展

空间扩展包括如下 3 个方式。

第一，上浮式。构建世界各个国家和地区的彩票销售综合指数，找出中国体育彩票在世界彩票市场上的地位，以及其他国家尤其是发展中国家会员彩票业的发展情况。我们已经收集了 2000 年至 2018 年世界彩票协会中近 200 家会员历年各特定类型的彩票销售数据。

第二，平行式。构建某个国家或地区二级行政单位的彩票销售综合指数，这样可以更好地比较中国彩票业与之在各方面社会福利效果上的异同。我们已经收集到 1999 年至 2018 年美国各州的特定类型彩票销售数据。

第三，下沉式。构建中国各省份地市级层面的彩票销售综合指数。我们已经收集到 2008 年到 2018 年中国 15 个省份各地市的彩票销售数据，目前遇到 3 个困难：①各地市彩票销售除受全国彩票环境影响外，还同时受该省份彩票环境影响，因此还要增设一些指数。②一些省份行政区划有调整，如 2019 年山东莱芜市并到济南市，特别是 2011 年安徽巢湖市被分拆至合肥、芜湖、马鞍山三市。这样，调整前后的各项结果就缺乏可比性。③一些省份还有副地级市或省管县，如河南有新蔡等 10 个省管县，在行政区划上它们属于某个地市，如新蔡属于驻马店市，但实际上它们的经济、人口以及彩票等指标都独立核算。在计算地市级指数时，是将它们独立，还是并入所属地市，还需要与当地彩票机构深入交流。

总体而言，目前遇到的最大困难是"基准地"设置。世界各个国家和地区间，以及中国各地市间各项指标差异巨大；相对于中国各省份，美国各州的人口数量相对较少但经济水平相对过高。若设置与本书中的中国"基准省份"一致的"基准国"或"基准市"，以及美国"基准州"，结果可能未必准确；但若设计不同，结果又缺乏可比性。

因此，在空间扩展方面，主要矛盾是一致性与可比性的权衡。

三、时频细化

我们计划在季度、月度、周度甚至日度等更高时频，构建出相应的销售综合指数。如果实现这个目标，并同时实现空间扩展，下沉式到地市层面，那本书就会更细致和及时地反映中国体育彩票销售情况，也将大大提高相关政策制订的精准性和时效性。

2002 年 1 月起，财政部综合司开始按时发布各省份体育彩票和福利彩票月度销售数据，这为构建"月度"或"季度"时频的各省份彩票销售综合指数提供了数据基础，如果其他数据也完备，只需增加一项"环比"维度。

目前遇到的两个困难：①中国各省份地区生产总值时频为季度，因一些指标会在年中尤其是年末统一计算，第二季度和第四季度尤其是后者的数值明确大于其他季度，需要基于当年全年情况，对各季度数据加以调整计算。为了保证准确性，要以来年初公布的数据来计算当年各季度或月份的销售综合指数，但这样一来，就牺牲了时效性。②环比维度也需要一个权重，其值为何，还需要上个困难解决后，再加以考虑。

因此，在时频细化方面，主要矛盾是准确性与时效性的权衡。

四、框架复制

本书构建的盈利指数可以反映各省份公益资金的盈利能力，效率指数可以反映全国总体公益资金的筹集效率，但它们都局限在公益资金的筹集上，而没有涉及分配。2008年起，财政部每年8月会发布上年全国公益金筹集和分配情况公告，内容包括中央层面彩票公益金中的财政部"中央专项彩票公益金"在各省份的分配情况。因此，我们考虑将本书框架体系加以复制，构建中国彩票公益金综合指数体系，同时纳入彩票公益资金的筹集和分配两方面问题。

目前这个工作只在初步设想阶段，已遇到两个困难：①财政部"中央专项彩票公益金"只占中央层面彩票公益金的30%左右，只考虑这项资金的分配，显然是不全面的。但中央层面彩票公益金更大比例用于补充社会保障基金，全国社会保障基金理事会将其纳入基金池统一分配，无法知悉各省份获得的中央社会保障基金中，源自于彩票公益金部分的数量。②彩票公益金分配要适当倾斜于经济相对落后省份，以体现其公益性；但目前是经济相对发达省份筹集相对更多的公益金，因此其分配也要充分考虑各省份的实际贡献，以体现其公平性。

因此，在框架复制方面，主要矛盾是公益性和公平性的权衡。

参考文献

一、彩票部分

[1] Aflakpui A A, Oteng-Abayie E F. The demand for sports lottery: Evidence from the city of Kumasi in Ghana [J]. Journal of Gambling Business & Economics, 2016, 10 (2): 46-67.

[2] Ahaibwe G, Lakuma C P, Katunze M, et al. Socio economic effects of gambling: Evidence from kampala city, Uganda [R]. 2016.

[3] Becchetti L, Bellucci D, Rossetti F. Gamblers, scratchers and their financial education [J]. Economia Politica, 2018, 35 (1): 127-162.

[4] Beckert J, Lutter M. Why the poor play the lottery: Sociological approaches to explaining class-based lottery play [J]. Sociology, 2013, 47 (6): 1152-1170.

[5] Brochado A, Santos M, Oliveira F, et al. Gambling behavior: Instant versus traditional lotteries [J]. Journal of Business Research, 2018 (88): 560-567.

[6] Coups E, Haddock G, Webley P. Correlates and predictors of lottery play in the United Kingdom [J]. Journal of Gambling Studies, 1998, 14 (3): 285-303.

[7] Garrett T A, Marsh T L. The revenue impacts of cross-border lottery shopping in the presence of spatial autocorrelation [J]. Regional Science and Urban Economics, 2002, 32 (4): 501-519.

[8] Garrett T A. An international comparison and analysis of lotteries and the distribution of lottery expenditures [J]. International Review of Applied Economics, 2001, 15 (2): 213-227.

[9] Ghent L S, Grant A P. The demand for lottery products and their distributional consequences [J]. National Tax Journal, 2010, 63 (2): 253-268.

[10] Han K C, Suk D Y. Who plays the lottery findings from new jersey lottery sales [C]. Midwest Finance Association 2012 Annual Meetings Paper, 2011.

［11］Kaiseler M J, Faustino H C. Lottery Sales and Per-capita GDP: An inverted U relationship［J］. British Journal of Economics, Management & Trade, 2012, 2 (3): 225-238.

［12］Kaizeler M J, Faustino H C, Marques R. The determinants of lottery sales in Portugal［J］. Journal of Gambling Studies, 2014, 30 (3): 729-736.

［13］Landry C E, Price M K. Earmarking lottery proceeds for public goods: Empirical evidence from US lotto expenditures［J］. Economics Letters, 2007, 95 (3): 451-455.

［14］Mikesell, John. State lottery sales and economic activity［J］. National Tax Journal, 1994 (47): 165-171.

［15］Papineau E, Lemetayer F, Barry A D, et al. Lottery marketing in Quebec and social deprivation: Excessive exposure, insufficient protection?［J］. International Gambling Studies, 2015, 15 (1): 88-107.

［16］Perez L, Humphreys B R. The income elasticity of lottery: New evidence from micro data［J］. Public Finance Review, 2011, 39 (4): 551-570.

［17］Price D E, Shawn N. The income redistribution effects of texas state lottery Games［J］. Public Finance Review, 2000, 28 (1): 82-92.

［18］Tosun M S, Skidmore M. Interstate competition and state lottery revenues ［J］. National Tax Journal, 2004: 163-178.

［19］Wu P C, Liu S Y, Wang K B. Does unemployment matter for lottery sales and their persistence? A new estimation approach［J］. Social Indicators Research, 2017, 130 (2): 581-592.

［20］崔百胜, 朱麟. 我国彩票销售的空间区域关联与影响因素的溢出效应 ［J］. 上海体育学院学报, 2015, 39 (2): 11-18.

［21］方春妮, 陈颀. 中国城镇化发展水平与居民体育彩票消费需求关系的实证研究［J］. 西安体育学院学报, 2019, 36 (5): 562-569.

［22］贾晨, 谢衷洁. 中国福利彩票销售额影响因素分析与基于残差主成分分析的预测［J］. 数理统计与管理, 2009 (2): 191-203.

［23］李刚. 中国彩票业的销售公平性研究［J］. 上海师范大学学报 (哲学社会科学版), 2014, 43 (4): 33-45.

［24］李刚. 中国体育彩票销售综合指数的构建与初步应用［J］. 体育科学, 2015, 35 (11): 67-88.

［25］李刚, 李杨芝. 中国竞猜型体育彩票发展对策的研究［J］. 体育科学,

2018, 38 (9): 21-39.

[26] 李梅玲, 王云青. 河北省竞猜型体育彩票销量决策研究 [J]. 体育科技文献通报, 2017, 25 (10): 12.

[27] 李文娟, 袁永生. 基于分层变换筛选拟合法的中国福利彩票销售额影响因素的分析 [J]. 贵州大学学报 (自然科学版), 2009, 26 (6): 14-16.

[28] 刘呈庆, 蒋金星, 尹建中. 生态彩票购买意愿的影响因素分析——基于济南市的问卷调查 [J]. 中南财经政法大学学报, 2017 (1): 67-75.

[29] 刘圣文. 体育彩票销量影响因素研究——以山东省为例 [J]. 武汉体育学院学报, 2016, 50 (3): 29-34.

[30] 孙晓东. 中国竞猜型体育彩票销量影响因素的定量分析 [D]. 上海: 上海师范大学硕士学位论文, 2014.

[31] 谢丹霞, 吴际. 影响我国体育彩票销量的宏观经济、社会因素定量研究 [J]. 上海体育学院学报, 2015, 39 (1): 24-28.

[32] 袁光辉等. 奖池动力的省域聚类实证分析 [J]. 中国商论, 2014 (6X): 210-211.

[33] 张亚维, 郑美琴. 海南省居民博彩参与率和支出情况的分析 [J]. 海南金融, 2006 (8): 25-28.

[34] 张亚维. 观念、学历、环境和博彩行为 [J]. 世界经济, 2007 (6): 48-55.

[35] 张增帆. 我国彩票销售收入的实证分析——基于省际面板数据 [J]. 产经评论, 2013, 4 (3): 86-92.

[36] 张增帆. 我国即开型体育彩票发展研究——基于美国经验的借鉴 [J]. 体育文化导刊, 2017 (9): 103-107.

[37] 张智, 陈颀. 基于 ESDA 的县域体育彩票事业发展的空间异质性研究 [J]. 沈阳体育学院学报, 2017, 36 (5): 59-64.

[38] 钟亚平, 李强谊. 中国体育彩票销售量的空间格局演变及驱动因素分析 [J]. 统计与决策, 2019, 35 (5): 105-110.

二、综合指数部分

[1] Archibugi D, Coco A. A new indicator of technological capabilities for developed and developing countries (ArCo) [J]. World development, 2004, 32 (4): 629-654.

［2］Fama, Eugene F. & Kenneth R. French. Common risk factors in the returns on stocks and bonds［J］. Journal of Financial Economics, 1993, 33（1）：3-56.

［3］Sharpe W F. Capital asset prices：A theory of market equilibrium under conditions of risk［J］. The Journal of Finance, 1964, 19（3）：425-442.

［4］安俊英. 中国城市化与体育用品制造业互动发展模式分析［J］. 上海体育学院学报, 2013, 37（2）：56-61.

［5］宝智红. C2C电子商务下顾客购买行为的实证研究——基于幂律分布的形成机制［D］. 成都：西南财经大学硕士学位论文, 2007.

［6］蔡睿等. 国民体质综合指数数学模型的建立［J］. 体育科学, 2005（3）：30-32.

［7］蔡睿. 国民体质监测研究内容的结构体系［J］. 体育科学, 2004（3）：37-39.

［8］陈颇. 中国基本公共服务与体育事业发展关系的实证研究［J］. 沈阳体育学院学报, 2013, 32（2）：19-23.

［9］陈雨露, 汪昌云. 金融学文献通论（微观金融卷）［M］. 北京：中国人民大学出版社, 2008.

［10］董凤翠. 我国普通高校高水平田径运动队训练体制评价指标体系比较研究［D］. 北京：北京体育大学硕士学位论文, 2008.

［11］杜东旭. 基于TOPSIS法和综合指数法对中国男篮攻防能力的综合评价［D］. 重庆：西南大学硕士学位论文, 2016.

［12］樊纲等. 中国各地区市场化相对进程报告［J］. 经济研究, 2003（3）：9-18.

［13］樊纲等. 中国市场化进程对经济增长的贡献［J］. 经济研究, 2011, 46（9）：4-16.

［14］付楠. 1998~2007年我国体育教学热点研究主题——对9种中文体育核心期刊的内容分析［J］. 思想战线, 2011, 37（S1）：526-527.

［15］高徐等. 国民体质综合指数落后地区成年人体质现状研究——基于贵州六盘水市的调研［J］. 铜仁学院学报, 2012, 14（5）：106-110.

［16］韩茜茜. 2010年南昌市3~6岁幼儿体质特征的研究［D］. 南昌：江西师范大学硕士学位论文, 2012.

［17］韩映雄. 学生学业负担指数模型构建与应用［J］. 教育发展研究, 2018, 38（10）：20-26.

［18］胡海波, 王林. 幂律分布研究简史［J］. 物理, 2005（12）：889-896.

[19] 贾文娟. 甘肃省高校体育场馆室内空气质量检测与评价 [J]. 体育研究与教育, 2016, 31 (5): 42-45+87.

[20] 李纪江等. 我国成年人体质综合水平与自然环境因素的关联分析 [J]. 体育科学, 2010, 30 (12): 42-47.

[21] 李玲.1992-2011年期间我国健美操运动研究动态分析 [D]. 上海: 上海体育学院硕士学位论文, 2013.

[22] 李琼志等. 我国体育可持续发展的六大系统发展速度量化研究 [J]. 北京体育大学学报, 2010, 33 (7): 26-29.

[23] 李永瑞. 不同注意类型高水平运动员注意瞬脱及注意能力特征的研究 [D]. 北京: 北京体育大学博士学位论文, 2001.

[24] 联合国开发计划署. 人数发展指数与指标 (2018年统计更新) [R]. 联合国联合国开发计划署, 2018.

[25] 廖上桂. WTA运动员比赛指标统计与指数的编制 [D]. 南昌: 江西师范大学硕士学位论文, 2013.

[26] 廖文科. 中国7~18岁汉族学生体质与健康动态变化与综合评价研究 [D]. 长沙: 中南大学博士学位论文, 2009.

[27] 刘伟. 我国体育可持续发展系统及评价研究 [D]. 福州: 福建师范大学博士学位论文, 2008.

[28] 刘伟. 体育可持续发展系统及指标体系构建 [J]. 天津体育学院学报, 2009, 24 (4): 314-318.

[29] 刘伟. 我国体育可持续发展状态的评定研究 [J]. 中国体育科技, 2009, 45 (5): 83-89.

[30] 刘伟. 我国体育可持续发展的水平测量与状态评定 [J]. 北京体育大学学报, 2009, 32 (7): 4-7.

[31] 刘伟民. 天体物理中的星等概念比较 [J]. 商丘师范学院学报, 2011, 27 (9): 34-36.

[32] 刘贤龙, 邓宗琦. 关于体育发展水平综合评价模式的探讨 [J]. 体育科学, 1990 (1): 39-40.

[33] 卢存. 广西国民体质指标现状的分析研究 [J]. 体育科技, 2008, 29 (4): 73-80+98.

[34] 卢福玲. 近十年我国国民体质空间变化及影响因素分析 [J]. 南阳师范学院学报, 2014, 13 (12): 52-57.

[35] 陆乐等. 全球城市体育产业发展评价指标体系的构建与实证 [J]. 上

海体育学院学报，2019，43（3）：39-45.

[36] 满江虹等．基于 PSR 模型的我国体育场地公共服务承载力评价与空间特征 [J]．天津体育学院学报，2018，33（5）：369-377+384.

[37] 毛国敏等．期刊论文被引频次的幂律分布研究 [J]．中国科技期刊研究，2014，25（2）：293-298+307.

[38] 司虎克等．体育科技进步跟踪观测系统研究 [J]．中国体育科技，2013，49（3）：3-10.

[39] 苏宁．中国体育产业发展的时间动态与空间格局研究 [D]．北京：北京体育大学博士学位论文，2013.

[40] 苏为华．多指标综合评价理论与方法问题研究 [D]．厦门：厦门大学博士学位论文，2000.

[41] 汤国进，邹克宁．世界精英男子网球运动员竞技比赛特征研究 [J]．武汉体育学院学报，2017，51（10）：88-92.

[42] 王莉，胡精超．健康中国背景下我国各省国民体质影响因素空间异质性 [J]．武汉体育学院学报，2017，51（2）：5-11+30.

[43] 王志平．"人类发展指数"（HDI）：含义、方法及改进 [J]．上海行政学院学报，2007（3）：47-57.

[44] 魏斌．福建省城镇成年人十年体质变化分析及其与社会经济发展关联性研究 [D]．福州：福建师范大学硕士学位论文，2017.

[45] 吴光周，杨家文．中国城市规模幂律分布实证研究 [J]．经济地理，2017，37（1）：59-65+97.

[46] 吴金泽．体育赛事综合评估的指数研究及实证分析 [D]．北京：首都体育学院硕士学位论文，2019.

[47] 吴雪明．经济国力的国际比较——评估方法与指标体系 [D]．上海：上海社会科学院博士学位论文，2009

[48] 余杨等．体质综合指数的多层次主成分分析模型 [J]．湖北体育科技，2008，27（6）：650-653.

[49] 袁小超等．近 10 年我国体育教学研究主体间协作研究状况分析——对 9 种中文体育核心期刊的内容分析 [J]．才智，2013（14）：88+90.

[50] 张凤彪，桑云鹏．H 指数在体育类学术期刊影响力综合评价中的应用 [J]．中国学校体育（高等教育），2016，3（2）：13-18.

[51] 张禾．体育赛事举办对市民公共文明行为与综合满意度指数影响的研究 [J]．体育与科学，2010，31（6）：77-80.

［52］张龙等．体质综合指数落后地区女性与全国成年女性体质指标的比较［J］．中国组织工程研究与临床康复，2007（32）：6419-6423．

［53］张龙．关于建立社区体育指数型评估体系的研究——以上海浦东新区街镇（社区）体育评估体系为个案［J］．宜春学院学报，2011，33（12）：153-155．

［54］张龙等．基于国民体质综合指数落后地区成年人不同社会阶层健康行为研究——以六盘水为例［J］．六盘水师范学院学报，2013，25（1）：48-55．

［55］张遐芳．我国女子健美运动员形体因子选择与判别模型的确立［J］．西安体育学院学报，1989（2）：52-59．

［56］张彦峰等．澳门市民与北京、上海、天津市民体质状况的比较研究［J］．中国体育科技，2015，51（4）：125-133．

［57］钟可．优秀职业网球男子运动员比赛控球制胜的特征研究［D］．南昌：江西师范大学硕士学位论文，2018．

［58］朱兴宇．辽宁省高校网球运动发展现状及潜力研究［D］．大连：辽宁师范大学硕士学位论文，2011．

致　谢

　　本书为上海师范大学李刚教授所主持的国家社会科学基金项目"社会福利视角下中国体育彩票销售综合指数体系的完善与应用"（2016 年 6 月立项，立项编号：16BTY048；2020 年 7 月结项，结项编号：20203113，等级良）的结项成果。部分内容以"社会福利视角下中国体育彩票销售综合指数体系的完善与应用"为题，发表在《体育科学》2020 年第 5 期第 14 至第 31 页。

　　全国哲学社会科学工作办公室和上海市哲学社会科学规划办公室的工作人员，以及课题的 5 位评审专家为本书提出了宝贵意见。我们根据这些意见，对于结项报告进行了认真修订。

　　在完成相关课题和撰写本书过程中，上海师范大学和其他高校教师，财政部、国家体育总局体育彩票管理中心、中国福利彩票发行管理中心、各地财政部门、体育彩票管理中心和福利彩票发行中心等工作人员，彩票领域业界人士为本书的完成提供了不少有价值的建议。

　　多家体育和彩票类期刊对于我们进行彩票领域研究给予了长期的鼓励和支持，尤其是让我们的相关成果得以如实和完整的发表。从 2012 年起，我与研究生们一起，每周进行一次文献研读，这些同学为课题结项和本书完成做出了不少前期工作。

　　本书得以出版，还得力于经济管理出版社编辑们的辛勤工作与多方沟通。

　　在此谨表示衷心感谢。